汽车管理课堂书系

汽车售后服务与管理

刘春晖 刘光晓 主编

机械工业出版社

本书结合汽车4S店及我国汽车售后服务企业的实际需要，系统介绍了汽车售后服务的组织、汽车售后服务流程、技术与质量管理、备件管理、索赔管理、客户关系经营与管理六个方面的内容，对提高汽车售后服务企业管理者的决策能力和管理水平，树立良好的企业形象，提高企业服务质量，降低企业经营成本，提高企业的核心竞争力有很大的帮助。

本书内容新、涵盖面广、简明易懂，是汽车售后服务企业经理及各部门管理人员的实用工具书，也是本科院校及职业院校的实用教材。

> 为方便教学，本书专门配备了PPT形式的配套教学课件，可供广大教师选用。在http://www.cmpedu.com网站上，注册后即可下载教材课件；或与机械工业出版社联系，编辑热线：010-88379771。

图书在版编目（CIP）数据

汽车售后服务与管理/刘春晖，刘光晓主编. —北京：机械工业出版社，2017.12（2025.3重印）
（汽车管理课堂书系）
ISBN 978-7-111-58331-8

Ⅰ.①汽… Ⅱ.①刘… ②刘… Ⅲ.①汽车–售后服务 Ⅳ.①F407.471.5

中国版本图书馆CIP数据核字（2017）第260530号

机械工业出版社（北京市百万庄大街22号 邮政编码100037）
策划编辑：杜凡如　责任编辑：杜凡如　陈　洁
责任校对：炊小云　封面设计：张　静
责任印制：单爱军
北京虎彩文化传播有限公司印刷
2025年3月第1版第8次印刷
184mm×260mm·15.5印张·371千字
标准书号：ISBN 978-7-111-58331-8
定价：39.00元

凡购本书，如有缺页、倒页、脱页，由本社发行部调换

电话服务　　　　　　　　　　　　网络服务
服务咨询热线：010-88361066　　　机 工 官 网：www.cmpbook.com
读者购书热线：010-68326294　　　机 工 官 博：weibo.com/cmp1952
　　　　　　　010-88379203　　　金　书　网：www.golden-book.com
封面无防伪标均为盗版　　　　　　教育服务网：www.cmpedu.com

前言

据中国汽车工业协会网站消息，2016年中国汽车的产销量均超3100万辆，连续16年蝉联全球第一。随着我国汽车工业的迅速发展和汽车保有量的逐年增加，汽车后市场蓬勃发展，汽车售后服务业也出现高速发展的态势。品牌售后服务逐渐成为汽车维修业的主要力量。如何做好售后服务，以提高品牌的市场占有率和服务占有率，追求"客户满意度第一"，是每个汽车生产厂家都十分重视的问题。

由于品牌售后服务逐渐规范，汽车售后服务企业的服务对象和经营模式发生了新的变化，对汽车相关行业从业人员提出了新的要求。作为一名汽车售后服务人员，应具备现代汽车服务管理理念，懂得汽车4S店的管理模式，熟悉汽车售后服务的工作内容和工作流程，成为既懂技术又懂管理的综合性人才。本书正是基于满足这方面的要求而编写的。

本书从实际应用的角度出发，通过对汽车后市场及各类售后服务岗位、售后服务流程、技术与质量管理以及客户关系管理等方面的详细论述，使广大汽车售后从业人员既能够比较完整而系统地掌握和熟悉汽车售后服务方面的基本理论和实际操作技能，又能够很快地应用到汽车售后服务管理的实际工作中。通过与实际工作相结合，可以使汽车售后从业人员熟知客户的需求，利用所学到的沟通技巧向客户准确传递相关的服务知识，与客户建立长久、固化的互动关系，从而提升售后服务工作技能。

本书结合国内外汽车4S店及我国汽车售后服务企业的实际需要，系统介绍了汽车售后服务的组织、汽车售后服务流程、技术与质量管理、备件管理、索赔管理、客户关系经营与管理六个方面的内容，对提高汽车售后服务企业管理者的决策能力和管理水平，树立良好的企业形象，提高企业服务质量，降低企业经营成本，提高企业的核心竞争力有很大的帮助。

本书由刘春晖、刘光晓主编，参加本书编写工作的还有张文志、刘宝君、张学忠、沙恒、苏朝辉、魏代礼、方玉娟、陈国、吴云、刘玉振、黑会昌、徐长钊、王学军、崔才才等。本书在编写过程中得到了德州元盛鑫喜汽车销售服务有限公司（东风雪铁龙4S店）珲尚田站长、陈红军经理、王淑香经理，一汽-大众德州汇众汽车销售技术服务有限公司（一汽-大众4S店）张学武站长的大力支持。他们为本书提供了大量的售后服务资料，在此一并表示感谢。

由于编者水平有限，书中难免有疏漏和不妥之处，敬请广大读者批评指正。

编　者

目 录

前 言

第一章 汽车售后服务的组织 1
 第一节 汽车售后服务概述 1
  一、汽车售后服务的概念 1
  二、汽车售后服务的重要性 2
  三、汽车服务企业的经营模式 2
 第二节 汽车售后服务组织机构 4
  一、组织机构的设置原则及方法 4
  二、汽车售后服务组织机构及岗位职责 5
  三、不同品牌售后服务部门组织机构与岗位设置 12
  四、经销商的人员管理 16
 第三节 服务礼仪 18
  一、微笑 18
  二、仪表要求 19
  三、保持自身良好的仪态 21
  四、文明用语 28
  五、接待礼仪 30
  六、电话礼仪 31
  七、名片的使用礼仪 34
  八、拜访客户礼仪 35
  九、办公室礼仪 36
  十、自我检查 36

第二章 汽车售后服务流程 39
 第一节 服务流程 39
  一、汽车售后服务流程概述 39
  二、不同车系的售后服务核心流程 39
  三、售后服务核心流程 41
  四、基本单据的传递流程 45

目 录

　　五、维修任务委托书 ··· 46
第二节　预约服务 ··· 47
　　一、预约服务的重要性 ··· 47
　　二、预约服务的流程 ·· 47
　　三、工作标准 ··· 47
第三节　接待流程 ··· 53
　　一、接待准备工作 ··· 53
　　二、迎接客户 ··· 55
第四节　互动检查及维修派工 ·· 58
　　一、互动检查 ··· 58
　　二、维修派工 ··· 62
第五节　车辆维修及维修质量检验 ·· 65
　　一、车辆维修 ··· 65
　　二、维修质量检验 ··· 68
第六节　交车结算 ··· 71
　　一、竣工、交车工作的规范要求 ·· 71
　　二、交车与结账的工作流程 ·· 71
　　三、交车工作标准 ··· 72
第七节　客户关系档案的整理 ·· 75
　　一、客户档案在服务流程中的使用 ··· 75
　　二、客户档案的来源 ·· 75
　　三、建立客户档案的目的和好处 ·· 76
　　四、客户的构成和分类 ··· 76
　　五、建立"一对一"关系 ··· 78
　　六、客户档案管理的工作流程 ··· 79
　　七、表格的使用和填写规范 ·· 79
第八节　维修回访 ··· 81
　　一、提醒服务和维修回访的基本要求 ·· 81
　　二、提醒服务和维修回访的工作流程 ·· 82
　　三、工作标准 ··· 82

第三章　技术与质量管理 ··· 85
第一节　维修质量与技术服务管理 ·· 85
　　一、质量控制理念 ··· 85
　　二、一次修复率控制 ·· 90
　　三、质量信息反馈 ··· 94
第二节　设备与工具管理和安全生产管理 ··· 96
　　一、设备与工具管理 ·· 96
　　二、安全生产管理 ··· 101

  第三节 4S 店认证管理 ………………………………………………………… 103
   一、国内汽车企业 4S 店认证管理方向 ………………………………………… 103
   二、DQV 认证分类 …………………………………………………………… 105
   三、DQV 认证内容 …………………………………………………………… 105
   四、DQV 认证标准 …………………………………………………………… 106
  第四节 新车交付与接收工作 ……………………………………………………… 114
   一、PDI 概述 ………………………………………………………………… 114
   二、新车接车流程 …………………………………………………………… 115
   三、新车交车流程 …………………………………………………………… 117
   四、PDI 操作流程 …………………………………………………………… 119
   五、运输责任质损车辆维修管理 ……………………………………………… 120
   六、商品车库存规定及动态维护要求 ………………………………………… 124
  第五节 培训管理 …………………………………………………………………… 124
   一、培训的定义 ……………………………………………………………… 125
   二、培训管理的流程 ………………………………………………………… 125
   三、新进员工培训 …………………………………………………………… 128

第四章 备件管理 ……………………………………………………………………… 132
  第一节 汽车备件类型及编码 ……………………………………………………… 132
   一、汽车备件分类 …………………………………………………………… 132
   二、备件编码 ………………………………………………………………… 136
  第二节 汽车备件订货管理 ……………………………………………………… 141
   一、备件计划 ………………………………………………………………… 142
   二、备件分类及库存 ………………………………………………………… 142
   三、备件订货 ………………………………………………………………… 144
   四、备件包装规格 …………………………………………………………… 145
   五、准时化采购管理 ………………………………………………………… 145
  第三节 汽车维修企业备件储备与销售 ………………………………………… 148
   一、备件储备 ………………………………………………………………… 148
   二、备件入库 ………………………………………………………………… 149
   三、备件仓库管理 …………………………………………………………… 151
   四、备件出库 ………………………………………………………………… 155
   五、备件销售管理 …………………………………………………………… 156
  第四节 汽车维修备件的管理及售后 …………………………………………… 159
   一、维修备件的管理 ………………………………………………………… 159
   二、维修备件的盘点 ………………………………………………………… 163
   三、备件售后服务 …………………………………………………………… 165

第五章 索赔管理 ……………………………………………………………………… 168
  第一节 汽车产品的质量担保 ……………………………………………………… 168

目　录

　　一、汽车"三包"的相关规定 …………………………………………… 168
　　二、整车的质量担保要求 ………………………………………………… 169
　　三、汽车备件的质量担保要求 …………………………………………… 170
　　四、汽车质保规定及程序 ………………………………………………… 171
　　五、相关术语及产品缺陷分类 …………………………………………… 174
　第二节　索赔规定及审计 …………………………………………………… 175
　　一、可以赔付范围 ………………………………………………………… 175
　　二、不能赔付范围 ………………………………………………………… 176
　　三、车辆保修资格的更改 ………………………………………………… 178
　　四、赔付政策及保修费用的组成 ………………………………………… 179
　　五、维修授权 ……………………………………………………………… 182
　　六、审计 …………………………………………………………………… 183
　第三节　汽车生产企业对索赔管理的要求 ………………………………… 183
　　一、索赔零件管理的要求 ………………………………………………… 184
　　二、索赔零件包装的要求 ………………………………………………… 186
　　三、索赔零件的发运 ……………………………………………………… 186
　　四、索赔零件的验收管理 ………………………………………………… 187
　第四节　索赔的财务结算流程与制度 ……………………………………… 187
　　一、质量保修费用结算申报单的填报 …………………………………… 187
　　二、索赔结算 ……………………………………………………………… 188
　　三、服务中心"三包"结算业务流程 …………………………………… 191
　　四、汽车生产企业"三包"审核流程 …………………………………… 192

第六章　客户关系经营与管理 ……………………………………………… 193

　第一节　客户关系管理（CRM）系统 ……………………………………… 193
　　一、4S 店的 CRM 系统 …………………………………………………… 194
　　二、CRM 系统的功能和模块 …………………………………………… 194
　　三、CRM 系统在汽车行业中的应用 …………………………………… 198
　第二节　客户满意度管理 …………………………………………………… 201
　　一、客户满意度的意义 …………………………………………………… 201
　　二、客户满意度的提升 …………………………………………………… 205
　第三节　提高客户满意度的措施 …………………………………………… 207
　　一、一次修复率（FFV）对客户满意度的影响 ………………………… 207
　　二、客户回访流程及要点 ………………………………………………… 209
　　三、客户关怀 ……………………………………………………………… 215
　第四节　客户投诉处理 ……………………………………………………… 216
　　一、对客户投诉的认知 …………………………………………………… 216
　　二、投诉处理指南 ………………………………………………………… 218
　　三、客户投诉的处理 ……………………………………………………… 221

四、客户投诉处理的技巧……………………………………………………………231
第五节　交际技巧………………………………………………………………………233
一、影响交际的因素………………………………………………………………233
二、说"不"的技巧………………………………………………………………236

参考文献……………………………………………………………………………………238

第一章

汽车售后服务的组织

第一节 汽车售后服务概述

一、汽车售后服务的概念

广义的售后服务包括与产品销售配套的包装服务、送货服务、安装服务、三包服务（包修、包换、包退）、排除技术故障、提供技术支持、寄发产品改进或升级信息、与客户保持经常性的联系、产品使用联系及建立客户档案、收集并整理客户信息资料等服务。而汽车售后服务则是指汽车作为商品从客户购买开始直至车辆报废这一期间，由汽车制造企业、汽车维修企业、汽车服务企业和备件及销售企业等服务商为客户及其拥有的汽车提供的全过程、全方位的服务。

汽车售后服务是汽车流通领域的一个重要环节，是一项非常繁杂的工程，它涵盖了汽车的质量保障、索赔、维修保养服务、汽车零部件供给、维修技术培训、技术咨询与指导、其他个人服务等与产品和市场有关的一系列内容。汽车生产企业可以通过售后服务与客户的关系更加紧密，树立企业的形象，提高产品的信誉，扩大产品的影响，培养客户的忠诚度。

汽车售后服务的主要内容包括维修保养、车内装饰（或改装）、金融服务、事故保险、索赔咨询、旧车转让、废车回收、事故救援、市场调查与信息反馈等内容。售后服务的过程，不仅关系到本公司产品本身的质量的完整性，更关系到服务过程中客户的满意程度。因此，售后服务过程的参与者包括了汽车制造企业、汽车维修企业、汽车服务企业、备件供应商和消费者。

汽车制造企业除了制造汽车产品外，还具有为其品牌的汽车售后服务制定相关标准，建设服务网络，提供技术支持等相关职责。而备件供应商是汽车售后服务的间接参与者，它主要是为品牌车辆用户提供原厂零配件，并提供原厂零配件质量担保及索赔等业务，及时向汽车制造企业备件部反馈零配件的相关使用和质量信息。汽车服务企业则通常是汽车售后服务中为汽车产品的使用者提供最直接的售后服务，解决客户问题和满足客户需求的参与者。除此以外，他们还要与汽车制造企业共同对所负责区域合同产品的市场进行充分开拓，为提高产品的市场份额和持续增长做出努力，并维护汽车生产企业的产品信誉和声誉，树立汽车生产企业的产品形象和服务形象，履行其协议中承担的责任和义务。

消费者是汽车售后服务的接受者，他们是汽车售后服务最直接的受益者。这些汽车售后服务参与者构成的价值链如图 1-1 所示。

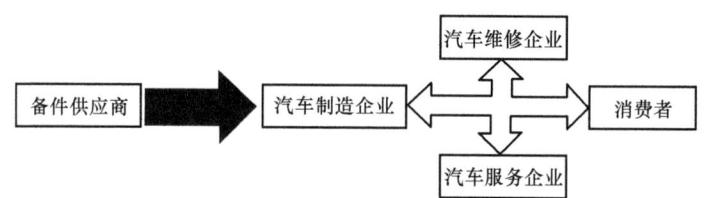

图 1-1　汽车售后服务参与者构成的价值链

二、汽车售后服务的重要性

随着汽车制造技术的不断更新，汽车产品也逐渐成熟，同档次同价位的汽车在技术含量及整车质量上已相差无几。因此，要想在汽车市场立足，售后服务就成了竞争的主打战略王牌，提供差异化服务是营销战略的核心内容。创造个性化品牌，以产生关联性市场效应。汽车市场已从产品的竞争转向服务的竞争，因此，汽车售后服务起到非常重要的作用。

三、汽车服务企业的经营模式

汽车服务企业的类型可以按业务类型、经营模式来划分。

汽车服务企业按业务类型大体可分为整车销售、备件销售、汽车维修、汽车租赁、汽车金融服务、汽车保险服务和汽车俱乐部等。

汽车服务企业按经营模式可分为汽车品牌专营店、多品牌经销店、旧车交易企业、汽车备件连锁企业、汽车备件销售企业、汽车特约维修站、汽车快修店、汽车美容与装饰店、汽车租赁企业、汽车金融企业、汽车保险服务企业、汽车俱乐部等。表 1-1 介绍了目前汽车售后服务市场上主要的几种类型企业。

表 1-1　目前汽车售后服务市场上主要的几种类型企业

经营模式	实景照片
汽车品牌专营店	

第一章　汽车售后服务的组织

（续）

经营模式	实景照片
多品牌经销店	
单一服务经销商	
汽车快修店	
汽车美容与装饰店	

（1）汽车品牌专营店　汽车品牌专营店，即汽车品牌 4S 店，源于欧洲。汽车品牌 4S 店是遵循各汽车厂商硬件建设要求与服务标准所建立的集汽车销售、维修、备件和信息服务为一体的销售店，是一种以四位一体为核心的汽车特许经营模式，包括整车销售（Sale）、备件供应（Sparepart）、售后服务（Service）和信息反馈（Survey）四项主要功能，所以俗称 4S 店。它拥有统一的外观形象、统一的标识、统一的管理标准，只经营单一品牌。汽车 4S 店是一种个性突出的有形市场，具有渠道一致性和统一的文化理念，4S 店在提升汽车品牌、汽车制造企业形象上的优势是显而易见的。标准的四位一体经销商具有以下特点：

1）标准、系列化的建筑装修风格。
2）统一、标准化的标识系统。
3）全新的管理模式。
4）现代化的企业微机管理及网络通信。
5）汽车上牌、保险、售前、售中、售后一条龙服务。
6）规范化的接待服务。
7）具有先进、实用的专用工具、仪器和设备。
8）专业化的修理。
9）全国统一的原厂备件价格。
10）最合理的工时收费。
11）最佳的社会效益和经济效益。

（2）多品牌经销店　多品牌经销店是指汽车服务企业在同一卖场同时经销多个品牌汽车（汽车超市），是对汽车制造企业销售渠道的一种补充。它一般具有整车销售和对部分品牌汽车的维修服务功能。

（3）单一服务经销商　汽车生产企业授权在指定区域内从事合同产品服务的法人实体或企业，是集售后服务、零配件供应、信息反馈于一体的现代化修理企业，没有整车销售职能。

（4）汽车快修店　汽车快修店主要从事汽车制造企业的质量保修范围以外的故障维修工作，一般包括汽车保养、换件修理等无须专业诊断与作业设备的小修业务，俗称"路边店"。这种形式也是汽车制造企业售后服务网络的重要补充。

（5）汽车美容与装饰店　汽车美容与装饰店主要是在不改变汽车基本使用性能的前提下，根据客户要求对汽车进行内部装饰（更换座椅面料、地板胶、内饰等）、外部装饰（粘贴太阳膜、表面光洁养护、婚庆车辆外部装饰等）和局部改装（中控门锁、电动门窗、电动后视镜、加装DVD等）等。

第二节　汽车售后服务组织机构

要想让组织内众多的人员步调一致，同心协力，向着一个目标迈进，就需要一个明确的组织机构。组织机构是企业实现战略目标和构造核心竞争力的载体，也是企业员工发挥各自优势获得自身发展的平台。一个好的组织机构可以让企业员工步调一致，同心协力，向着一个目标前进；而不合理的组织机构，则会使企业组织效率降低，内耗增加，并影响企业的成功和发展目标的实现。

设置组织机构的目的是帮助企业围绕其核心业务建立起强有力的组织管理体系。一个有效的组织机构必须目标明确，功能模块清晰，工作的指派确定，不应随意增减功能模块。

一、组织机构的设置原则及方法

组织机构建立的目的是帮助企业围绕其核心业务建立起强有力的组织管理体系。组织机构中各部门人员的多少需要按各个岗位的工作量安排。机构中各级组织都有相应的负责人，各部门经理向总经理负责，总经理向董事会负责，这种管理制度叫首长负责制。

第一章 汽车售后服务的组织

1. 设置的原则

1）任务与目标明确原则。
2）专业分工和协调原则。
3）指挥统一原则。
4）有效管理原则。
5）责权利相结合原则。
6）集权与分权相结合原则。
7）稳定性和适应性相结合原则。
8）执行和监督机构分设原则。

2. 设置的方法

（1）工作划分　根据分工协作和效率优先的原则，将企业按工作类别进行划分。

（2）建立部门　把相近的工作归在一起，在此基础上建立相应的部门。根据生产规模的不同，一些部门可以合并，一些部门也可以分开。

（3）确定管理层次　确定一个上级直接指挥的下级部门的数目。

（4）确定职权关系　确定各级管理者的职务、责任和权力。

二、汽车售后服务组织机构及岗位职责

服务部是汽车服务企业售后服务支持部门，通过提供技术培训和索赔、保修等方面的业务指导，提高汽车经销商的服务质量，进而提升客户满意度。汽车 4S 店行政组织机构如图 1-2 所示。汽车售后服务质量保证系统如图 1-3 所示。汽车售后服务主要岗位间的关系及职责见表 1-2。

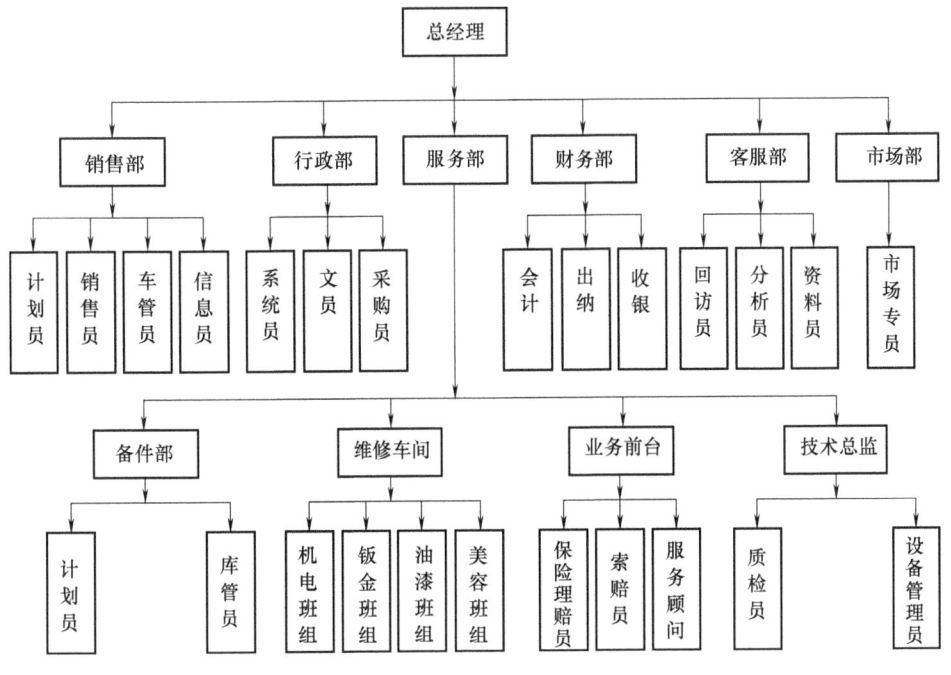

图 1-2　汽车 4S 店行政组织机构

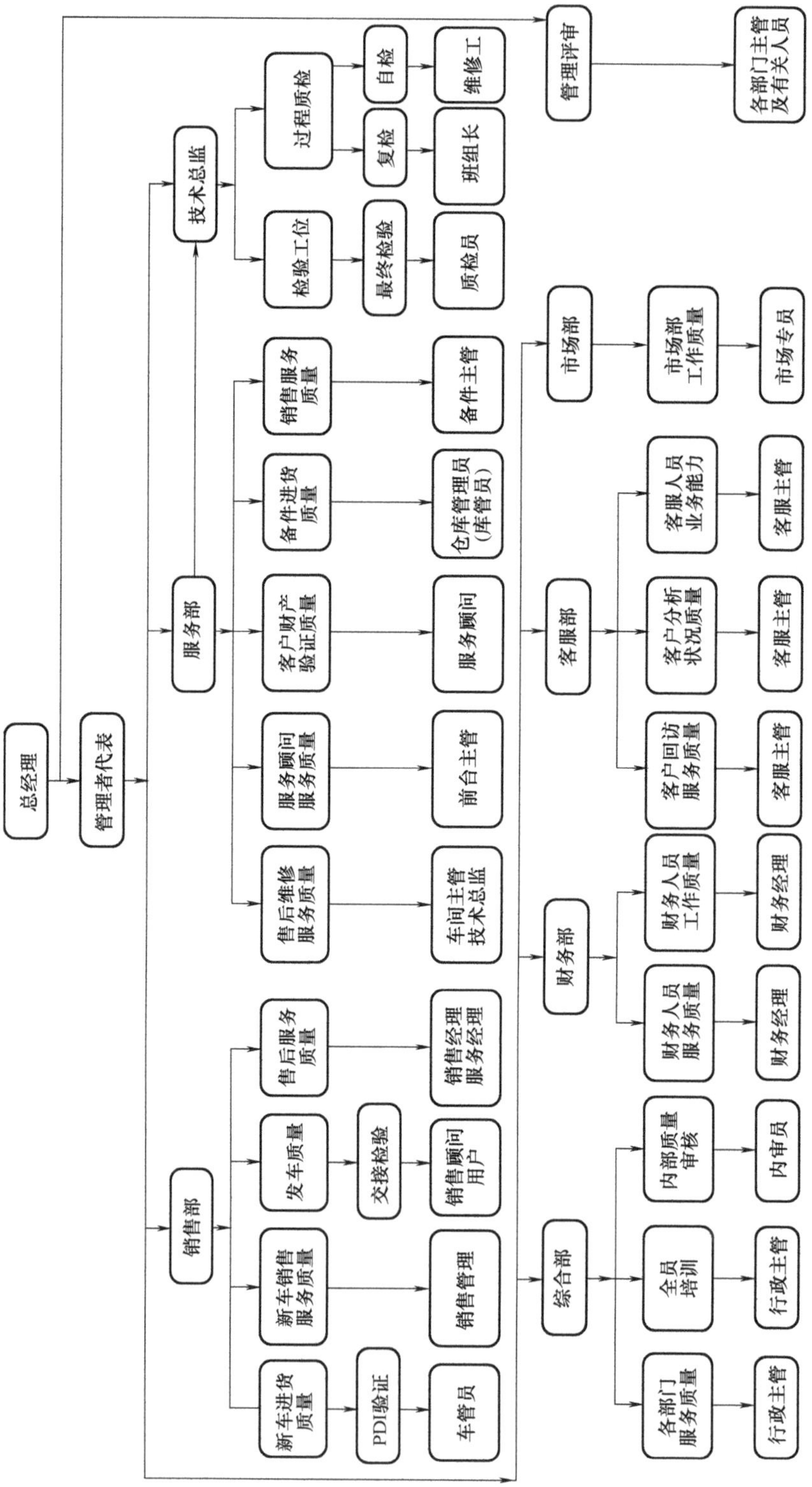

图1-3 汽车售后服务质量保证系统

第一章 汽车售后服务的组织

表1-2 汽车售后服务主要岗位间的关系及职责表

岗位名称	直接上级	直接下属	岗位职责
服务经理	总经理	售后全体人员	1）按公司的经营目标、质量目标，对售后服务各个部门进行全面管理，利用各种方法，保证经营、质量目标的完成 2）重点对重大质量问题及服务纠纷，以及对下属不能解决的问题给予及时解决，保持与公司其他部门的良好沟通及协作 3）定期向总经理或分公司报告站内的生产、经营和管理等工作 4）负责组织各部门及时上报各种资料，对不符合要求的项目积极提出合理意见 5）积极组织员工培训，不断提高员工技能及职业道德素质。全面学习并吸收各种知识，不断提高自己的素质修养
前台主管	服务经理	服务顾问、保险理赔员、索赔员	1）前台年度、月度工作目标和工作计划的拟订，并督导实施 2）前台管理制度与业务流程的拟订，并督导实施和监控 3）顾客关系管理的督导与分析报告，处理一般顾客抱怨及投诉 4）协助售后服务部经理完成市场分析报告，处理合同单位协议的签订、维护、账款的跟踪 5）前台5S监控及管理 6）直接下属和关键岗位的绩效管理 7）负责同车间、备件部及相关部门处理日常业务工作 8）在指定的时间内，负责向售后服务经理递交各种业务报表、报告、信息 9）前台业务人员培训和会议的策划及主持 10）协助服务顾问、索赔员、保险理赔员完成比较急的工作 11）其他部门或人员遇到困难时，主动提出建议和策略 12）完成上级交办的任务
服务顾问	前台主管	无	1）及时接待顾客车辆，保持与顾客的联系，了解顾客的需求 2）对维修车辆进行问诊并做出记录 3）负责建立、完善顾客车辆档案并及时更新 4）通过正确的诊断和填写维修工单确保对顾客的车辆及时进行正确的修理 5）确保车间维修班组完成各项工作并及时跟踪车辆维修的进度和质量，保护顾客的利益 6）通过服务向顾客展示公司的实力和信誉，使公司赢得顾客的信赖 7）负责向顾客说明预检单、维修工单、结算单的填写及解释工作 8）进行维修后最终交车前的检查，以满足顾客的需求 9）处理顾客的抱怨 10）利用服务中与顾客接触的机会销售车辆、备件和附件 11）宣传公司及经销商的特色服务 12）向顾客推荐护理品或其他产品，增加公司营业产值 13）完成上级交办的任务

（续）

岗位名称	直接上级	直接下属	岗位职责
保险理赔员	前台主管	无	1）及时接待顾客车辆；保持与顾客的联系，了解顾客的需求 2）负责建立、完善顾客车辆档案并及时更新 3）确保车间维修班组完成各项工作并及时跟踪车辆的维修进度和质量，保护顾客的利益 4）进行维修后最终交车前的检查，以满足顾客的需求 5）处理顾客的抱怨 6）负责汽车保险业务的办理与出现保险事故时的理赔工作 7）建立并不断完善保险理赔的业务内容与业务流程，提高保险理赔的效率与顾客满意度 8）负责向顾客解释保险理赔的知识与服务流程，向顾客提供合理的建议 9）制作每月保险理赔业务的分析报表 10）利用服务中与顾客接触的机会销售车辆、备件和附件 11）掌握车间动态，确保车间场地、硬件设施、人员的最优化利用 12）在顾客面前宣传与公司合作保险的优势，配合续保员，增加续保产值 13）完成上级交办的其他任务
索赔员	前台主管	无	1）负责本公司内部索赔业务管理工作 2）负责故障件的原因分析，做出质量鉴定，按照保修手册上的规定，判定是否在索赔范围内 3）按照索赔要求，收集索赔相关资料 4）按照营销分公司索赔条例办理索赔申报及相应的索赔事务 5）与顾客和相关方面进行充分沟通，以便掌握与索赔有关的信息，解释厂家的索赔规定及顾客应注意的事项，并认真解答顾客的询问 6）主动收集、反馈有关车辆的使用质量、技术方面的信息 7）索赔旧件存放、回运及相关工作 8）索赔业务对账、开票工作 9）注意索赔政策文件的更新，并使相关人员都掌握 10）不符合索赔条件时，应充分与顾客沟通，说明情况，取得顾客谅解 11）完成上级交办的其他任务 12）在必要的情况下，配合服务顾问工作
备件主管	服务经理	备件计划员、仓库管理员	1）负责组织市场调查，合理调整库存结构和库存量，加快资金周转 2）检查备件业务工作，审核订单、反馈的各种信息报表及发往备件部门的电函，了解备件经营状况，确保备件业务的正常开展 3）负责组织备件到货验收、入库、上货架等工作，定期进行备件部位置的合理调整，组织人员进行盘点 4）供应商备件款的及时结算 5）配合厂家备件部门有关人员的检查、巡访等工作，协助服务经理对特殊合同进行评审 6）严格内部管理，负责管理、传达备件部发出的有关文件，对备件人员定期进行业务培训、业务考核 7）完成公司领导交办的其他任务 8）根据知识和能力，有义务完成的其他任务 9）服务经理交办的其他临时性工作

第一章　汽车售后服务的组织

（续）

岗位名称	直接上级	直接下属	岗位职责
备件计划员	备件主管	无	1）随时了解仓库备件情况，根据生产需要编制备件订购计划，按时从厂家进货 2）了解市场信息，掌握备件的市场动态，及时完成备件的采购以满足生产需要 3）做好备件结构和库存量的控制 4）保持库房整洁，协助做好仓库管理工作 5）定期向备件主管汇报工作 6）完成备件主管指定的其他方面的工作
仓库管理员	备件主管	无	1）负责备件的入库管理，入库要严格按照入库验收手续进行，认真检查并核对名称、数量、编号、价格、质量 2）负责备件的销售及出库管理，要根据维修工单上的作业项目发料，做到准确无误 3）负责备件库存管理，库存情况要及时与备件计划员沟通，按公司要求做好各种形式的库存盘点工作，确保库存备件做到账、物一致 4）保持库房环境卫生整洁，备件摆放整齐，符合备件管理的要求，确保先进先出，标识清晰 5）负责旧件的回收工作，原则上实行以旧领新 6）及时向部门负责人汇报工作情况
车间主管	服务经理	班组长	1）负责管理车间生产计划的落实，进行生产调度安排（包括节假日值班、加班、外出抢修等），做好车间现场5S管理，为顾客提供舒适的修车环境 2）依照七步服务核心过程的要求，认真落实各项优质服务举措，为顾客提供一流优质的服务 3）严格抓好质量管理，检查并监督车间员工的服务质量和维修质量，对有倾向性的质量问题，必须组织现场分析，及时提出纠正与预防措施，并以书面形式报告服务经理认真贯彻实施方案 4）严格按照安全生产操作规程工作，杜绝员工违章操作，严禁机具设备带病操作，杜绝一切安全和机损事故的发生 5）加强自身知识的更新和专业知识的培训，定期对车间生产状况、人员状况及存在的问题进行分析并提出合理化建议，及时解决矛盾，营造一个良好的工作环境 6）负责员工的能力考核评价情况、员工增项的准确率、增项的实际执行率、交车及时情况、员工的服务态度情况、服务核心流程的执行情况及工作差错率等相关内容的统计与总结 7）完成上级临时交办的工作任务，做好日常的工作记录 8）严格按照厂家的管理条款及考核标准，并结合公司奖罚制度对每个员工的工作进行考核

(续)

岗位名称	直接上级	直接下属	岗位职责
技术总监	服务经理	质检员、设备管理员	1）负责车辆维修、保养过程的质量控制，确保维修过程处于受控状态，并对维修质量负责 2）主持维修站重大质量问题及倾向性问题的研讨分析，及时处理客户的一般投诉，参与质量、机损、安全事故的分析，针对存在的问题制订纠正与预防措施 3）负责对维修站员工进行技术培训或举办专题讲座，编制年度培训计划，提高员工整体的质量意识和技术水平 4）协同服务经理制订外培人员计划，并报总经理批准 5）协助服务经理对重大维修合同进行评审 6）负责审核维修站《年度设备维修、保养计划》、《工具和仪检员计划》 7）负责维修站监视和测量自行验准设备的工作 8）负责维修站的工具、设备及仪器的管理和购置，以及维修、报损的审核工作；负责维修站的质量审核工作和质量目标工作 9）负责维修站的技术鉴定工作；负责协调与厂家及有关部门的技术支持工作
质检员	技术总监	无	1）对检验不合格或出厂返修车辆进行检验确认后，报技术总监备案，开出"车辆返修处理单"，并在"车辆返修处理单"中确认返工项目及返工后的维修车辆重新检验，做好在修车辆维修过程的巡回检验工作 2）负责对重大维修合同（包括大修、中修、安全件维修事故车或维修金额在1500元以上）的维修车辆进行最终检验，合格后签名确认，报技术总监确认后出厂 3）与技术总监配合，针对维修站容易产生的质量问题进行专题讲座和技术培训，提高员工的质量意识和技术水平 4）负责检验"发动机大修、变速器大修、钣金、油漆作业记录"，并对增加项目及需要更换的备件做出判定
设备管理员	技术总监	无	1）负责制订增购、更换设备的可行性计划。论证及申请采购，签订质量保证协议 2）负责对设备建立技术档案；受技术总监的委托，负责保管设备的原始资料 3）负责新增设备的安装，并会同技术总监及有关人员对设备进行验收 4）负责各种设备的日常使用管理，各种专用设备及公用设备必须指定由专人管理，特殊设备应指定由相应技术水平的技术人员管理，严禁设备带病运转或超负荷运转 5）负责设备的保养及维护，监督相关人员必须做到"三好四会"，即管好、用好、修好、会保养、会检查、会使用、会排除一般故障，相关人员无法处理的故障必须立即报告 6）负责设备的修理，对由于非正常原因而损害的设备，必须及时召开事故分析会并追究有关人员的责任，修复后的设备应会同技术总监及有关人员进行验收 7）无法修复的设备，必须会同技术总监填写报废申请表，经总经理批准后，办理报废手续 8）负责量具、仪表等计量用具的定期检验，有合格证后，方可使用

第一章 汽车售后服务的组织

（续）

岗位名称	直接上级	直接下属	岗位职责
班组长	车间主管	维修工	1）确保顾客的车辆能够得到快速、正确的维修 2）对本班组维修车辆的质量负全责 3）对班组安全生产负全责 4）对本班组所使用的设备、工具完好负责，定期进行检查与维护 5）负责对本班组员工监督、指导按技术操作规程进行操作 6）负责组织开好两个会：班前会和质量分析会 7）检查本班组所有的保养项目和任务委托书中的修理项目，确保正确执行
机电工、钣金工	班组长	无	1）不得擅自变更维修项目，以及减少或增加维修内容；不得超越维修项目的范围领取备件。领用配件时，必须以旧换新、验证并签字确认 2）必须按照《汽车维修手册》进行维修作业，确保维修质量 3）承修人员对已完工的维修项目，必须依据《汽车修理手册》进行自检，合格后，在已维修项目的右边签字（盖章）确认，交组长进行复检。对需要进行最终检验的项目，送交质量总检员进行试车检验 4）操作中做到油、水、备件、工具不落地。发动机、变速器的解体，必须在总成修理室进行，并保证室内设施及场地的整洁 5）工具车及工具柜内不得存放任何备件及杂物 6）遵守本站的《安全生产规章制度》、《站内维修车辆移动规定》及设备操作规程，杜绝违章操作，消除事故隐患，防止机损事故的发生 7）文明礼貌、热情待客，为顾客提供优质服务 8）特殊工种的操作人员需要持证上岗，并保持工作服的整洁 9）努力提高自身操作能力和维修技术水准，积极参加各项培训和考试，不得无故缺席培训和考试
油漆工	班组长	无	1）必须按照《汽车维修手册》、《油漆作业指导书》进行维修作业 2）油漆修复竣工后，承修人员必须依据《车身油漆检验标准》进行自检合格后，送交检验员进行最终检验 3）每月对烤漆房进行一次清洗，定期更换过滤棉。每三天冲洗磨灰排水槽、每天排除油水分离净化器中的水分，保持地面的清洁 4）工具车及工具柜内不得存放任何备件及杂物 5）遵守本站《安全生产规章制度》、《站内维修车辆移动规定》及有关设备操作流程，杜绝违章操作，消除事故隐患，防止机损事故发生 6）文明礼貌、热情待客，为顾客提供优质服务 7）重视安全生产，严格管理易燃易爆及强腐蚀等危险物品，分类存放。工段严禁烟火，严格制止闲杂人员进入 8）特殊工种的操作人员需持证上岗 9）努力提高自身的操作能力和维修技术水平，积极参加各项培训和考试，不得无故缺席培训和考试

(续)

岗位名称	直接上级	直接下属	岗位职责
客服主管	总经理	客服部全体人员	1) 负责本部门人员、工作的管理及业务水平的提升 2) 合理划分顾客类型,为公司发展提供战略依据 3) 及时完成顾客回访、档案管理等日常性工作 4) 根据周、月满意度报表,对公司相关业务部门的工作效果进行验证,提出相应合理化建议 5) 配合相关部门和厂家支持相关的服务活动
回访员	客服主管	无	1) 负责售后服务部维修3DC电话回访 2) 能及时妥善处理回访中出现的问题
分析员	客服主管	无	1) 负责公司新车3DC电话回访 2) 能及时妥善处理回访过程出现的问题 3) 定期对公司的电话回访工作进行汇总、分析,编制周、月满意度报表
档案员	客服主管	无	1) 负责部门所有档案资料的收发、管理 2) 按流程定期对档案进行整理

三、不同品牌售后服务部门组织机构与岗位设置

每个品牌经销商的岗位设置及岗位职责各有差异,各个经销商也会根据实际情况进行岗位的调配。完善各岗位的职责及任职要求,既有利于人员的管理,也更方便各部门的协调。下面以一汽-大众和一汽丰田的售后服务部门设置为例进行具体介绍。

1. 一汽-大众经销商售后服务部门

一汽-大众经销商售后服务的组织机构由服务部、备件部、维修车间、技术部组成,其组织机构与岗位设置如图1-4所示。售后服务的岗位设置及职责见表1-3。

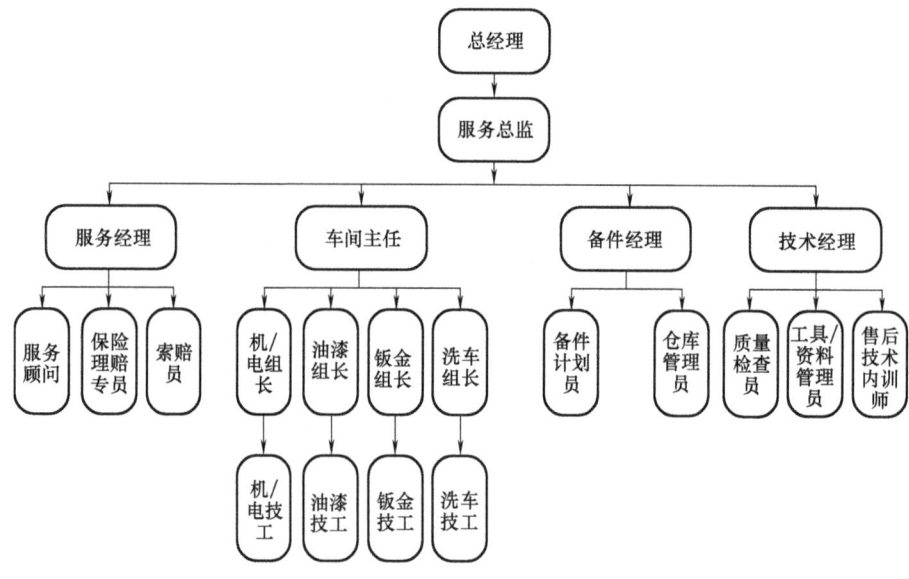

图1-4 一汽-大众经销商售后服务的组织机构与岗位设置

第一章 汽车售后服务的组织

表1-3 一汽-大众售后服务的岗位设置与职责

部门	管理人员职务	直接下属	职责与权限
服务部	服务经理	服务顾问、索赔员、保险理赔专员	1) 负责解决服务过程中与客户发生的纠纷 2) 负责同备件经理协调，解决维修所需备件 3) 负责外出救援服务、预约服务、客户投诉、走访客户等工作的管理，并参与对重大维修服务项目的评审 4) 负责下属劳动纪律的管理 5) 负责所辖区域环境的管理 6) 监督和指导服务顾问、索赔员和保险理赔专员的日常业务 7) 服务经理的直接下属包括服务顾问、索赔员、保险理赔专员
维修车间	车间主任	机/电组长、钣金组长、油漆组长、洗车组长、机/电技工、钣金技工、油漆技工、洗车技工	1) 随时掌握车间员工的工作进度，督促工作的有效性和高效性 2) 能够按照进厂车辆的优先次序和员工的技术水平，合理组织分配任务 3) 定期统计车间员工的效率及返修率 4) 与接待人员沟通协调，控制车间的维修量 5) 按照需要适当进行人员调整，最大限度地提高生产力和员工的生产率 6) 充分利用设备资源和人力资源 7) 严格控管车间费用 8) 车辆终检合格后及时告知相应接待，做好交车准备
备件部	备件经理	备件计划员、备件仓库管理员	1) 负责保证维修所需的充足的备件供应，对是否是原厂备件负责 2) 负责建立合理的备件库存量，指导库管员对库房的管理 3) 负责备件订购计划的审批 4) 负责组织备件的到货验收及备件的入库检验 5) 负责定期组织人员进行库存盘点 6) 负责审核备件管理账目，抽检库存备件状况 7) 负责实施备件管理方面的培训 8) 负责制订备件位置码
技术部	技术经理	质量检查员、工具/资料管理员、售后技术内训师	1) 负责定期收集技术疑难问题及批量投放的质量信息 2) 负责 HST 等技术资料的消化、吸收并指导使用 3) 协助汽车生产企业售后服务科开展技术支持工作 4) 负责控制、监督经销商的维修质量 5) 负责疑难故障的诊断及维修技术攻关，指导车辆维修 6) 负责监督、指导维修人员使用专用工具 7) 负责建立文件化的质量体系，推行ISO9001标准认证

2. 一汽丰田品牌经销商的组织机构与售后服务岗位设置

一汽丰田品牌经销商的组织机构与大众品牌基本相同，不过取消了"总监"的称呼，如服务总监改称为服务经理，因此，一汽丰田品牌经销商的服务经理和大众品牌的服务经理的职责和权限是不同的，其权限要大一些。一汽丰田经销商的岗位分工如图1-5所示。售后服务的主要岗位设置与职责见表1-4。

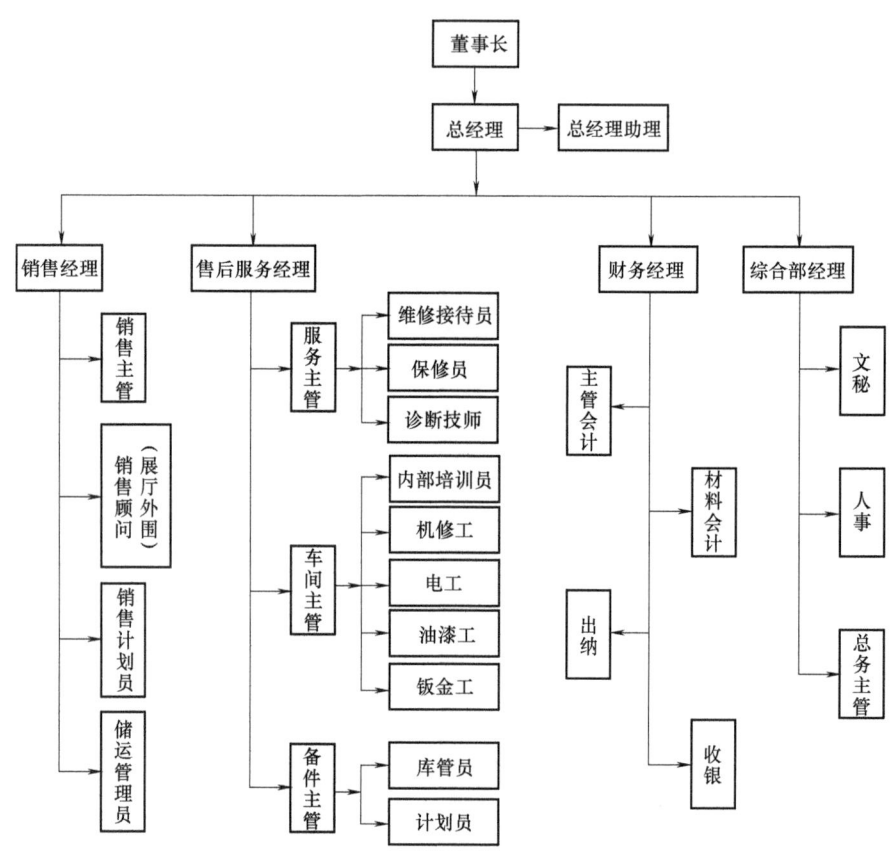

图1-5 一汽丰田经销商的岗位分工

表1-4 一汽丰田售后服务的主要岗位设置与职责

管理人员职务	职责与权限
服务主管	1）遵守公司的规章制度，不泄露公司的机密 2）领导、分配、协调下属员工的工作 3）制订维修接待的各项管理指标及工作计划并监督完成 4）负责提高维修业务接待的服务质量及专业水平 5）提出提高客户满意度的方案并监督执行 6）检查接待人员是否严格按一汽丰田"关怀客户七步法"进行接待工作 7）按考核制度对接待人员进行公平公正的考核 8）分析各项数据报表，制订改善计划并进行改善 9）在售后服务经理的领导下开展工作，重大问题及时向售后服务经理汇报 10）监督完成一汽丰田的召回服务，维护丰田及公司的形象 11）有计划地分配接待人员接车，妥善安排客户预约服务 12）合理安排拖车驾驶人的工作时间和内容 13）试车后正确诊断故障并反映给车间，以便有效解决车辆问题 14）对已交车辆账目的核实，监督车辆的放行 15）服务部内部备件及车间的沟通、协调工作

第一章 汽车售后服务的组织

(续)

管理人员职务	职责与权限
保修员	1）遵守公司的规章制度，不泄露公司的机密 2）新车客户保修手册的建立及向客户讲解 3）负责车辆保修期内索赔的全部工作，确保按流程正确执行 4）完成一汽丰田的召回服务，维护一汽丰田及公司的形象 5）电话跟踪新车客户的使用情况，通知首保，与客户建立良好的关系 6）严格按一汽丰田"关怀客户七步法"进行接待工作 7）对应公司商品车的修护业务，负责与车间接洽 8）向一汽丰田回传索赔、召回等相关资料 9）向客户提供服务信息并帮助客户解决车辆的问题 10）专业地处理客户的投诉，并进行有效的初期应对 11）通过市场技术报告向一汽丰田汽车销售有限公司技术组上报车辆的技术问题 12）将保修零件及时上交至一汽丰田汽车销售有限公司技术组 13）完成公司制订的各项目标，负责维修接待区的4S工作 14）与客户建立良好的关系，通过提高服务质量来提高客户满意度
车间主管	1）遵守公司的规章制度，不泄露公司的机密 2）随时掌握车间员工的工作进度，督促工作的有效性和高效性 3）能够按照进厂车辆的优先次序和员工的技术水平，合理组织分配任务 4）定期统计车间员工的效率及返修率 5）与接待人员沟通协调，控制车间的维修量 6）按照需要适当做人员调整，最大限度地提高生产力和员工的生产率 7）充分利用设备资源和人力资源 8）严格控管车间费用 9）车辆终检合格后及时告知相应接待，做好交车准备 10）严格按照一汽丰田的维修标准流程安排工作 11）分析相关报表和生产情况，制订改善计划 12）重大问题及时向售后服务经理汇报 13）负责服务部各部门之间的协调沟通
诊断技师	1）遵守公司的规章制度，不泄露公司的机密 2）诊断技师代表一汽丰田公司的形象，以为客户服务为宗旨 3）可监控维修程序，可以进行终检 4）即使在压力下也能保持客观，不掺杂个人的意见与观点 5）有较强的独立意识，能够表达自己的观点且能够做出正确的决策 6）能够较好地分析复杂问题，独立提出自己的策略 7）能够对疑难问题提供技术指导，成功解决问题 8）潜心学习，能够培训其他员工 9）能够向同事提供专业的技术信息作为参考意见 10）向维修顾问提供关于故障诊断的技术支持和解决方案 11）保持车间的5S管理 12）工作中主动辅导新员工，提高他们的技术水平 13）在维修中发现问题应及时客户联系 14）主动协助领班搞好车间的各项工作 15）发现问题及时向领班汇报 16）施工中注意安全生产

四、经销商的人员管理

1. 经销商的岗位设置要求

随着汽车保有量的持续增加,各个品牌都会有计划地增加经销商的数量,经销商数量的增加,必然导致人才需求量的增加。但是,每家经销商对人员的需求并不是大批量的、一次性的,这是一个逐渐增加的过程。某品牌经销商对各岗位人员的需求设置见表1-5。

表1-5 经销商岗位设置要求

岗　　位	级别	数　量　要　求	若业务量不足,可由以下岗位兼职	最低人数
服务总监	一级	1名	专职	1人
服务经理	二级	1名	专职	1人
机修车间主任	二级	1名	专职	1人
钣喷车间主任	二级	1名	日钣喷维修台次在6台以下,可由机修车间主任兼任	
车间调度员	三级	1名	机修台次大于或等于40台/天必须设专职车间调度员;机修台次小于40台/天可暂时由车间主任兼职	
备件经理	二级	1名	专职	1人
技术经理	二级	1名	专职	1人
索赔员	四级	至少1名,按每名索赔员年索赔量不超过2000台次配备	专职	
服务顾问	四级	按每名服务顾问每日最多接待10位客户配备,并且最低配备2名	专职	2人
保险理赔员	四级	至少1名	专职	1人
备件计划员	四级		备件经理	
仓库管理员	四级		备件经理	
质检员	四级	按每名质检员每天最多检查20台车配备	技术经理	
工具/资料管理员	四级	1名	专职	1人
售后技术内训师	四级	日维修台次30台以上时,必须设置专职人员	专职	
机/电组长	四级	按照实际工作量分组,每组设组长1名	专职	1人
油漆组长	四级	按照实际工作量分组,每组设组长1名	专职	1人
钣金组长	四级	按照实际工作量分组,每组设组长1名	专职	1人

第一章 汽车售后服务的组织

(续)

岗 位	级别	数 量 要 求	若业务量不足，可由以下岗位兼职	最低人数
洗车组长	四级	按照实际工作量分组，每组设组长1名	专职	1人
机/电技工	五级	按每名维修人员每天维修车辆3台配备，并且最低配备4名	专职	4人
油漆技工	五级	按每名维修人员每天维修车辆1.5台配备，并且最低配备1名	专职	1人
钣金技工	五级	按每名维修人员每天维修车辆1.5台配备，并且最低配备1名	专职	1人
移车员	五级	按实际需求设定人数	洗车组长	
洗车技工	五级	按实际需求设定人数	专职	
引导员	五级	按实际需求设定人数	可由服务顾问兼职	
接待员	五级	按实际需求设定人数	可由服务顾问兼职	

2. 经销商服务组织机构的管理要求

1) 每个汽车生产企业特约经销商必须按照汽车生产企业售后服务要求设立组织机构，在签订意向性协议后两个月内申报服务组织员。此机构由经销商站长领导并开展工作。

2) 经销商专职管理人员（服务总监、服务经理、备件经理、财务人员、销售经理、销售计划员、索赔员、服务顾问、备件计划员和车间主任等）由建站单位推荐德才兼备的人员担任，然后填报"管理人员任职资格表"，送汽车生产企业售后服务科审批备案。

3) 经销商建站初期，部分管理人员可兼几职，但必须是具备一定能力和精力，并且能够做好兼职工作的人员。

4) 经销商管理人员及技术工人必须经汽车生产企业公司售后服务人员培训，考核合格者方可上岗工作。凡未经培训或考核不合格者不得上岗，由经销商另行推荐其他人员。

5) 已经通过培训或考核合格的专职人员（服务总监、服务经理、备件经理、索赔员及备件计划员等），未经汽车生产企业售后服务科允许，不准擅自调离经销商指定岗位，如需调离，应事先征得汽车生产企业有关业务科室同意，并填写接替人员的任职资格表申报售后服务科服务组织员，售后服务科将对申报人员进行培训及考核，确认后方可上岗工作。

6) 经销商任何员工，在工作中因工作失误给汽车生产企业及经销商造成不良影响，汽车生产企业售后服务科保留取消其任职资格的权力，经销商应立即更换，同时申报接替者的有关资料。

7) 下列人员应认真填报"特约经销商普通员工任职资格表"：质量检查员、工具/资料员、技术工人及站内其他辅助人员。

8) 对擅自撤销、更换管理人员的经销商，将视情节做如下处理：网内通报批评，经销商评比降低一个档次；撤销经销商的索赔资格或备件订货资格，直至撤销汽车生产企业特许经销商资格；对于未经过培训上岗人员负责的业务，汽车生产企业售后服务科将不予受理。

第三节 服务礼仪

大家都了解讲究礼仪的重要性,如果你平时多一点温馨的微笑、多一句热情的问候、多一个友善的举动、多一副真诚的态度,也许能使你的生活、工作增添更多的乐趣,使人与人之间更容易交往、沟通。作为社会生活中的一员,我们有义务也有必要把讲求礼仪作为维护公共秩序、遵守社会公德的一个准则,通过自律不断地提高个人自身修养,使我们成为真正社会公德的维护者。

"客户至上、服务至上",作为任何一家汽车售后服务企业的服务宗旨,它充分地反映了企业对每位员工的期望。作为一名汽车售后服务企业的员工,其一言一行都代表着企业的形象,即使企业有再好的商品和维修质量,对客户能否进行优质服务都直接影响到企业的声誉。对客户服务不周、态度不佳,将会导致企业的信誉下降、业绩不振。总之,讲求礼仪是任何一家企业对每位员工的基本要求,也是体现企业服务宗旨的具体表现。

以下是根据汽车售后服务企业的实际情况制订的礼仪行为规范,要求在工作中灵活运用,让它成为与客户增进友谊、加强沟通的桥梁。

一、微笑

人与人相识,第一印象往往是在前几秒钟形成的,而要想改变它,却需要付出很长时间的努力。良好的第一印象来源于人的仪表谈吐,但更重要的是取决于他的表情。微笑(图1-6)则是表情中最能赋予人好感、增加友善和沟通、愉悦心情的表现方式。一个对别人微笑的人,必能体现出他的热情、修养和魅力,从而得到对方的信任和尊重。那么,大家在日常的生活、工作中是否能面带微笑呢?以下是几种训练微笑的方法,如图1-7所示。

图1-6 微笑礼仪

1. 掌握微笑的要领

主要特征:面含笑意,但笑容不甚显著。

基本方法:先放松自己的面部肌肉,然后使自己的嘴角微微向上翘起,让嘴唇略呈弧形。最后在不牵动鼻子、不发出笑声、不露出牙齿尤其是牙龈的前提下,微微地一笑。

2. 微笑必须发自内心

调整心态:观察自己笑的表现形式,注意进行心理调整,想象对方是自己的兄弟姐妹或

① 把手举到脸前

② 双手按箭头方向做"拉"的动作，一边想象笑的形象，一边使嘴笑起来

方法一

① 把手指放在嘴角并向脸的上方轻轻上提

② 一边上提，一边使表情充满笑意

方法二

① 手张开举在眼前，手掌向上提，并且两手展开

② 随着手掌的上提、打开，眼睛一下子睁大

方法三

图 1-7　训练微笑的方法

多年不见的朋友。

注意整体配合：眉开眼笑，即目光柔和发亮，双眼略为睁大，眉头自然舒展，眉毛微微向上扬起。

力求表里如一：渗透着一定情感的微笑，才真正具有感染力。笑中有情，笑以传情。

二、仪表要求

清晨起床后充分计算好吃早餐、上班交通所需要的时间，如果每天早起5分钟对自己的仪表进行检查的话，会使你对一天的工作更自信，也可使其他人感到轻松、愉快。

1. 男士

男士在仪表方面应注意的事项如图 1-8 所示。

2. 女士

女士在仪表方面应注意的事项如图 1-9 所示。

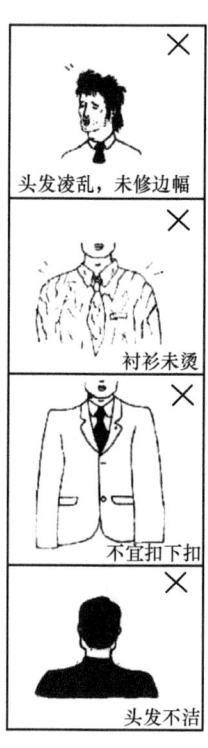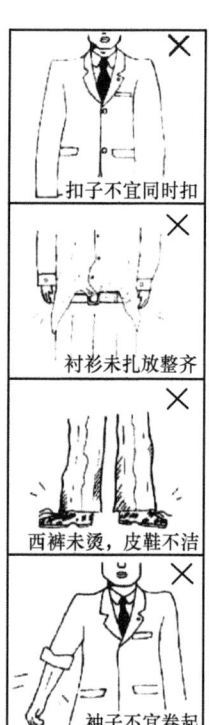

图 1-8　男士仪表注意事项

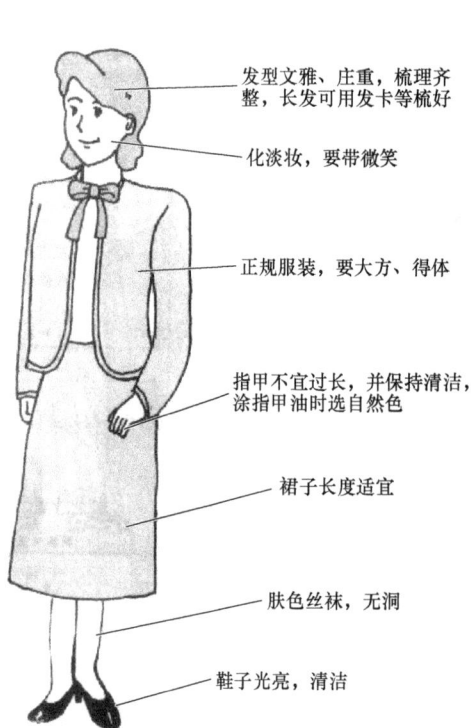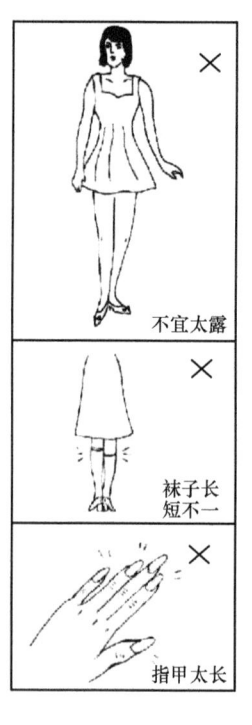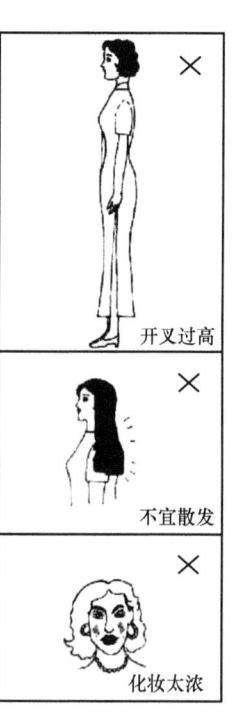

图 1-9　女士仪表注意事项

3. 仪表各环节要求

仪表各环节要求见表1-6。

表1-6　仪表各环节要求

仪表部位	规范要求
头发	洁净、整齐，无头屑，不染发，不做奇异发型。男性不留长发；女性不留披肩发，也不用华丽头饰
眼睛	无眼眵，无睡意，眼不充血，不斜视；眼镜端正、洁净明亮；不戴墨镜或有色眼镜；女性不画眼影，不用人造睫毛
耳朵	内外干净，无耳垢；女性不戴耳环
鼻子	鼻孔干净，不流鼻涕；鼻毛不外露
胡子	胡子刮干净或修整齐，不留长胡子，不留八字胡或其他奇形怪状的胡子
嘴	牙齿整齐洁白，口中无异味，嘴角无泡沫，会客时不嚼口香糖等食物。女性不用深色或艳丽口红
脸	洁净；无明显粉刺；女性施粉适度，不留痕迹
脖子	不戴项链或其他饰物
手	洁净；指甲整齐，不留长指甲；不涂指甲油，不戴结婚戒指以外的戒指
帽子	整洁、端正，颜色与形状符合自己的年龄与身份
衬衣	领口与袖口保持洁净；扣上风衣扣，不要挽袖子；质地、款式及颜色与其他服饰相匹配，并符合自己的年龄、身份和公司形象
领带	端正整洁，不歪不皱；质地、款式与颜色与其他服饰匹配，符合自己的年龄、身份和公司形象；不宜过分华丽和耀眼
西装	整洁笔挺，背部无头发和头屑；不打皱，不过分华丽，与衬衣、领带和西裤匹配；与人谈话或打招呼时，将第一个纽扣扣上；上口袋不要插笔，所有口袋不要因放置钱包、名片、香烟、打火机等物品而鼓起来
胸饰与女士服装	胸卡、徽章佩戴端正，不要佩戴与工作无关的胸饰；胸部不宜袒露；服装整洁无皱；穿职业化服装，不穿时装、艳装、晚装、休闲装、透明装、无袖装和超短裙
皮带	高于肚脐，松紧适度，不要选用怪异的皮带头
鞋、袜	鞋、袜搭配得当；系好鞋带；鞋面洁净亮泽，无尘土和污物，不宜钉铁掌，鞋跟不宜过高、过厚和怪异。袜子干净无异味。不露出腿毛；女性穿肉色短袜或长筒袜，袜子不要脱落和脱丝

三、保持自身良好的仪态

仪态泛指人们的身体所呈现出来的各种姿势，即身体的具体造型，又称体姿，包括人的表情、站姿、坐姿、蹲姿、行姿和身体展示的各种日常行为动作。用优美的仪态表现礼仪，比用语言更让受礼者感到真实、美好和生动。

工作中应注意自己的仪态礼仪，这不但是自我尊重和尊重他人的表现，也能反映出自身的工作态度和责任感。

1. 表情

表情的要求见表1-7。

表 1-7　表情的要求

项目	要　求
待人谦恭	待人谦恭与否,不仅从表情神态方面可以很直观地看出来,而且也备受服务对象的重视。所以,务必使自己的表情神态于人恭敬、于己谦和
表情友好	对于任何服务对象,皆应友好相待
适时调整	不论是庄重、宽和、活泼、俏皮,还是不满、气愤、悲伤,表情都要和现场的氛围和实际需要相符合
真心实意	表情出自于真心,才能做到表里如一、名副其实之感

眼神是人的表情的主要表现部位,眼神的运用见表 1-8。

表 1-8　眼神的运用

项	目	要　求
注视的部位	眼睛	问候对方、听取诉说、征求意见、强调要点、表示诚意、向人道贺或与人道别皆应注视对方的双眼,并注意时间上不宜过久
	面部	与对方较长时间交谈时,可注视对方的面部,但不要聚集于一点,以散点柔视为宜。常用于接待服务
	全身	与服务对象距离较远时,应注视对方的全身。站立服务时,往往会有此必要
	局部	在实际需要时,对对方身体的某一部分会多加注视。例如,在递接物品时,应注视对方的手部。注意:如果没有任何理由,不得打量对方的头顶部、胸部、腹部、臀部或大腿,这些都是失礼的表现
注视的角度	正视	与人正面相向,眼光可停留在对方脸部三角区,即眉骨、鼻梁之间
	平视	身体与对方相似高度,正视时往往要求平视对方,可表现出双方地位的平等与本人的不卑不亢
	仰视	本人的位置较对方低,需要抬头向上仰视对方,仰视他人时,可给予对方信任之感
兼顾多方		给予每位对象以适当的注视,使其不会产生被疏忽、被冷落之感

注意:与客户交谈时,两眼视线落在对方脸部的三角区,偶尔也可以注视对方的双眼。恳请对方时,可注视对方的双眼。为表示对客户的尊重和重视,切忌斜视或目光在他人他物上,避免让客户感到你非礼和心不在焉。

2. 站姿

站姿要求如图 1-10 所示。

说明:正确的站姿是抬头、目视前方、挺胸直腰、肩平、双臂自然下垂、收腹、双腿并拢直立、腿尖分开呈V字形、身体重心放到两脚中间;也可两脚分开,比肩略窄,将双手合起,放在腹前或腹后
晨会的站姿要求:
除保持正确的站姿外,男士两脚分开,比肩略窄,将双手合起放在背后或合放于腹前且左手在外;女士双腿并拢,脚尖分开呈V字形,双手合起放于腹前

图 1-10　站姿要求

3. 坐姿

坐姿要求如图 1-11 所示。

说明：入座时要轻，至少要坐满椅子的2/3，后背轻靠椅背，双膝自然并拢（男士可略分开）。身体稍向前倾，表示尊重和谦虚

男士
说明：可将双腿分开略向前伸，若长时间端坐，可双腿交叉重叠，但要注意将上面的腿向内回收，脚尖向下

女士
说明：入座前应先将裙角向前收拢，两腿并拢，双脚同时向左或向右放，两手叠放于腿上。若长时间端坐，可将两腿交叉重叠，但要注意上面的腿向内回收，脚尖向下

图 1-11　坐姿要求

坐姿也有美与不美之分，以下为错误的坐姿，如图 1-12 所示。

坐姿忌讳：二郎腿、脱鞋、把脚放到自己的桌椅上或架到别人桌椅上

注意：若坐在深而软的沙发上，应坐在沙发前端，不要仰靠沙发，以免鼻毛外露

图 1-12　错误的坐姿

入座与离座的姿态见表 1-9。

表1-9　入座与离座的姿态

情景	规范标准
入座	在他人入座后按座席的尊卑，从座位的左侧毫无声息地就座
离座	离开座位前要先向旁边的人表示，离座时轻缓地从座位左侧离开，不要弄出声响或将椅垫、椅罩等弄掉在地上

4. 蹲姿

蹲姿要求如图1-13所示。

说明：一脚在前，一脚在后，两腿向下蹲，前脚全着地，小腿基本垂直于地面，后脚脚跟提起，脚掌着地，臀部向下
注意：如果你在拾取低处的物件时，应保持大方、端庄的蹲姿

图1-13　蹲姿要求

5. 行姿

行姿要求如图1-14所示。

男士
说明：抬头、挺胸、收腹、直腰，步伐稳重，摆臂自然，前后摆幅在30度~40度。步子跨度以一脚半为宜，步位为两条相近的平行线。走路时脚跟先着地
女士
说明：抬头、挺胸、收腹，表情自然，肩膀往后垂，手轻放两边，轻轻地摆动，前后摆幅在30度~40度，步子跨度以一脚为宜，两脚内缘落在一条直线上。穿平底鞋走路时是脚跟先着地，穿高跟鞋时则应脚掌先着地

图1-14　行姿要求

行姿的变化见表1-10。

表1-10　行姿的变化

情景	规范标准
陪同引导	双方并排行进时，引导人员居于客人左侧；单行时居于左前方1米左右的位置，保持身体侧向客人。与客人保持相同的前进速度，需经过拐角、楼梯或照明欠佳处等地方之前应及时提醒
上下楼梯	上下楼梯时尽量保持身体直立，上楼时请客人先行，下楼时主动在前领引。坚持"右上右下"原则，减少在楼梯口的停留
变向行走	一般采用的变向行走包括前行、后退、侧行、前行转身、后退转身
告辞行姿	告辞时要身体略前倾，后退一两步，再转身告辞

第一章 汽车售后服务的组织

错误的行姿如图 1-15 所示。

(1) 横冲直撞　(5) 蹦蹦跳跳
(2) 悍然抢行　(6) 奔来跑去
(3) 阻挡道路　(7) 制造噪声
(4) 不守秩序　(8) 步态不雅

图 1-15　错误的行姿

6. 手势

日常工作中最常使用的手势礼仪是握手，如图 1-16 所示。

说明：站姿要标准，身体略前倾，两者间取两个半臂左右的距离。手要洁净、干燥和温暖。先问候再握手。伸出右手，手掌呈垂直状态，五指并用，虎口相对，握手 2~5 秒。不要用左手握手。与多人握手时，遵循先尊后卑、先长后幼、先女后男的原则。若戴手套，要先脱手套再握手。切忌戴着手套握手或握完手后擦手。握手时应注视对方并面带微笑，不要旁顾他人他物。用力要适度，不宜过猛或毫无力度。切忌手脏、手湿、手凉。与异性握手时用力要轻，时间要短，不可长时间握手和紧握手。掌心应向上，以示谦虚和尊重，切忌掌心向下。为表示格外尊重和亲密，可以用双手与对方握手。要按顺序握手，不可越过其他人正在相握的手去同另外一个人握手

图 1-16　握手要求

以下是错误的握手方式，握手时应注意避免，如图 1-17 所示。

　　交叉握手　　　　与第三者说话（目视他人）

　　摆动幅度过大　　　戴手套或手不清洁

图 1-17　错误的握手方式

其他几种常见手势见表 1-11。

表 1-11　其他几种常见手势

手势类别	规 范 标 准
介绍手势	应面向对方伸出手朝向被介绍者，伸手时应先伸臂，再五指并拢手掌向上打开做停顿，这是一种十分标准的介绍手势

（续）

手势类别	规范标准
递物手势	双手从胸前高度把物品交递给对方，身体略向前倾，递文字印刷品时应正面朝向对方，递其他物品时要以方便对方接物为宜
接物手势	接取对方递给的物品时，应目视对方，而不能只顾注视物品，要用双手或右手，不能单用左手，接物要平稳、准确。持物要稍加整理，不同的物品要采用不同的持物方式
举手致意	面向对方，掌心向外，手臂轻缓地由下而上向上伸起，而不是自上而下或向左右两侧来回摆动
挥手道别	身体站直，目视对方，掌心朝外，两臂向左右两侧轻轻挥动

7. 鞠躬

鞠躬是表达敬意、尊重、感谢的常用礼仪。鞠躬时应从内心发出向对方表示感谢、尊重的意念，从而体现于行动，给对方留下真诚的印象。

鞠躬时要注意的事项如图1-18所示。

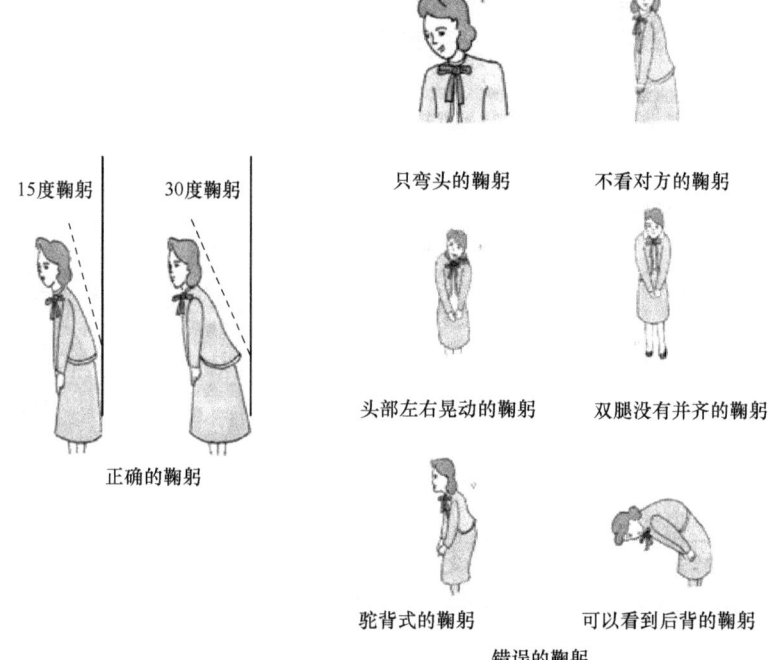

图1-18 鞠躬示例

不同类别的鞠躬标准见表1-12。

表1-12 不同类别的鞠躬标准

鞠躬类别	规范标准
欠身礼	面带微笑，头、颈、背成一条直线，目视对方，身体稍向前倾
15度鞠躬礼	面带微笑，头、颈、背成一条直线，双手自然放在裤缝两边（女士双手交叉放在体前），前倾15度，目光约落于体前1.5米处，再慢慢抬起，注视对方
30度鞠躬礼	面带微笑，头、颈、背成一条直线，双手自然放在裤缝两边（女士双手交叉放在体前），前倾30度，目光约落于体前1米处，再慢慢抬起，注视对方

第一章 汽车售后服务的组织

注意：行鞠躬礼一般在距对方2~3米的地方，在与对方目光交流的时候行礼，并且行鞠躬礼时必须真诚微笑，没有微笑的鞠躬礼是失礼的。

各种场合的鞠躬礼规范见表1-13。

表1-13 各种场合的鞠躬礼规范

场 景		规范标准
遇见客人	在公司内遇到贵宾	行15度鞠躬礼
	在贵宾经过你的工作岗位时	问候、行欠身礼
	领导陪同贵宾到你工作岗位检查工作时	起立、问候、行15度鞠躬礼
	行走时遇到客人问讯时	停下、行15度鞠躬礼、回答
遇见同事和领导	每天与同事第一次见面	问候、行欠身礼
	与久未见面的同事相遇	问候、行15度鞠躬礼
	与经常见面的同事相遇	行欠身礼
	到领导办公室请示汇报工作	敲门、听到回应之后进门、行30度鞠躬礼
	在公司内遇到高层领导	问候、行15度鞠躬礼
会议	主持人或领导上台讲话前	向与会者行30度鞠躬礼
	主持人或领导讲完话	向与会者行30度鞠躬礼，与会者鼓掌回礼
	会议迟到者	必须向主持人行15度鞠躬礼示意歉意
	会议途中离开者	必须向主持人行15度鞠躬礼示意离开
迎送客人	迎接客户	问候、行30度鞠躬礼
	在自我介绍或交换名片时	行30度鞠躬礼并双手递上名片
	在会客迎接客人时	起立问候，行30度鞠躬礼待客人入座后再就座
	欢送客人时	说"再见"或"欢迎下次再来"，同时行30度鞠躬礼。目送客人离开后再返回
其他方面	在接受对方帮助时	表示感谢时，行30度鞠躬礼
	给对方造成不便或让对方久等时	行30度鞠躬礼，并说"对不起"
	向他人表示慰问或请求他人帮助时	行30度鞠躬礼
特殊岗位人员的礼仪要求	前台接待客人时	当客人到达前台2~3米处，前台服务人员应起立行30度鞠躬礼并微笑问候
	行政前台小姐接待工作客人	当客人走出楼梯口时，前台小姐应起立问候，行30度鞠躬礼，必要时为客人引路、开门
	送茶水时	双手托盘在客人的右侧上茶后，后退一步行15度鞠躬礼，转身离开

8. 人际距离

所谓人际距离，一般是指在人与人所进行的正常交往中，交往对象彼此之间在空间上所形成的间隔，即交往对象之间彼此相距的远近。常规的人际距离见表1-14。

27

表1-14 常规的人际距离

场景	规范标准
服务距离	一般情况下,服务距离以0.5~1.5米为宜
展示距离	进行展示时,既要使客户看清自己的操作示范,又要防止对方对自己的操作示范有所妨碍或遭到误伤,展示距离以1~3米为宜
引导距离	在行进客人左前方1.5米左右最为适当
待命距离	为方便随时为客人提供服务,正常情况下应当在3米之内
信任距离	工作人员不能离开客户而走,不从客户的视线中消失。注意:一是不要躲在附近;二是不要去而不返
交谈距离	两个人交谈的最佳距离为1~1.5米,并最好有一定角度,两人可斜站对方侧面,形成30度为最佳,避免面对面。这个距离和角度,既无疏远之感,又文明。另外,在交谈中,若偶然咳嗽,要用手帕遮住口、鼻,不能直对对方面前咳嗽,更不能随地吐痰

四、文明用语

1. 礼貌用语

常用的礼貌用语见表1-15。

表1-15 礼貌用语

情景	规范标准
问候语	早上好、您早、晚上好、您好、大家好……
致谢语	谢谢、非常感谢、谢谢您、十分感谢……
拜托语	请多关照、承蒙关照、麻烦您了、拜托了……
慰问语	辛苦了、受累了……
赞赏语	很好、太好了、真棒……
谢罪语	对不起、劳驾、实在抱歉……
挂念语	身体好吗、近来怎样……
祝贺语	祝您成功、身体健康、一帆风顺……
理解语	只能如此、深有同感……
迎送语	欢迎、欢迎光临、见到您很高兴、再见、慢走、走好、欢迎再来……
征询语	我能为您做些什么、需要帮助吗、您觉得这车怎么样、您是不是很喜欢这种颜色……
应答语	是的、我会尽量按您的要求去做、没关系、不必客气……
推托语	这件东西其实跟您刚才想要的差不多;很遗憾,不能帮您的忙……

2. 同事之间的问候

早晨上班时,大家见面应相互问好(图1-19)。一天工作的良好开端应从相互打招呼、问候开始。公司员工早晨见面时要互相问候"你好""早晨好""早上好"等(上午10点前)。因公外出,应向部内或室内的其他人打招呼。

下班时应相互打招呼后再离开,如"明天见""再见""Bye-Bye"等。

第一章　汽车售后服务的组织

图 1-19　同事间问好

3. 客人来访或遇到陌生人时使用的文明礼貌用语

（1）基本用语　基本用语见表 1-16。

表 1-16　基本用语

基本用语	情　景
"您好""你好"	初次见面或当天第一次见面时使用。清晨（上午 10 点以前）可使用"早上好""您早"等，其他时间使用"您好"或"你好"
"欢迎光临""您好，有什么可以帮到您"	前台接待人员见到客人来访时使用
"对不起，请问……"	让客人等候时使用，态度要温和且有礼貌
"让您久等了"	无论客人等候时间长短，均应向客人表示歉意
"麻烦您，请您……"	如需让客人登记或办理其他手续，应使用此用语
"不好意思，打扰一下……"	需要打断客人或其他人谈话的场合时使用，要注意语气和缓，音量要轻
"谢谢""非常感谢"	对其他人所提供的帮助和支持，均应表示感谢
"再见""欢迎下次再来"	客人告辞或离开时使用

（2）常用语言　在日常工作中，大家应使用如下礼貌用语：

①请；②对不起；③麻烦您……④劳驾；⑤打扰了；⑥好的；⑦是；⑧清楚；⑨您；⑩××先生或××小姐；⑪××经理或××主任；⑫贵公司；⑬××的父亲或母亲（称他人父母）；⑭您好；⑮欢迎；⑯请问……⑰哪一位；⑱请稍等（候）；⑲抱歉……⑳没关系；㉑不客气；㉒见到您（你）很高兴；㉓请指教；㉔有劳您了；㉕请多关照；㉖拜托；㉗非常感谢（谢谢）；㉘再见（再会）。

（3）介绍　介绍的类型和相应的内容见表 1-17。

表 1-17　介绍

介绍的类型	相应内容	示　例
自我介绍（在不妨碍他人工作和交际的情况下进行）	介绍的内容：公司名称、职位、姓名	您好！我是××公司的服务顾问，我叫××
	给对方一个自我介绍的机会	请问，我应该怎样称呼您呢？

(续)

介绍的类型	相应内容	示例
介绍他人(介绍时不可单指指人,而应掌心朝上,拇指微微张开,指尖向上。避免对某个人特别是女性的过分赞扬。坐着时,除职位高者、长辈和女士外,应起立。但在会议、宴会进行中不必起立,被介绍人只要微笑点头示意即可)	顺序:把职位低者、晚辈、男士、未婚者分别介绍给职位高者、长辈、女士和已婚者	王总,这是我公司的服务顾问××
	国际惯例敬语(姓名和职位)	王总,请允许我向您介绍××
	被介绍者应面向对方,介绍完毕后与对方握手问候	您好!很高兴认识您

(4)称呼 称呼的类别与相应内容见表1-18。

表1-18 称呼

称呼的类别	相应内容
国际惯例	称男性为先生,称未婚女性为小姐,称已婚女性为女士、夫人和太太
中国特色	同志、大爷、大叔、大妈、大娘、大哥、大姐
根据行政职务、技术职称、学位、职业来称呼	王总、吴局长、王教授、刘工、陈博士、曹律师、张医生
称呼随时代而变化	服务业(如酒店、餐饮)人员过去称服务员,现在称先生、小姐

五、接待礼仪

接待礼仪见表1-19。

表1-19 接待礼仪

接待类别	规范标准
迎接礼仪	精神饱满、举止自然、精力集中,做好随时接待的准备
	热情主动、微笑相迎,致以问候并做自我介绍
	了解客户上门的原因。若是找人,应引客到休息室,同时通知对方要找的负责人。若是洽谈业务,则需要及时递上名片,并为客户办理业务,有问必答、百问不烦,如果遇到自己不清楚的问题,不要不懂装懂,而应该诚挚地向客人表示歉意
引客礼仪	双方并排行进时居于客户左侧,单行时居于左前方1米左右的位置,保持身体侧向客户
	与客户保持相同的前进速度,需要经过拐角、楼梯或照明欠佳处等地方之前应及时提醒
	客人落座后,应奉上茶水招待
让客礼仪	与客户正面行进时,需向客户点头致意,走姿改为面向客户侧行
	与客户同向行进时,需放慢脚步,让客户先行,并向客户做出前行示意手势
	进出门口时,要以手开门,让客户先进;出入房门时要为客户拉门,牢记"后入后出"。乘电梯则是"先出后进"
送客礼仪	客户在前,送客人在后
	服务顾问送客礼仪应注意如下几点:①准备好结账;②车辆资料准备好
	送走客户时应向客户道别,祝福旅途愉快,目送客户离去,以示尊重

接待客户的一般程序见表1-20。

表1-20 接待客户的一般程序

接待步骤	使用语言	处理方式
1. 客户来访时	"您好""早上好""欢迎光临"等	马上起立 目视对方，面带微笑，握手或行鞠躬礼
2. 询问客户姓名	"请问您是……""请问您贵姓？找哪一位？"等	必须确认来访者的姓名 如果接收客人的名片，应重复"您是××公司×先生"
3. 事由处理	在场时，对客户说"请稍候" 不在时，对客户说"对不起，他刚刚外出公务，请问您是否可以找其他人或需要留言？"等	尽快联系客户要寻找的人 如果客户要找的人不在，询问客户是否需要留言或转达，并做好记录
4. 引路	"请您到会议室稍候，××先生马上就来""这边请"等	在客人的左前方两三步处引路，让客人走在路的中央
5. 送茶水	"请""请慢用"等	保持茶具清洁 摆放时要轻 行礼后退出
6. 送客	"欢迎下次再来""再见""再会""非常感谢"等	表达出对客人的尊敬和感激之情 道别时，招手或行鞠躬礼

六、电话礼仪

服务人员在运用电话进行服务时，应符合服务礼仪的规范要求，做到彬彬有礼，用语得体，声音自然、亲切。

1. 电话的接听

（1）接听电话的四个基本原则　接听电话的四个基本原则如下：

1）电话铃响后3声之内接起。

2）电话机旁准备好纸和笔进行记录。

3）确认记录下的时间、地点、对象和事件等重要事项。

4）告知对方自己的姓名。

（2）接听电话的规范用语　接听电话的规范用语见表1-21。

表1-21 接听电话的规范用语

谈话情景	正确的应对	错误的应对
询问来电话者的姓名	"请问您是哪位""请问您贵姓"	"你是谁""你叫什么""你是哪个"
刚刚接听电话	"我能帮您做什么吗"	"什么事?""有什么事"
通话中你要中断一下	"请您稍微等候一下好吗""对不起，现有点急事，稍候一下好吗?"	"等一下""又有事找我，以后再打电话联系你"

(续)

谈话情景	正确的应对	错误的应对
不能立即答复某事时	"对不起,我得先问一下主管,稍后再给您回电,好吗?"	"我不能答复你""这事我管不了,要问主管"
当客户的要求不可能做到时	"很抱歉,我也同情你的想法,但目前我们还只能按规定办"	"对不起,我们办不到"
当不明白对方意思时	"对不起,请再说一遍,好吗?"	"我听不清,你再说一遍""什么?什么?"
对方找人,当事人不在时	"他现在不在办公室,需要留言吗?还是要他回您电话?"	"他不在""他去休息室了"
需要客户等待时	"请您等一下,好吗?"	"等一会再打过来"
电话结束时	"谢谢您的来电"(等对方先挂)	"再见"("啪"先挂电话)

(3)接听电话的流程 接听电话的流程见表1-22。

表1-22 接听电话的流程

顺 序	基本用语	注意事项
1. 拿起电话听筒,并告知自己的姓名	"您好,××公司,有什么可以帮您"(外线);"您好,××部,我是×××"(内线);上午10点以前可使用"早上好";电话铃响3声以上时说"让您久等了,我是××部×××"	电话铃响3声之内接起 在电话机旁准备好记录用的纸和笔 接电话时,不使用"喂……"回答 音量适度,不要过高 语速适中,不要过快 告知对方自己的姓名
2. 确认对方	"×先生,您好""感谢您的关照"等	必须对对方进行确认;若是客户,要表达感谢之意
3. 听取对方的来电用意	"是""好的""清楚""明白"等	必要时应进行记录;谈话时不要离题
4. 进行确认	"请您再重复一遍""那么明天×点我在公司等您了"等	确认时间、地点、对象和事由 若是传言,必须记录下电话时间和留言人
5. 结束语	"清楚了""请放心……""我一定转达""谢谢""再见"等	
6. 放回电话听筒		等对方放下电话后再轻轻放回电话机上

(4)接听电话的注意事项 接听电话的注意事项如下:
1)认真做好记录。
2)使用礼貌语言。
3)讲电话时要简洁、明了。
4)注意听取时间、地点、事由和数字等重要词语。
5)电话中应避免使用对方不能理解的专业术语或简略语。

6）注意讲话语速不宜过快。
7）遇到打错电话的情况，要有礼貌地回答，让对方重新确认电话号码。

2. 电话的拨打

（1）电话的拨打流程　电话的拨打流程见表1-23。

表1-23　电话的拨打流程

顺　　序	基 本 用 语	注 意 事 项
1. 准备		确认对方的姓名、电话号码 准备好要讲的内容、说话的顺序和所需要的资料、文件等 明确通话所要达到的目的
2. 问候，告知自己的姓名	"您好！我是××公司的服务顾问×××"	自我介绍：依序为公司名称、部门名称及自己的名字 讲话时要有礼貌
3. 确认通话对象	"请问×××先生在吗？""麻烦您，我要找一下×××先生"	必须要确认通话对象 如与要找的人接通电话后，应重新问候
4. 电话内容	"今天打电话是想向您了解一下您的车辆使用情况……"	应先将想要说的结果告诉对方 如果是比较复杂的事情，请对方做记录 对时间、地点、数字等进行准确的传达 说完后可总结所说内容的要点
5. 结束语	"谢谢""麻烦您了""那就拜托您了"等	语气诚恳、态度和蔼
6. 放回电话听筒		等对方放下电话后再将听筒轻轻放回电话机上

（2）拨打电话的注意事项　拨打电话的注意事项如下：
1）要考虑打电话的时间（对方此时是否有时间或方便）。
2）注意确认对方的电话号码、单位、姓名，以避免打错电话。
3）准备好需要用到的资料、文件等。
4）讲话的内容要有次序、简洁、明了。
5）注意通话时间，不宜过长。
6）要使用礼貌用语。
7）外界的杂音或私语不能传入电话内。
8）避免私人电话。

注意：
① 讲电话时，如果发生掉线、中断等情况，应由打电话方重新拨打。
② 在用电话进行沟通的时候，一般应该把时间控制在3分钟以内，最长也不要超过5分钟。如果这一次沟通没有完全表达出你的意思，最好约定下次打电话的时间或面谈的时间，避免在电话中一次占用的时间过长。

③ 与客户沟通交流时的七项重要内容（也称"七何原则"）：有何要求（What）；何人来实施（Who）；何时完成（When）；何处去做（Where）；为何要做（Why）；如何去做（How Do）；何价（How Much）。

七、名片的使用礼仪

名片是工作过程中重要的社交工具之一。交换名片（图1-20）时也应注重礼节。我们使用的名片通常包含两个方面的意义：一是标明你所在的单位；二是表明你的职务、姓名及承担的责任。

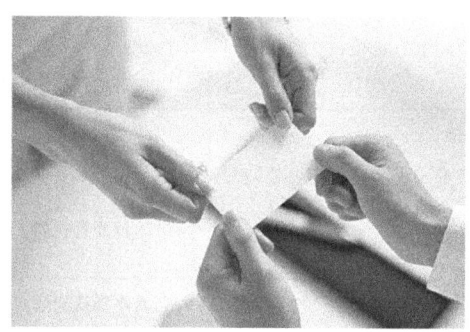

图1-20　交换名片

总之，名片是自己或公司的一种表现形式。因此，名片的使用及注意事项见表1-24。

表1-24　名片的使用及注意事项

名片的使用	注　意　事　项
1. 名片的准备	名片不要和钱包、笔记本等放在一起，原则上应该使用名片夹 名片可放在衬衣左侧口袋或西装的内侧口袋，但不可放在裤兜里 口袋不要因为放置名片而鼓起来 要保持名片的清洁、平整 养成一个基本的习惯：会客前检查和确认名片夹内是否有足够的名片
2. 接名片	必须起身接收名片 应用双手接收 不要在接收的名片上面做标记或写字 接收名片后不可来回摆弄 接收名片时，要认真地看一遍 不要将对方的名片遗忘在座位上，或者存放时不注意落在地上 不把对方名片放入裤兜里
3. 递名片	递名片时应右手的拇指、食指和中指合拢，夹着名片的右下部分，使对方好接拿，以弧状的方式递交于对方的胸前 递名片的次序是由下级或访问方先递名片。若介绍人时，应由先被介绍方递名片 递名片时，应说"请多关照""请多指教"之类的寒暄语 互换名片时，应用右手拿着自己的名片，用左手接对方的名片后，用双手托住 互换名片时，也要看一遍对方的职务、姓名等 遇到难认字，应事先询问 在会议室如果遇到多数人相互交换名片时，可按对方座次排列交换名片

八、拜访客户礼仪

拜访客户的步骤与注意事项见表1-25。

表1-25 拜访客户礼仪

步 骤	注 意 事 项
1. 约定时间和地点	事先打电话说明拜访的目的,并约定拜访的时间和地点 不要在客户刚上班、快下班、异常繁忙、正在开重要会议时去拜访 也不要在客户休息和用餐时间去拜访
2. 准备工作	阅读拜访对象的个人资料和公司资料 准备拜访时可能用到的资料 注意穿着与仪容 检查各项携带物是否齐备,如名片、笔和记录本、本公司电话和产品介绍、合同等 明确谈话主题、思路和话语
3. 出发前	最好与客户通电话确认一下,以防临时发生变化 选好交通路线,算好时间出发 确保提前5~10分钟到
4. 到达客户办公楼门前	再整装一次 若提前到达,不要在被访公司内溜达
5. 进入室内	面带微笑,向接待员说明身份、拜访对象和目的 从容地等待接待员将自己引到会客室或受访者的办公室 如果是雨天,不要将雨具带入办公室 在会客室等候时,不要看无关的资料或在纸上图画 接待员奉茶时,要表示谢意 等候超过15分钟,可向接待员询问有关情况 若受访者实在脱不开身,则留下自己的名片和相关资料,请接待员转交
6. 见到拜访对象	若拜访对象的办公室关着门,应先敲门,听到"请进"后再进入 问候、握手、交换名片 客户请人奉上茶水或咖啡时,应表示谢意
7. 会谈	注意称呼、遣词用语、语速、语气、语调 会谈过程中,如无急事,不打电话或接电话
8. 告辞	根据对方的反应和态度来确定告辞的时间和时机 说完告辞就应起身离开座位,不要久说久坐不走 感谢对方的接待 握手告辞 若办公室门原来是关闭的,出门后应轻轻把门关上 客户若要相送,应礼貌地请其留步

九、办公室礼仪

在公司的办公场所接待客人、洽谈业务时,有许多场合需要用到下列礼仪,如果大家能了解并掌握这些礼仪,会使你的工作变得更加自如顺利,客户也产生宾至如归的感觉。常见的办公礼仪情景见表 1-26。

表 1-26　常见的办公礼仪情景

情	景	注意事项
引路	在走廊引路时	应走在客人左前方两三步处 引路人走在走廊的左侧,让客人走在路中央 要与客人的步伐保持一致;引路时要注意客人,适当地做些介绍
	在楼梯间引路时	让客人走在正方向(右侧),引路人走在左侧
	途中要注意引导及提醒客人	拐弯或有楼梯台阶的地方应使用手势,并提醒客人"这边请"或"注意楼梯"等
开门次序	向外开门时	先敲门,打开门后把住门把手,站在门旁,对客人说"请进"并施礼;进入房间后,用右手将门轻轻关上 请客人入座,安静退出,此时可用"请稍候"等语言
	向内开门时	敲门后,自己先进入房间 侧身,把住门把手,对客人说"请进"并施礼 轻轻关上门后,请客人入座,安静退出
搭乘电梯	电梯没有其他人的情况	在客人之前进入电梯,按住"开"的按钮,此时请客人再进入电梯 到大厅时,按住"开"的按钮,请客人先下
	电梯内有人时	无论是上电梯还是下电梯,都应客人、上司优先
	电梯内	先上电梯的人应靠后面站,以免妨碍他人乘电梯 电梯内不可大声喧哗或嬉笑吵闹 电梯内已有很多人时,后进的人应面向电梯门站立
办公室	进入他人办公室	必须先敲门,再进入 已开门或没有门的情况下,应先打招呼,如使用"您好""打扰一下"等语句后,再进入
	传话	传话时不可交头接耳,应使用记事便签传话 传话给客人时,不要直接说出来,而是应将事情要点转告客人,由客人与待传话者直接联系 退出时,按照上司、客人的顺序打招呼退出
	会谈中途有上司到来的情况	必须起立,将上司介绍给客人,向上司简单汇报一下会谈的内容,然后重新开始会谈

十、自我检查

自我检查见表 1-27。

第一章 汽车售后服务的组织

表1-27 自我检查表

项目	序号	检查内容	权重	自评	互评	总评
办公室篇	1	头发是否干净整齐	5			
	2	衬衫、外套是否清洁	5			
	3	指甲是否过长，是否经常修剪	5			
	4	皮鞋是否光亮、无灰尘	5			
	5	清晨上班时是否相互打招呼	5			
	6	上班5分钟前是否已到座位上	5			
	7	在走廊内有无奔跑	5			
	8	是否佩戴胸牌	5			
	9	办公时有无窃窃私语	5			
	10	对办公用品和公共物品是否爱护	5			
	11	离开座位外出时，有无留言或告知去处	5			
	12	午休或下班时，有无整理好办公台面	5			
	13	在茶水间、洗手间、走廊内有无站着闲谈	5			
	14	有无在办公室进食	5			
	15	有无向正在计算或写字的人发问	5			
	16	有无在办公室吸烟	5			
	17	是否做到公共物品谁使用谁整理	5			
	18	发现垃圾等杂物有无主动拾起	5			
	19	有无按《职员手册》的规定着装	5			
	20	下班时有无相互打招呼后才离开公司	5			
电话篇	1	电话机旁有无准备记录用纸和笔	5			
	2	有无在电话铃响3声之内接起电话	5			
	3	是否在接听电话时做记录	5			
	4	接起电话后有无说"您好"或"您好，××××"	5			
	5	客户来电时，有无表示谢意	5			
	6	对客户有无使用专业术语和简略语言	5			
	7	对外部来电是否使用敬语	5			
	8	是否让客户等候30秒以上	5			
	9	是否打电话时，让对方猜测你是何人	5			
	10	是否正确听取了对方打电话的意图	5			
	11	是否重复了电话中的重要事项	5			
	12	要转达或留言时，是否告知对方自己的姓名	5			
	13	接到投诉电话，有无表示歉意	5			
	14	接到打错电话时，有无礼貌回绝	5			
	15	拨打电话时，有无选择对方不忙的时间	5			
	16	拨打电话时，有无准备好手头所需要的资料	5			

(续)

项目	序号	检查内容	权重	自评	互评	总评
电话篇	17	拨打电话时，有无事先告知对方结果、原委	5			
	18	说话是否清晰，有条理	5			
	19	是否拨打私人电话	5			
	20	电话听筒是否轻轻放下	5			
接待篇	1	对所有的客人是否都是面带微笑	5			
	2	在走廊遇到客人时，有无让路	5			
	3	遇到客人后，是否马上接待或引导	5			
	4	是否用双手接收名片	5			
	5	接收名片时，是否认真看过一遍	5			
	6	接待客人时，能否将客人的姓名、公司名称、事件正确传达给他人	5			
	7	引路时是否照顾到客人的感受	5			
	8	转弯时是否提醒客人注意	5			
	9	是否了解在电梯内如何引导客人	5			
	10	在电梯内是否告知客人所要去的地方和楼层	5			
	11	进入会客室时是否敲门	5			
	12	是否了解开门、引导客人的顺序	5			
	13	是否保持会客室的清洁	5			
	14	是否了解会客室主座的位子	5			
	15	是否让客人入主座	5			
	16	使用的茶具是否清洁	5			
	17	客人久等时，是否中途出来向客人表达歉意	5			
	18	给正在接待客人的人传话时是否使用便条	5			
	19	进行介绍时是否先由下级开始	5			
	20	送客人时，是否等到看不见客人背影后才离开	5			

第二章

汽车售后服务流程

■ 第一节 服务流程 ■

一、汽车售后服务流程概述

服务不可能是事先准备好的，也不可能对客户进行示范或以样品邮寄，它是客户接触到的直接感受，是无形的。不同的人对被服务过程中不同的价值感受，完全取决于当时这个人的心情及需要，如果没有提供适当的服务，也不能被收回。所以，一旦客户不满意时，道歉就是首先的弥补策略，接下来应依据不同客户的需求给予不同的对策，使客户在心情上获得弥补。

每个汽车企业都有自己的一套服务流程，通过建立这种系统、标准的"从客户角度出发"的服务流程，有利于树立企业在市场中的专业化形象，也可以保证服务质量的稳定和服务运作的高效，可以保证服务顾问工作量的均化，避免服务人才流动带来的技术和经验流失。这样一来，明确了服务顾问的服务规范及职责，也减少新员工的培训工作量，同时，有利于服务质量和维修质量的检查与提高，从而减少返工率，提高生产率和工作效率。在统一标准的基础上，向客户推出标准化的流程，提供规范的售后服务，有利于提高市场竞争力，也能促使内部员工共同为提高客户满意度而努力工作。

在"以客户为中心"的服务理念指导下，展示差异化的服务品牌和服务内容，客户可以充分体验有形的服务特色，使客户的满意度和忠诚度得到提升；以规范化、标准化的服务标准，规范汽车维修企业对客户的服务行为，提高客户返店率，并提升企业的经济效益。

二、不同车系的售后服务核心流程

1. 标致售后服务核心流程

如图2-1所示，标致售后服务核心流程有8个步骤，相互配合，对涉及与客户接触的环节进行细化，从而实现对客户的尊重，也保证了企业的维修量和利润的增加。

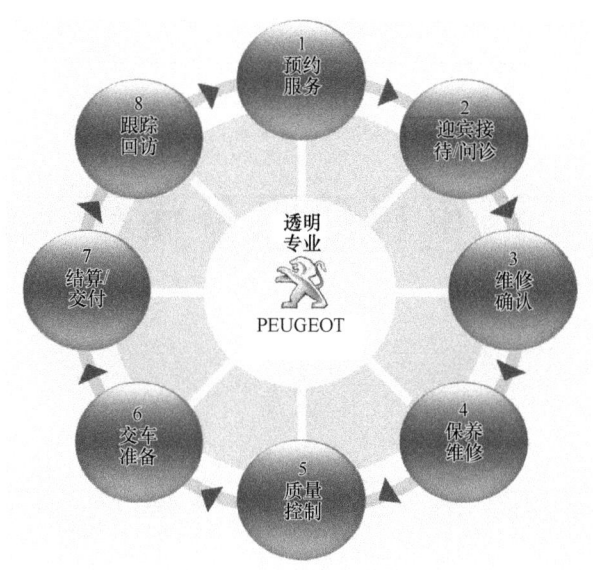

图 2-1 标致售后服务核心流程

2. 上汽通用售后服务核心流程

如图 2-2 所示，上汽通用将售后服务核心流程分为 8 个步骤，即预约、接待、预检、维修作业、质检、交车准备、结算交车和后续跟踪服务，并对每个环节制订了标准的工作要求（图 2-3）。

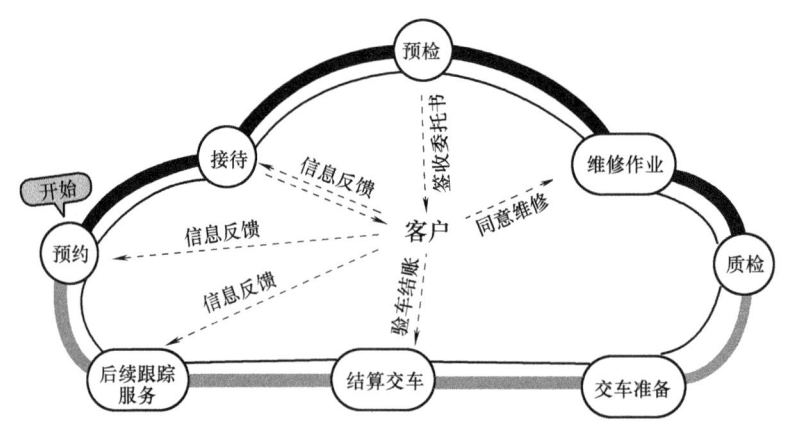

图 2-2 上汽通用售后服务核心流程

3. 丰田售后服务核心流程

如图 2-4 所示，丰田将售后服务核心流程分为 6 个步骤，即保养提醒 & 预约、预约准备、接待、生产、交车、维修后跟踪服务。

第二章 汽车售后服务流程

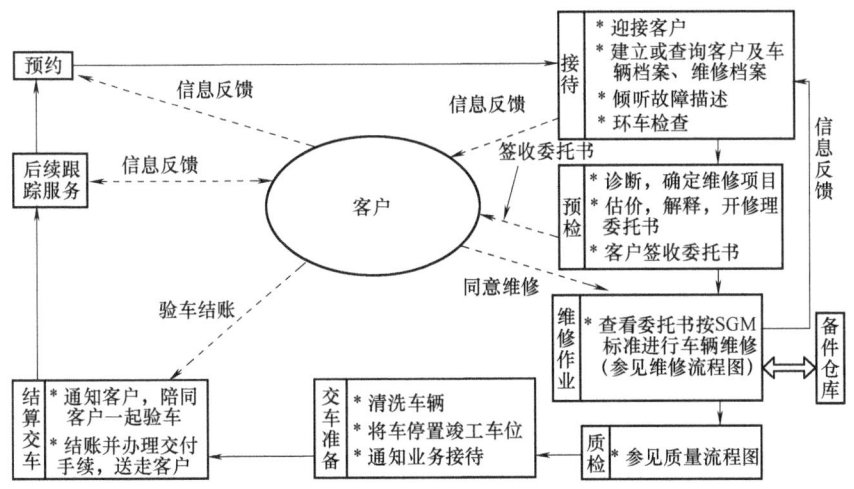

图 2-3　上汽通用售后服务核心流程工作要求

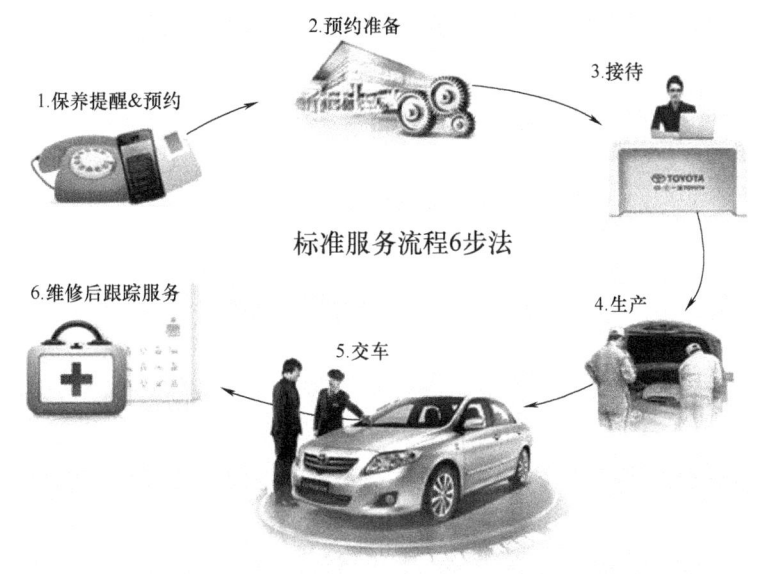

图 2-4　丰田售后服务核心流程

三、售后服务核心流程

优质的服务需要通过标准化和规范化的服务流程来保证。在"以客户为中心"的服务理念下，在服务的全过程中遵循服务核心流程中的每个环节中的服务标准，就能够实现客户对服务工作的最低期望，甚至超越客户的期望，满足客户的要求，提升客户的满意度和忠诚度。接下来，将按核心流程和标准来逐一介绍。

41

售后服务核心流程如图 2-5 所示。售后服务核心流程具体说明见表 2-1。

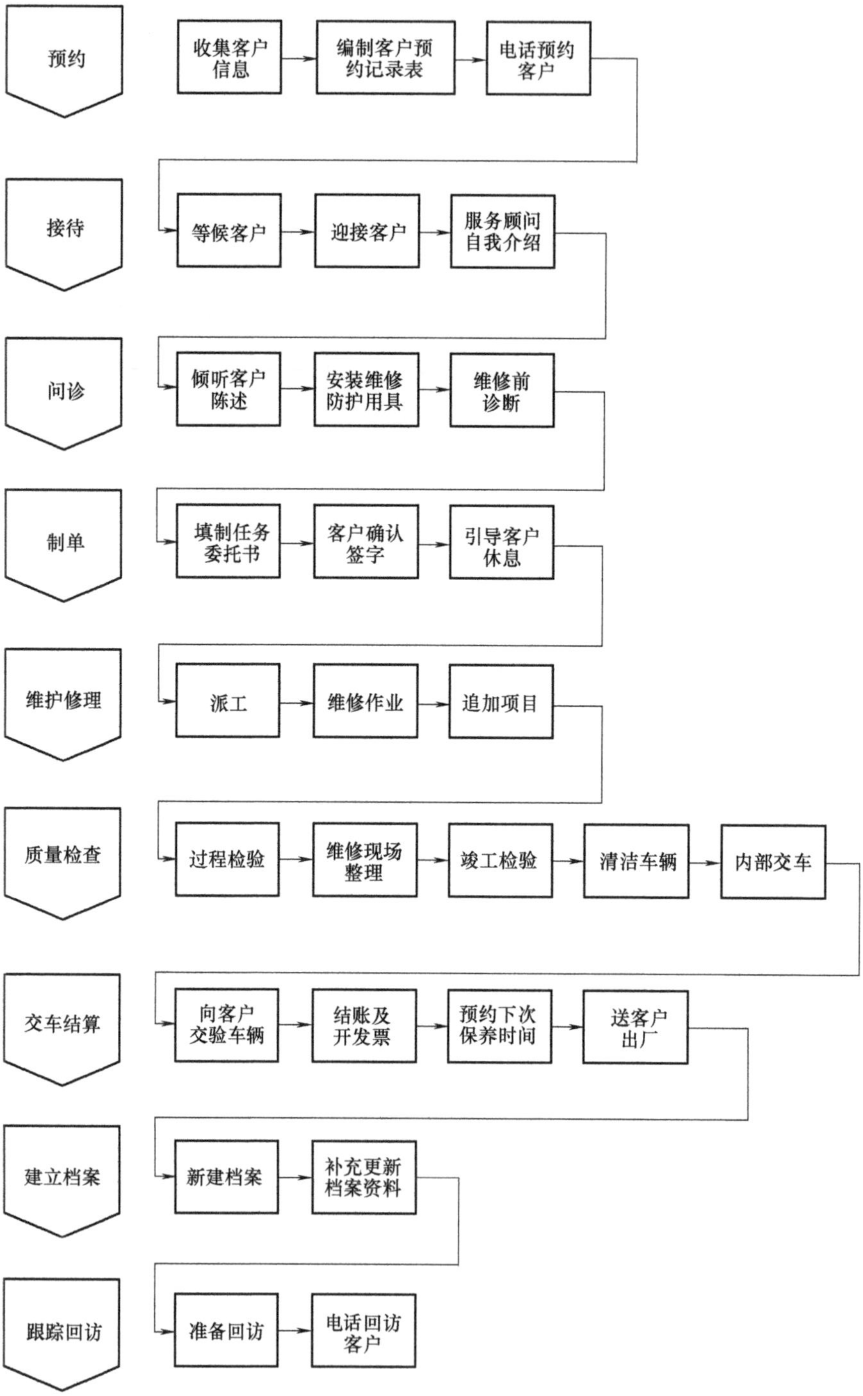

预约	收集客户信息 → 编制客户预约记录表 → 电话预约客户
接待	等候客户 → 迎接客户 → 服务顾问自我介绍
问诊	倾听客户陈述 → 安装维修防护用具 → 维修前诊断
制单	填制任务委托书 → 客户确认签字 → 引导客户休息
维护修理	派工 → 维修作业 → 追加项目
质量检查	过程检验 → 维修现场整理 → 竣工检验 → 清洁车辆 → 内部交车
交车结算	向客户交验车辆 → 结账及开发票 → 预约下次保养时间 → 送客户出厂
建立档案	新建档案 → 补充更新档案资料
跟踪回访	准备回访 → 电话回访客户

图 2-5　售后服务核心流程图

第二章　汽车售后服务流程

表2-1　售后服务核心流程具体说明

序号	步　骤	说　明
1	预约	包括客户主动预约和服务站预约
2	接待、问诊、制单	迎宾员或服务顾问于入口或大厅门口迎接 引导客户将车辆停放于待修区 服务顾问自我介绍，与客户寒暄 服务顾问引导客户往大厅前台 当服务顾问处于繁忙状态时，先开一份"任务委托书"，输入用户及车辆信息 提醒用户出示"使用说明书"或"保养手册"及车辆钥匙并暂留 引导和耐心倾听客户陈述 复述客户陈述的故障和委托维修意向 查询备件库存是否有解决客户车辆问题的备件 服务顾问引导客户前往待修区 当面给车辆安装维修防护用具 与客户一起进行故障检查，确认故障现场，初步说明故障原因及解决方法 与客户共同核实、记录用户车辆信息及数据 确认并记录车辆功能、外观及随车物品 提醒客户取走车中的贵重物品 预估维修费用和交车时间 服务顾问引导客户回大厅前台 开具"任务委托书"，请客户确认并签字认可，满足客户指定技师维修的需求 服务顾问引导客户进休息室休息，客户不愿在站内等待则送其离厂
3	维护修理	服务顾问将"任务委托书"一联和车辆钥匙交车间维修经理 车间维修经理向已经完成上次同类作业的维修技师班组分派维修任务 车间维修经理将车辆移至修理工位 维修技师班组开始协作作业，并在"任务委托书"上记录各修理项目开工时间 给车辆装上翼子板维修护垫 确定维修操作工艺和程序 领取零部件及辅料 车间维修经理适时检查和督促维修进度、处理问题。因备件暂缺或其他原因不能及时完工的，服务顾问应通知责任人采取措施，并在服务系统上选择输入具体原因（举例）： （1）服务人员、工位不足 （2）技术能力不足 （3）暂无解决方案 （4）必备件缺货 （5）非必备件缺货 （6）员工已按时下班

(续)

序号	步骤	说明
3	维护修理	完工后对车辆座舱、前舱进行清理 维修中发现新问题：维修技师及时报车间维修经理；车间维修经理转服务顾问，当场处理。服务顾问就追加项目及费用向客户确认并填写"任务委托书"
4	质量检查	维修技师自检、互检 技术总监进行过程检验 质检员进行竣工后的终检
5	交车前的准备	取下翼子板维修护垫 清洁车辆 将车辆停放于竣工区 向服务顾问移交竣工车辆，说明维修过程与结果
6	验车、结算	服务顾问向客户说明维修过程和结果 给客户查看旧件和维修多余的辅料 领客户至竣工区交验车辆，必要时试车 拆卸并回收维修防护用具 服务顾问在服务系统的"任务委托书"上的维护完工处签名，注明开工时间、完工时间。若有新增的维修项目，补填相关信息 服务顾问领客户到结算员或索赔员处结算 结算员开具结算单、发票或索赔员开具索赔卡 检查、结算清单的内容和说明发票上款项的来由 收款，挂账处理
7	交车、送别	告知某些零件的剩余使用寿命（如制动摩擦片、轮胎等） 讲解必要的车辆使用、维修、保养常识 告知下次定期技术保养的里程和时间 了解合适的拜访或电话访问时间 宣传预约的好处 于门口恭送客户离开 等到客户远离视线时才转身
8	建立档案	新建档案：每天将所有完成的"任务委托书"中的以下信息填入客户跟踪相关资料中：客户姓名、客户电话、客户地址、任务委托书编号、服务顾问姓名、维修人员姓名 补充更新档案资料

（续）

序号	步骤	说明
9	跟踪回访	在客户离站后3天内进行回访： 对维修服务是否满意 对各项接待工作是否满意 是否在预定的时间交车 对维修质量是否满意 交车时，服务顾问是否全面地解释了维修内容和费用 是否有其他不满意的地方

四、基本单据的传递流程

基本单据的传递流程如图2-6所示。

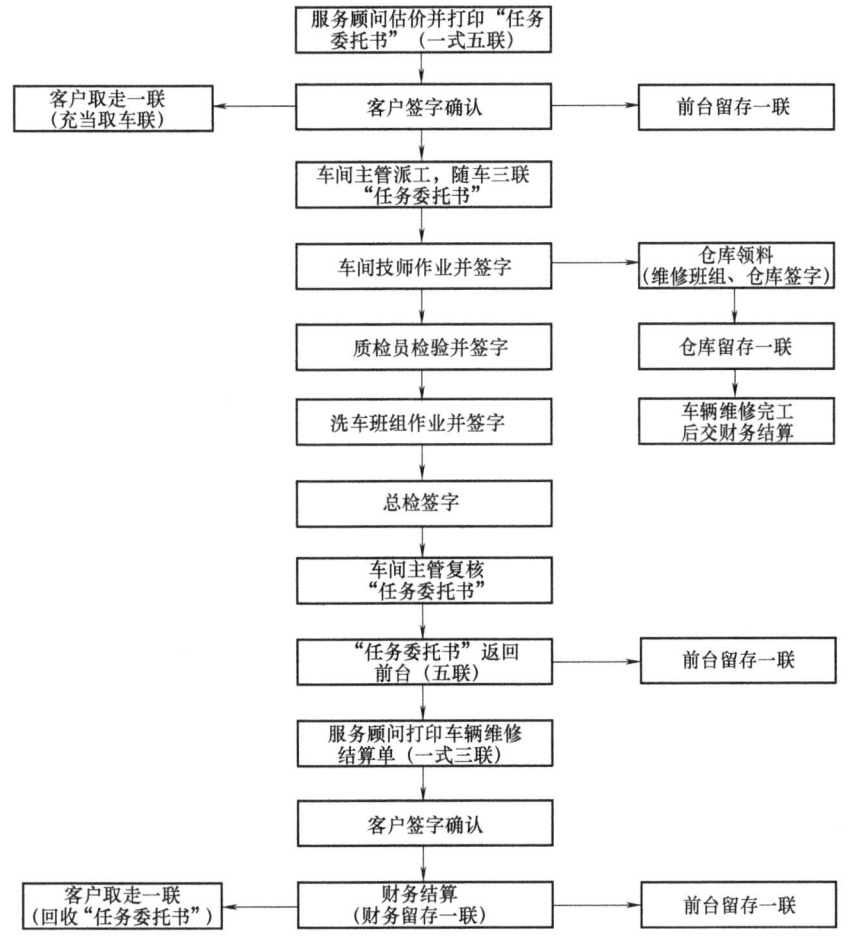

图2-6 基本单据的传递流程

五、维修任务委托书

汽车服务站维修任务委托书如图2-7所示。

汽车服务站维修任务委托书

派工单号：	客户姓名：		进厂时间：	年 月 日 时 分
	通信地址：		预计完成：	年 月 日 时 分
			客户希望：洗车	□是 □否
牌照号：	联系电话：	手机：	旧件带走	□是 □否
车型：	首保日期：	年 月 日	跟踪	□是 □否
VIN号：	行驶里程：	KM	旧件更换确认	□是 □否

维修前预检(目视)

	好 坏 维修		好 坏 维修
附车门玻璃和风窗玻璃状况	□ □ □	线束的状况（如果可以看见）	□ □ □
前/后灯状况	□ □ □	胶皮管的状况（如果可以看见）	□ □ □
车身和油漆状况	□ □ □	发动机机油液面	□ □ □
刮水器状况	□ □ □	冷却液液面	□ □ □
前轮轮胎的状况	□ □ □	制动液液面	□ □ □
后轮轮胎的状况	□ □ □	助力转向液液面	□ □ □
		蓄电池状况	□ □ □

故障描述（客户反映）：

外观缺陷：□有 □无
说明：

附件状况：工具□ 天线□ 点烟器□ 备胎□ 千斤顶□ 轮罩□ 灭火器□

检查诊断意见（服务顾问）：

修理项目

序号		维修内容	工时金额/元	材料金额/元	维修类型	完工签名	开工时间	完工时间
	1							
	2							
	3							
	4							
	5							
增项	1							
	2							
	3							
客户确认			预计费用合计/元			贵重物品		

修理过程中的特殊情况

增加项目的原因		维修经理	时间	年 月 日 时 分
服务顾问的意见		客户确认	时间	年 月 日 时 分
不能按时完工的原因		服务顾问	时间	年 月 日 时 分
质量管理员检验确认		维修完工时间		年 月 日 时 分

客户交接车

服务站交车人	交车时间	年 月 日 时 分
服务顾问交车	接车时间	年 月 日 时 分
客户接车签字	接车时间	年 月 日 时 分

此单三联：客户一联（作为接车凭证），服务顾问一联，维修车间一联（维修时此单将跟车）

图2-7 汽车服务站维修任务委托书

第二章 汽车售后服务流程

第二节 预约服务

一、预约服务的重要性

预约服务是汽车维修服务流程的第一步，也是服务营销的一种有效手段。有效的预约服务，能起到"削峰填谷"的作用，在提高了生产效率，增加售后服务产值的同时，也使客户更加满意。通过提高客户服务的预约率，除了可以增加进店服务的台次以外，还能满足客户对服务时间灵活性的需求，减少客户等待的时间，从而提高客户满意度。

在多数情况下，预约所指的是电话预约（也包括上门预约或因备件缺货的预约），即预先通过电话确定维修意向。预约对客户的好处主要体现在以下几个方面：

1）时间有保障，送车不用等待。
2）客户自备充分，带足必要资料。
3）知道接待自己的服务顾问的姓名。
4）客户对价格提前有所了解。
5）客户可让服务企业提前做好充分准备。
6）电话初步诊断，心里有底。
7）大致清楚维修所花的时间，客户可以提前合理安排日程。
8）使客户的车辆尽量能够在短时间内完成维修。
9）客户可以得到更周到的关怀。

二、预约服务的流程

预约服务可以分为主动预约和被动预约，其具体的工作流程如图2-8所示。

三、工作标准

1. 预约的工作内容

（1）客户通过电话/网络预约

1）迅速答复客户。电话铃响3声以内接听。30分钟内回复电子邮件。10分钟内回复短信（需要确认和答复的问题在60分钟内应答）。

2）问候客户。服务顾问应热情有礼、职业化地问候，表示对来电的感谢，表现出对来电的欢迎。注意询问客户的姓名，以便查询资料，以及此后直接称呼××先生/女士以显亲切感。

3）介绍自己。服务顾问应清晰地介绍自己及职位，拉近与客户的距离。

话术："您好，××销售服务店，非常感谢您的来电；请问女士/先生您贵姓？

张女士您好，我是服务顾问××，请问有什么可以帮到您……

4）网络维修预约。客户可以在销售服务店的企业网站上要求维修保养预约。网站向导协助预约并提供车辆维修咨询服务，利用网站向导预约系统，在网上展示服务技师资质和技术等级照片等资料。

（2）确认客户的个人信息

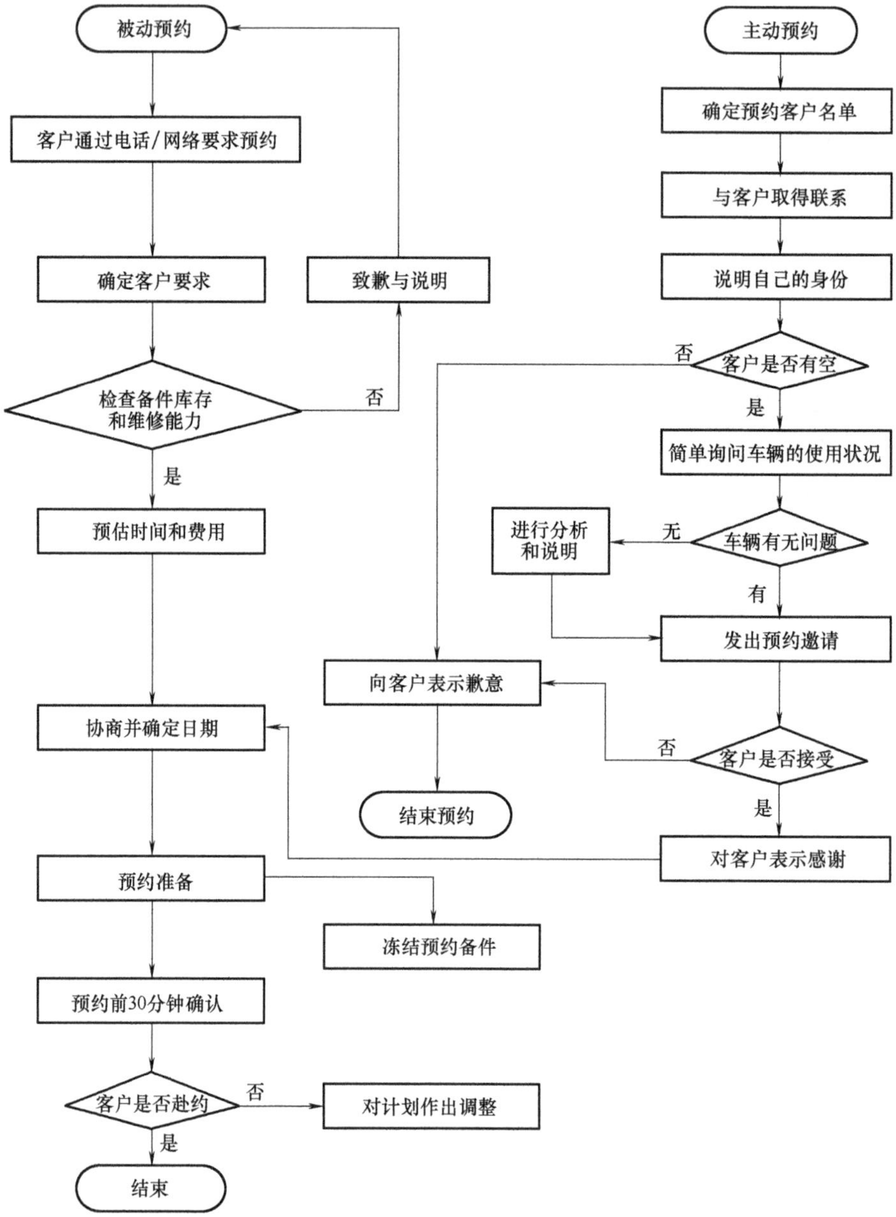

图 2-8 预约服务的流程

1）从客户关系管理（CRM）系统中提取客户信息。了解客户的基本资料（姓名）和联系方式；确定客户类型（个人客户、公司客户、租赁公司客户等）；了解车辆数据（车型，购买时间，上次维修/保养时间及情况）；如果客户的车型需要召回，CRM 系统会显示更新信息（在弹出窗口显示包括召回的备件信息和召回规划等信息）。

2）在 CRM 中收集、确认和更改信息。如果是新客户，若时间允许，应在 CRM 系统中尽快建立档案。如果发现客户信息有变更，应及时更改。

第二章 汽车售后服务流程

(3) 确定客户要求

1) 初步倾听情况。通过积极地倾听技巧，了解客户的需求：他们需要什么（如常规保养）。

对客户的想法表示理解：好的，明白……

提出问题和看法：我需要向您确认一些问题……

2) 进一步进行车辆问题的沟通，以做出诊断。确定车辆的主要问题是什么（使用项目诊断列表和诊断工具）。调出与所述问题相关的诊断屏幕，系统地询问所列问题，如问题出现频率、出现时的车速、车是热是冷等。如果没有诊断屏幕，可以使用项目诊断列表确定需求。

话术：×女士，为了保证更有效地维修您的车辆，我们需要了解一些情况。请告诉我问题发生时的车速是多少？是在车热还是车凉的时候，发生的频率呢……

(4) 预估时间和费用　通过诊断工具和经验，判断完成项目通常需要的大致时间和费用。如果无法立即判断，向客户说明复杂性并致歉，邀请客户到店。

话术：根据初步估计，这辆车需要一天的时间修理。我们会在技师对其进行全面的诊断后再次跟您确认。

(5) 协商并确定日期

1) 根据实际情况考虑合适的日期。服务顾问在 CRM 系统预约单中确认服务的空闲时段，并根据收集的信息进行判断，考虑合适的日期：该车辆是否需要销售服务店进行其他诊断活动；应对突发事件的缓冲时间；此项目对技师相应的专业技能有无特殊要求。

理想情况下，确保客户熟悉的服务顾问有时间为该客户服务。

预约原则建议：①销售服务店可根据本店日常业务量的分布情况将预约时段分为三种，即固定预约时段、弹性预约时段、非预约时段；②固定预约时段内客户可以自由预约，同时建议销售服务店能在此时段内进行主动预约；③弹性预约时段中，销售服务店可以根据实际服务能力优先安排预约服务；④非预约时段内不建议客户预约，但可以根据预约工位的安排情况而定。

注：如果是返修客户，必须加快处理速度，开放当日预约或提供取车、送车服务。

2) 为客户初步确定日期。

向客户提问：我们将在××时接待您，是否符合您的要求？

如果是，表示感谢，继续确认协议；如果否，搜索系统并选择其他日期。

当客户第一次预约时间不能满足时，应尽量向客户提供两个以上的时间供其选择。

确认客户希望的联系方法，如手机或邮箱。

话术：×女士，我们会在周二上午 9 点等您。请从我们的预约通道开进来，到时您的服务顾问会迎接您并快速接车。您看我们是提前三天还是一天提醒您？您希望我们用电话、邮件还是短信提醒您？

3) 询问并确认客户的其他需求。服务顾问应根据 CRM 系统中显示的客户特殊偏好，热情询问和回应客户的其他要求。

在有条件的情况下尝试满足客户（尤其是贵宾客户）在无车状态的交通需求（出租车，代步车，取车、送车等）。如果客户要求安排代步车，查看是否有车。

(6) 利用预约的方法与客户取得联系

1）与客户联系和问候。如图 2-9 所示，服务顾问应做礼貌而简短的自我介绍，告知客户自己的姓名和身份。

图 2-9　电话预约

2）确认客户的身份。确认客户的身份，如接听客户非车主本人，按以下要求记录：
① 简短地说明来意。
② 确认客户回来的时间或可联系的其他方式。
③ 对接电话的人表达感谢。

话术：您好！我是××销售服务店的服务顾问，我叫××，请问您是车主××吗？

3）中止预约。为表现礼貌和尊重客户，应询问客户此时是否方便通话；如果不方便，则礼貌地表达歉意，并向客户再约时间联系。通话结束后，将客户纳入下次联系的名单中。

4）询问车辆的使用情况。询问客户车辆的使用情况，耐心倾听客户的说明，并做好记录。有条理地解答客户提出的问题，如果遇到无法解答的问题，由车间主管协助解答。

话术：请问您最近在使用您的爱车时碰到什么问题了吗？

5）预约邀请。热情邀约客户来店做车辆检查，与客户沟通好具体时间。如果客户不接受预约，则礼貌地询问原因和表达歉意。

在预约邀请的过程中，服务顾问要具备一定的话术，能够清楚、详细地向客户阐述预约的好处。

话术：欢迎您来我们店里做车辆检查，我们的专业技师将为您提供专业的汽车维修服务。

6）结束预约。向客户表达选购汽车的谢意，等客户放下电话之后，再轻轻地挂断电话。

分析客户不接受预约的原因（没有空余时间、不愿回店维修保养或认为不需要保养），对本次预约做好记录。

（7）预约成功后的准备

1）相关文件与物品的准备。准备预约一览表和接车登记表（表 2-2）；准备派工单；提前制作作业管理标签；在前台准备预约欢迎板。

第二章 汽车售后服务流程

表2-2 车辆维修接车登记表

车 辆 维 修 接 车 登 记 表

首次登记　　是 □　否 □　　　　　　　　　　　　　　　　登记日期：　年　月　日
是否预约　　是 □　否 □

送车人姓名		电话		车牌号		车型	
行驶里程数				保险日期			
进厂时间	年　月　日　时			维修时间		年　月　日　时	
维修完成时间	年　月　日　时			出厂时间		年　月　日　时	

需要检查备胎　　是 □　否 □　　　　　　需要清洁车辆　　是 □　否 □
需要查看旧件　　是 □　否 □　　　　　　油量：□ 1　□ 1/2　□ 1/3　□ 1/4
随车物品_____　　　　　　贵重物品_____
车辆检查：（16项）
仪表无故障和冗余信息显示□　　　内饰无明显污渍、损伤□
外部灯光及灯罩完好：前照灯□　雾灯□　转向灯□　制动灯□　倒车灯□
发动机舱液位检查：机油□　制动液□　转向机油□　冷却液□　风窗清洗液□
车身外部检查：　发动机舱盖□　顶盖□　行李舱门□　侧围□　注：√表示正常　×表示不正常

○ 凹凸　　△ 划伤　　■ 车身损伤　　× 石击

序号	本次维修项目及内容	零件价格	工时价格	是否修理
材料合计：　　工时合计： 总合计：		客户意见：□满意　□不满意　□其他意见		

注：1. 此单据中预计费用是预估费用，实际费用以结算单中最终费用为准。
　　2. 将车辆交给我店检修时，已提示将车内贵重物品自行收起并妥善保管。如有遗失本店概不负责。

服务顾问签名：　　　　　　客户签字：　　　　　　接车日期：

2）预留工位。提前预留出预约工位。

3）准备备件。根据电话中的沟通与判断，提前准备好备件并冻结。

4）安排人员。与服务主管沟通，提前安排好服务顾问和维修人员。

5）客户预约确认。根据实际情况，在约定时间前 3 天、24 小时、30 分钟，电话确认预约客户是否需要上门服务、确切的来店时间及由谁驾驶来店。

为客户留出足够的弹性时间：在预约开始前 15 分钟，该服务顾问不再接待客户，直到客户失约（失约的定义为用户没有在预约时间后的 15 分钟内来店）。

在客户成功赴约之后，服务顾问要明确给予客户特别的馈赠，并说明这是由于成功的预约给客户带来的好处（包括小礼品、代金券、换取的积分等）。

2. 预约要点

1）由服务经理负责预约相关事宜。

2）应设置预约电话，并公开、公告。

3）在考虑未预约客户余量的前提下自行决定预约客户数量。

4）预约电话铃响 3 声内，应有人接听电话。

5）接受电话预约时，应仔细倾听预约客户的要求，并记录于"预约电话登记表"上（见表 2-3）。

表 2-3 预约电话登记表

编号：20××—××—××—××—

服务中心名称：		服务顾问：		年 月 日
客户信息					
客户姓名		联系电话	
车型		里程/公里	
车牌号码		上次进站日期	
预约情况			
预约进站时间（日期、时间）		年 月 日 点 分
听诊内容			
维修保养或故障内容：		估计需换的备件：
维修费用估价		
电话记录：		
备注		

6）在预约结束前向客户再次确认客户的需求、客户预约的维修时间，并根据客户的需求，对维修费用做一个大致的估价，并向客户说明与解释。

7）预约结束时应向客户表达感谢，欢迎客户光临。

8）对预约成功的客户，可使用以下语言："谢谢您的预约，我们恭候您的光临。"

9）对于未预约成功的客户，可使用以下语言："非常抱歉，这次未能满足您的需求。如果您今后有需要，欢迎再来预约。"

10）应提前准备备件和派工，若出现无备件的情况，应在自客户预约1小时内告知客户，进行重新预约或取消预约。

11）服务经理每天根据预约情况进行当日预约排班，车间主管根据预约情况进行当日预约维修排班，并记录于预约排班表中。

12）在预约维修时间前半小时，由预约工作人员向客户再次确认。

第三节 接待流程

一、接待准备工作

每次接待工作之前，相关人员都需要了解相关的工作准备是否就绪，有序的检查完全可以避免接待中的慌乱，大大提高工作效率和服务质量。

1. 准备工作流程

准备工作的具体内容除上述预约成功后提到的工作外，还需要其他的工作，见表2-4。

2. 工作标准

（1）提前一天确认的内容

1）服务顾问的工作内容

① 查看"服务顾问/车间维修能力预约任务计划表"，并根据维修项目的难易程度合理安排维修人员。

② 检查专用工具的准备情况、是否损坏，以及技术资料有无丢失和工位的使用状况是否完好。

③ 检查备件是否有货，是否已将预定备件单独存放于预约货架等。经确认后，相关人员分别在"预约登记表"中的工具/资料管理员、备件人员、维修技工和维修工位栏中签字确认。

④ 从服务系统的"客户车辆维修档案查询"中核对客户车辆的维修档案，并对以往的维修记录进行查询，如果是重复性维修或疑难维修项目，应在"预约登记表"中进行标注，上报技术经理，会同技术攻关小组制订技术方案或求得技术支持；如有上次维修时发现的问题，但客户拒绝维修的项目，应记录在"预约登记表"中的经销商建议栏中，注意客户到站时提醒客户。

⑤ 如果是外出服务，负责准备好服务车辆、安排外出人员和相应备件、工具等。此外，IT信息员应编制预约任务委托书，服务顾问则查看制作的准确性。

2）备件部的工作内容：接到"预约登记表"后，应将预约备件同"预约登记表"一并放置在预约货架上。准备好备件后或发现备件缺货时，应通知服务顾问，请其在"预约登记表"上签字确认。

表 2-4 准备工作的具体内容

相关责任人/部门	流程图	说明/相关表单
IT 信息员	收到预约登记表	预约登记表
服务顾问	服务顾问 / 备件	
备件经理	是否返工 / 有无上次提醒但未修理的项目；制订技术方案；提前一天确定；记录，提醒客户	
技术经理	工具资料 / 维修人员 / 维修工位 / 备件；是否有货；预约备件标记放于预约备件货架；再约时间 / 取消预约	
工具资料管理员	编制预约任务委托；提前1小时确认；有无变更；记录，等待来站	

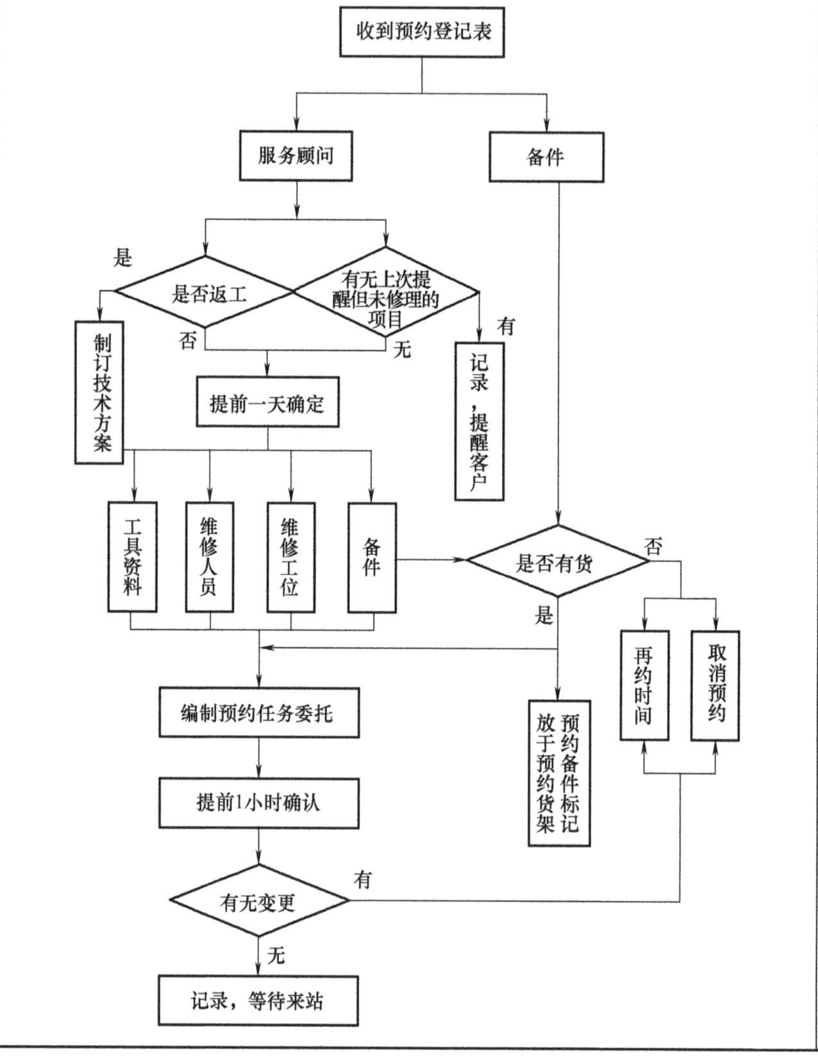

（2）提前1小时的工作内容 服务顾问电话确认客户的姓名、车号、维修项目、是否如约而来，再次确认备件、工具、人员等，提前半小时将"预约工位"指示牌粘贴在预定工位上。如果客户预约的维修时间在第二天早晨营业时间1小时前，可当天下班前与客户电话确认此次预约，并询问第二天是否需要再次提前提醒预约，根据客户需求确认第二天再次提醒。

（3）预约不能如期进行时 若准备情况出现问题或客户取消或变更预约时间，预约不能如期进行，服务顾问应及时告知客户。经客户同意另行预约，在"预约登记表"上注明预约时间是否改变及新的预约时间，IT 信息员在服务系统中修改该车预约任务委托书中的预修时间即视为重新对预约任务委托书的评审。

（4）取消预约时 若取消预约，则在"预约登记表"上注明预约失败的原因，通知备件部、设备/资料管理员、维修技工，及时撤回"预约登记表"，交 IT 信息员，并由 IT 信息员及时更改预约欢迎板的信息。

二、迎接客户

1. 迎接客户的重要性

客户到店所产生的第一印象是由服务顾问迎接开始的,是客户对企业产生总体印象的开始,是客户最难以忘怀的。从客户的角度来说,感受到温馨亲切的关怀是基本的要求。

2. 迎接客户的流程

迎接客户的流程如图2-10所示。

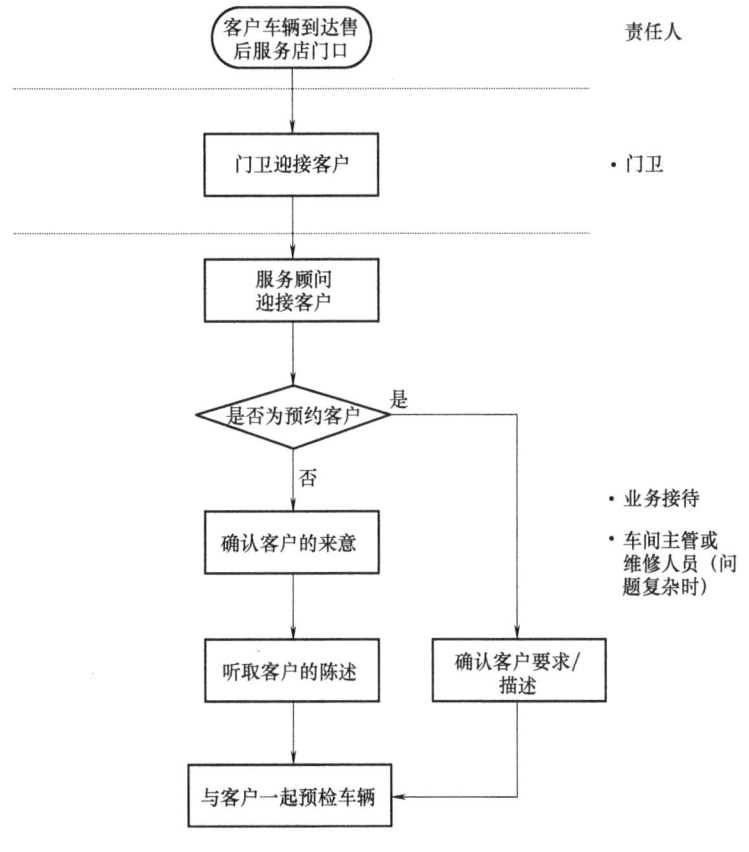

图2-10　迎接客户的流程

3. 工作标准

(1) 工作内容　服务顾问应在预约维修时间前15分钟在接待区等待客户到来。

1) 门卫迎接客户。客户的车辆到达售后服务店门口时,门卫应立即向客户敬礼,并以标准动作引导客户将车辆开至相应的停车区(此时用对讲机联系服务顾问做好准备)。客户将车辆停稳后,门卫应主动为客户开门,并向客户问好(雨天应备好雨伞)。

客户下车后,根据客户意愿,门卫引导客户进店或让客人在停车场稍等服务顾问前来。

话术:欢迎光临,×女士。您今天早上预约过,请走预约通道,您的服务顾问正在恭候您的光临。祝您度过愉快的一天。

2) 服务顾问迎接客户:

① 接待准备。服务顾问在预约的前一天审核所有的预约客户服务信息,留意客户的特别需求,如召回、维修及客户类型,准备好备件、代步工具等。

② 迎接客户。接到门卫通知后,服务顾问应立即到停车场或在入店门口(客户需要进店时)面带微笑上前迎接,并使用标准问候语。

对来店两次以上的客户,可以称呼其姓氏,以示亲切。

话术:欢迎光临,×女士,您最近怎么样?非常好,电话里说这次给您的车做15000公里的保养,对吗?我要看看您的公里数,除此以外还有什么需要做的吗?

③ 引导客户进入指定的服务通道。带上记录板进入服务区,引导客户进入指定通道:

a. 未预约客户可引导至服务通道。

b. 预约客户可引导至预约通道。

c. 快修客户可引导至快修通道。

如果客户指定的服务顾问不在服务区,则由另外一名具备资格的员工接待,如服务经理。

④ 确认客户来意。

未预约客户:通过询问的方法与客户进行沟通,确认完全理解客户的来意,并记录清楚。

预约的客户:主动与客户沟通,复述预约的内容及具体的解决办法,得到确认。若有改变,及时在登记表上修改。

⑤ 接待故障问诊技巧。接待故障问诊流程见表2-5,通过听、问、说来明确客户的问题(图2-11)。

表2-5 接待故障问诊流程

步骤	内容	操作方法	使用工具
询问故障现象	确认客户所述的故障现象,或者客户所要求的作业内容	客户所述的故障现象或要求保养的内容,都必须逐一记入问诊表	问诊表
	确切掌握故障的具体情况	对于再现性低异常声音等问题,应通过问诊表按5W2H的方法,详细了解发生时的具体情况	问诊表
故障再现确认	再现客户所述的故障现象,做进一步确认。如有必要,应与客户同乘进行试车,以确认故障现象	故障现象的确认,要在客户陪同下进行,以便正确掌握情况。根据需要,使用检测器进行测试	问诊表
推测故障原因	根据现象判断其正常或异常,向客户耐心细致地询问真实情况。通过诊断结果,推测发生故障的原因。根据对故障原因的判断,具体列出作业内容和所需备件	遇到原因难以判明的问题,可请客户留下车辆,以便进一步深入调查故障原因	故障实例集,维修手册,备件目录

⑥ 车辆故障描述。服务顾问可采用5W2H的方法与客户沟通,全面了解有关情况。如有必要,可与客户共同试车及请技术总监帮忙。5W2H:故障发生地点(Where)、故障发生时间(When)、故障发生时的当事人(Who)、故障现象(What)、故障发生原因(Why)、如何排除故障(How Do)、估价估时(How Much)。

第二章 汽车售后服务流程

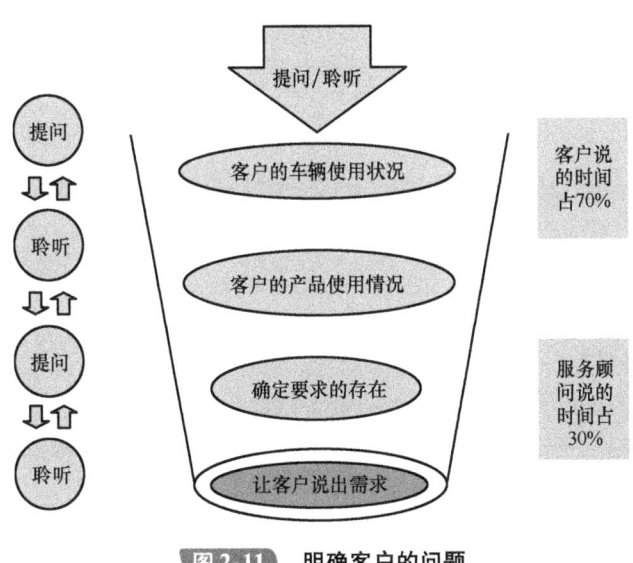

图 2-11 明确客户的问题

沟通的要求：在沟通的过程中，服务顾问应仔细倾听客户对车辆故障的描述；同时注意不要打断客户讲话，有不清楚的地方，等到客户叙述完毕后再问清楚。

认真填写"接车登记表"上的相关内容。诊断问答示例见表2-6。

表 2-6 诊断问答示例

症状列举		有异味	没关窗户	转向盘振动	制动器发出刺耳的声音
5W2H	常用对话	回答范例			
谁（Who）	发生这种情况时是谁在开车	我（驾驶人是本人）	我女儿	我（驾驶人是本人）	我（驾驶人是本人）
哪里（Where）	这种现象在什么地方出现	到处	到处	在高速公路上	到处
什么（What）	你认为这一现象的原因是什么	空调	乘客侧电动车窗电动机	转向盘 轮胎	制动器
何时（When）	何时发生的	空调工作时	要关窗时	转向盘 轮胎	仅在踩下制动踏板时
为什么（Why）	你觉得为什么出现这一现象呢	通风孔可能有问题	供电电路与电动机的连接可能有问题	车轮失去平衡	制动衬块损坏
怎样（How）	怎么会出现这种现象呢	底板侧故障	窗户未完全关闭	转向盘振动颠簸	长时间制动时会出现刺耳的声音

（2）工作要点

1）客户到站时，必须有人进行接待，包括门卫等。

2）区别预约客户和非预约客户的维修需求，确认完全理解客户的来意，并记录清楚。

3）引导客户进入指定服务通道。

4）服务顾问采用5W2H方法与客户沟通，全面了解有关情况。

5）车辆进厂后，服务顾问为其车辆套上一次性座套、脚垫、转向盘套、变速杆套，按"实车检查核对表"的内容对车辆外观状况及装备进行登记，由服务顾问和客户共同签字确认。

第四节　互动检查及维修派工

一、互动检查

1. 互动检查的重要性

全面细致的互动检查工作，一方面可明确客户对车辆故障的描述和维修意向，另一方面体现维修企业的标准化、规范化和专业化；同时，也是双方明确车辆维修前的各种初始状况，包括车身有无划痕、燃油箱里的燃油量和车上的贵重物品等。

2. 互动检查的流程

互动检查的流程如图 2-12 所示。

3. 工作标准

（1）工作内容

1）预检车辆。预检车辆包括：

① 安装护具。服务顾问需将一次性车辆护具逐一安装好，用五件套（防尘套）将车辆内部罩起。

话术：为了感谢您的惠顾，我们送给您这个手提袋，您可以把需要的东西取出来放进去。一会儿我会用防尘套把车子内部罩上，以免弄脏内饰。

② 停放车辆。服务顾问礼貌地与客户说明需要停车，将车辆停放到预检停车位上预检。

③ 与客户一起执行环车预检。

a. 环车预检（图 2-13），并填写"接车登记表"。

b. 登记里程数及燃油油量。

c. 检查内饰、关键部件的功能。

d. 检查外观。

e. 向客户清楚地解释你在检查什么，为何要这样检查，对他的车有什么好处。

f. 提醒客户，超过质保期的车辆每年要深入检查一次。

④ 车辆移交。

a. 提供带品牌标志的手提袋给客户，请他们把需要从车内带走的东西装起来，并提供客户物品寄存服务。

b. 在接车登记表上记录（包括检查结果及客户没有意识到的车辆问题）。

2）故障诊断。故障诊断内容包括：

① 车辆故障预检。服务顾问应根据客户描述的情况对车辆进行预检并确认预检结果（或故障信息），确定维修类别和项目：正常维修；返工；保养。如有必要，可进行路试。若是事故车，服务顾问组织机修、钣金、喷漆人员进行拆检，填写"维修项目清单"与"备件清单"，确认工时费；备件部确认备件价格，向客户（保险公司）报价。经客户同意后制作任务委托书。

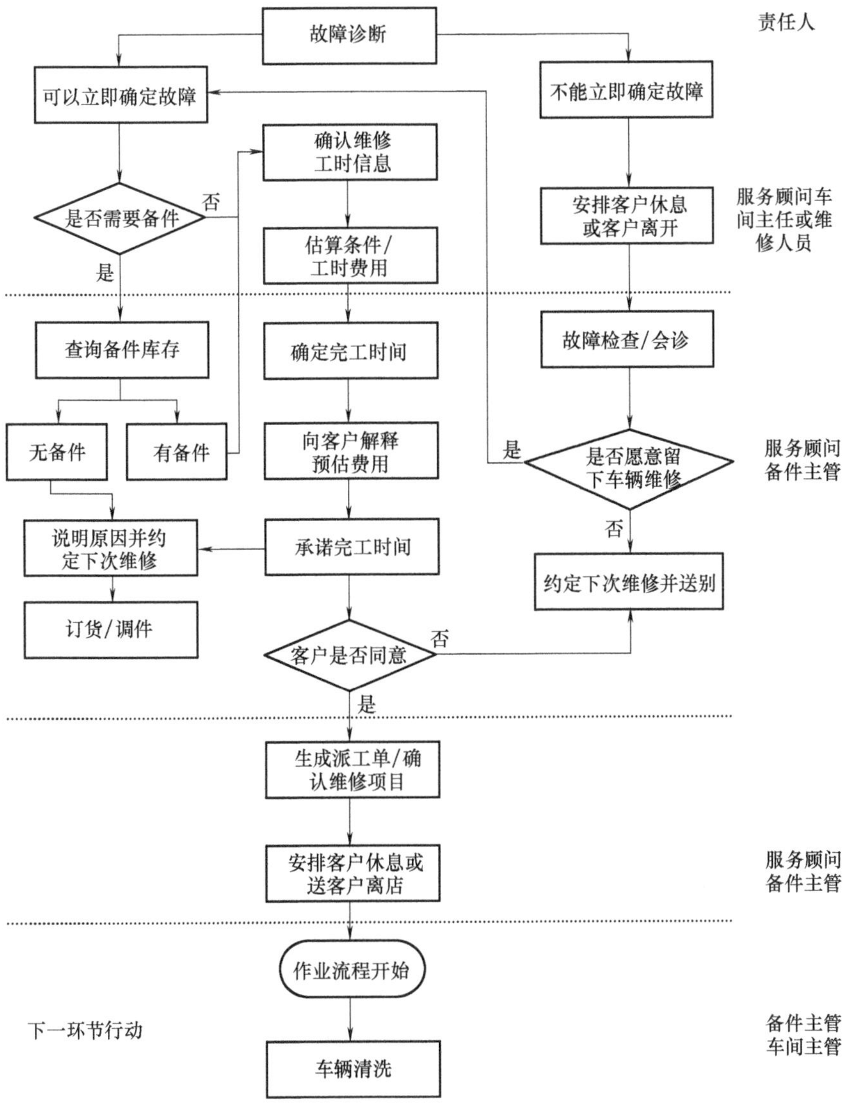

第二章 汽车售后服务流程

图 2-12 互动检查的流程

a. 总结客户需求，请客户出示行车证、产品合格证、保养手册等随车文件，核实客户车辆的档案信息：客户名称、电话、地址、客户种类、交车日期、底盘号、发动机号、车型、领证日期、购车日期，告知客户估计的价格、交车时间，形成"任务委托书"。若发现备注栏中有上次建议修理项目，告知客户并确认。

b. 预约客户无须等待，车辆进站后确认有无增减维修项目后，告知客户估计的价格、交车时间，在 CRM 系统的预约中拷入预约任务委托书，制作"任务委托书"，加盖"预约用户"章。

② 技术人员进行故障诊断。车间技术人员在服务顾问的陪同下，与客户进行沟通，对车辆故障进一步诊断；技术人员检查时应展现专业性，对客户的疑惑和问题进行清楚直接的回答。

③ 与客户沟通诊断结果。向客户解释车辆可能的故障原因及相应的维修办法；对不能

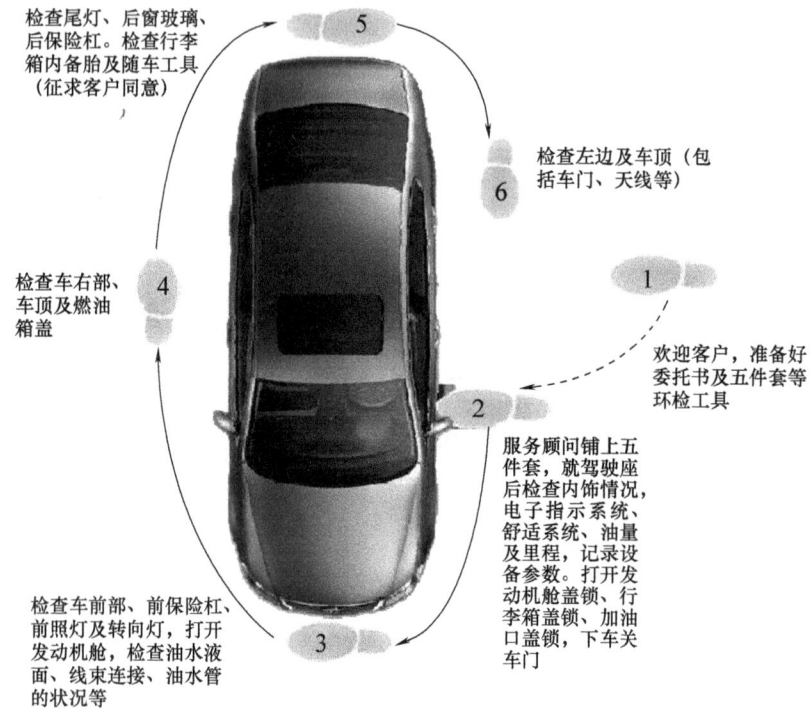

图 2-13 环车预检

立即确定故障的车辆,应主动向客户解释,并告知客户留店检修的必要性,若客户仍不同意留店检修,应尊重客户的决定,做好配合工作。

④ 告知质保问题。若客户询问质保问题,服务顾问应向客户说明保修政策,并告知质量担保范围等内容。

⑤ 确定作业范围和更换零部件。由维修人员确定作业范围、作业种类及需要更换的零部件名称、数量等信息。

服务顾问向客户告知维修相关信息,并向客户解释维修的重要性。

对客户提出的疑问,服务顾问应主动予以解答,对于无法解答的问题,则由技术人员协助解答。

话术:×女士,您可以看到,正常驾车的话,到 15000 公里时,这些部件不是过度磨损了就是太脏了,更换这些部件会使您的发动机吸入清洁的空气,从而效率更高,制动也更灵敏,如同驾驶新车一样。这意味着您的燃油经济性将大大提高,制动距离减少。我们接受过原厂培训的服务技师也将检查您的车,保证没有其他问题或隐患存在。

3)查询备件库存。确认需更换零部件的名称、数量,用计算机查询备件的库存状态。

与客户沟通缺件情况,若发现库存短缺,应立即向客户说明情况,并询问客户是否愿意待料维修。如果客户不愿意待料维修,则应与客户沟通好,约定下次维修时间,并送别客户。

话术:×女士,您好!您的车辆需要更换的零件××,我们现在正缺货,如果您愿意待料维修,我们会尽快为您调货,请问您愿意待料维修吗?

4)费用和时间估计,开具派工单。

第二章 汽车售后服务流程

① 费用和时间估计。服务顾问、维修人员根据维修的项目列出详细的材料费和工时费，以及店内的实际情况，估计完工的时间。

② 与客户沟通费用与时间的估计结果。

a. 向客户说明作业内容、估价金额、交车日期及时间等，并取得客户认可。

b. 客户若同意在店内维修，应提醒客户带走车内的贵重物品。

c. 客户若不同意在店内维修，应尊重客户和主动配合客户。

③ 开具派工单。

a. 根据"接车预检表"（表2-7）生成派工单，派工单上所列作业项目要明确，旧件处理方式要征求客户意见，索赔旧件应向客户说明需返厂。

表2-7 接车预检表

车牌号：		客户：		燃油表显示：	
联系电话：		行驶里程： 公里		日期：	
提供：车辆清洁：是□ 否□		旧件返还：是□ 否□		提示：保养手册：有□ 无□ 贵重物品：有□ 无□	

客户需求					
车身及油漆检查		内部检查：	正常	异常	建议操作
		仪表板照明信号			
		内部照明			
		风窗玻璃			
		刮水器			
		洗涤液			
		外部检查：	正常	异常	建议操作
		制动液			
		发动机油			
		防冻液			
		警示三角牌			
		随车工具			
		备用胎			
		车辆检查（半高）	正常	异常	建议操作
		减振器（密封/状态）			
		轮胎偏磨			
		轮胎花纹			
//划痕 ○凹陷 ×车身损伤		轮胎损伤			
检查轮胎		前制动片			
		后制动片			
左前轮花纹 —毫米	右前轮花纹 —毫米	车辆检查（全高）：	正常	异常	建议操作
		发动机渗漏			
		变速器渗漏情况			
左后轮花纹 —毫米	右后轮花纹 —毫米	半轴防尘套			
		制动软管			
		燃油管路			
		排气装置			
维修建议					
	个人设置是否复原：收音机 空调 座椅 □是 □否				
客户签字			服务顾问签字		
	付款方式：现金□ 支票□ 刷卡□ 转账□				

b. 打印派工单，交由客户签字认可。

话术：好的，×女士。如果您确认我们刚才所谈论的时间和费用都没有问题的话，请在这儿签字，这样我就能马上为您安排服务了。

您的服务费用是××元，今天下午5点左右可以修完。

这份维修工单供您参考，谢谢。

今天晚上见，再次感谢您的光临，×女士。

5）安排客户休息或离店。询问客户是否愿意在销售服务店内等候。若客户愿意，则指引客户去休息室休息，为客户准备饮料和点心，请客户就座；若客户不愿等候，则与客户沟通联系时间，并进一步询问客户的其他要求，然后送客户到门口。

询问客户是否需要服务接送车辆或代用车辆。

话术：好的，那么我们今天晚上见，再次感谢您的光临，×女士。

（2）工作要点

1）使用一次性车辆护具。

2）确认燃油量和里程。

3）提醒贵重物品的保管。

4）对新增问题或外观划痕提出建议，并让客户签字确认。

二、维修派工

1. 维修派工的基本要求

1）服务接待过程中所确定的服务项目，以"委托书"的形式交车间主管，安排车辆维修工作。

2）确保班组维修任务分配均衡。合理利用维修时间，不应出现同工种不同班组工作量差异过大的现象。

3）以下工作应该予以优先安排：①返修车辆；②预约进厂服务车辆；③质量保修内的车辆。

4）车间主管必须掌握维修车间总体可有效利用的维修工作时间；掌握各维修班组可利用的维修工作时间，保证生产均衡；掌握相关维修班组及个人的技术水平并进行派工。

5）了解维修工作类别、工作复杂程度及标准作业时间，进行妥善的派工。

2. 维修派工的作业流程

维修派工的作业流程如图2-14所示。修车的时候，客户可以坐在专用休息等候。如果不放心，还可以通过休息室与车间之间的橱窗看着车辆修理过程（图2-15）。如图2-16所示，车辆在修理时，都装备了"三垫一套"，即坐垫、脚垫、翼子板垫和转向盘护套等，防止修理时被沾上油污。

服务顾问将"委托书"一联和车辆钥匙交车间主管，车间主管向有能力完成修理任务的维修技师班组分派维修任务；车间主管将车辆移至维修班组所在的维修工位上。维修技师班组开始协作作业，并在"委托书"上记录各修理项目的开工时间；确定维修操作工艺和程序；领取零部件及辅料。

车间主管适时检查和督促维修进度、处理问题。因备件暂缺或其他原因不能及时完工的，服务顾问通知责任人采取措施，并在服务系统上选择输入具体原因：

第二章 汽车售后服务流程

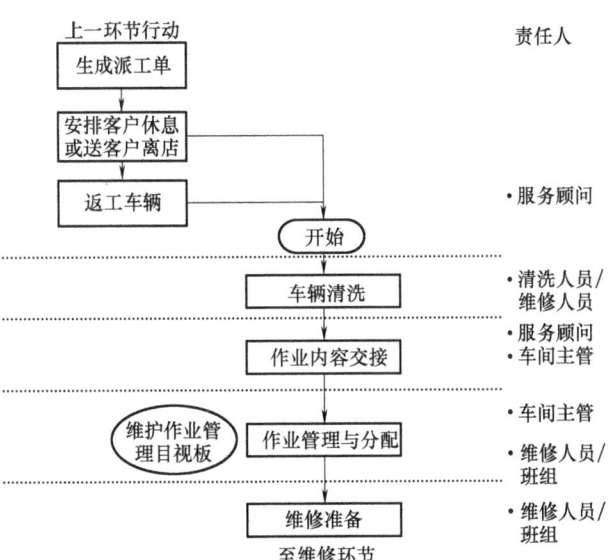

图 2-14 维修派工的作业流程

图 2-15 休息室内可以看到车辆维修过程

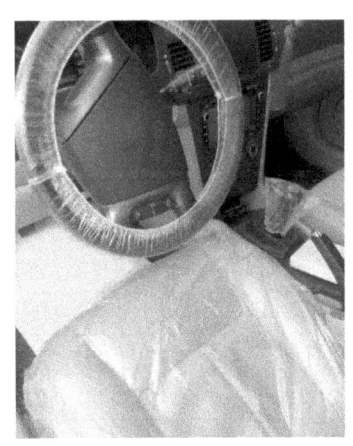

图 2-16 车辆维修时的防护

1）维修企业人员、工位不足。
2）技术能力不足。
3）暂无解决方案。
4）必备件缺货。
5）非必备件缺货。

完工后对车辆座舱、前舱进行清理。

维修中发现新问题后，维修技师及时报车间主管，车间主管转报服务顾问。服务顾问就追加项目及费用向客户确认并填写车辆追加项目单。

3. 维修派工的工作标准

维修派工的工作标准见表 2-8。

表2-8 维修派工的作业标准

操作步骤	服务内容和标准	管理工具	责任人
确认服务项目	服务顾问通知车间主管提车进入工位维修		服务顾问、车间主管
	车钥匙交车间主管,车间主管将车辆开至待修区		服务顾问、车间主管
	查看"委托书",了解具体的服务项目及每项工作所需要的作业时间	委托书	车间主管
	查看计算机系统里的备件储存情况,了解需要在仓库领用的零件	领料单	车间主管
判断是否属于优先工作	对优先工作优先派工: 1)返修车辆 2)预约进厂车辆 3)质量保修期内的保养车辆	委托书	车间主管
	一般工作:按照与客户商定的时间安排	委托书	车间主管
确定维修类别	根据"委托书"的服务项目确定每项工作的维修类别	委托书	车间主管
	维修类别分为 1)维修大类:一般维修、保修、返修、其他 2)维修小类:PDI、一保、二保(以上3种仅适用于保修类别)、定期保养、年检、机电维修、油漆、钣金	委托书	车间主管
初步判定工作的难度	根据经验,初步判定每一服务项目的作业难度	委托书	车间主管
了解承诺的交车时间	把按时交车作为派工考虑的重点之一	委托书	车间主管
	根据客户同意的交车时间和工作时间,安排工作,确保按时交车	委托书	车间主管
了解维修班组的技术水平	综合上述,确认能够完成具体维修项目的班组	委托书	车间主管
	车间主管应清楚掌握车间每位维修技师的技能,合理地安排工作		车间主管
车间有效地利用工作时间	查看"预约服务管理表",了解当天的预约情况	预约服务管理表	车间主管
	查看"维修进度管理看板",了解车间总体已经分配的工作时间(工时)、剩余的工作时间	维修进度管理看板	车间主管
	查看"每日工作分配记录表",了解各维修班组当日已经分配的工作时间、剩余的工作时间、可分配工作的时间	每日工作分配记录表	车间主管
派工	优先车辆,优先安排	委托书	车间主管
	判断维修工作的难易程度	委托书	车间主管
	了解承诺的交车时间	委托书	车间主管
	衡量维修班组员工的技术能力		车间主管
	把工作安排给有能力完成、在客户要求的时间范围内有可分配工作时间的维修班组	委托书	车间主管
	将安排的维修班组记录在"委托书"上	委托书	车间主管
	将"委托书"交由承担车辆维修作业的班组	委托书	车间主管、班组长

第二章 汽车售后服务流程

（续）

操作步骤	服务内容和标准	管理工具	责任人
领料	填写"领料单"，交由承担车辆维修作业的班组领料	领料单	车间主管、维修班组
填写维修进度管理表	完成派工后，维修车辆分配状况填写在"维修进度管理表"中的"维修"栏	维修进度管理表	车间主管
跟踪维修进度	根据每个"委托书"的完工时间，向维修班组长了解工作进展情况	委托书	车间主管
	根据每个待料的到货时间，向备件部了解零件的进货情况	委托书	车间主管
	根据每个外加工项目的完工时间，向外加工公司了解工作进展情况	委托书	车间主管
	根据每个洗车班组（包括清洁车内）的完工时间，向洗车班组长了解工作进展情况	委托书	车间主管
	在终检时发生返工的情况	委托书	车间主管
	由于其他原因造成维修进度受到影响的情况	委托书	车间主管
	了解上述1~5项的实施情况，填写在"维修进度管理表"的相应栏中	维修进度管理表	车间主管
	如果上述1~6项有延误的可能性时，及时向服务顾问报告。待服务顾问征得客户同意后，重新测算完成时间，并更新"委托书"	委托书	车间主管、服务顾问

第五节 车辆维修及维修质量检验

一、车辆维修

1. 车辆维修作业的基本要求

1）车辆保护：

① 车辆进站维修前（服务顾问的责任）：确认已安装转向盘罩、前排座椅已安装座椅罩、脚垫（左、右共两张）、变速杆套及驻车制动手柄套。

② 车辆进站后（维修技师的责任）：如果需要打开发动机舱进行检查、维修，必须在发动机罩前、左、右三面安装汽车保护垫（图2-17），以避免划伤车身油漆。

2）维修项目的确认：

① 按照"委托书"的指示内容，进行修复作

图2-17 车辆维修防护

业；对一般维修的车辆，必须按照"维修手册"的程序进行维修作业。

② 对所有定期保养车辆，按定期保养检查项目表进行检查。

3）维修作业完成后，检查并记录"委托书""定期保养检查项目表"的每一项维修工作的结果。

4）有泥、水、油渍落在地面上，应立即清理。

5）若拆卸蓄电池，应在完工后，将汽车音响、时钟等设备回复。

6）若需要拆卸内饰，必须保持双手清洁。

7）若车辆使用液压千斤顶举升，必须使用马凳支撑牢靠。

2. 车辆维修的流程

车辆维修的流程如图2-18所示。

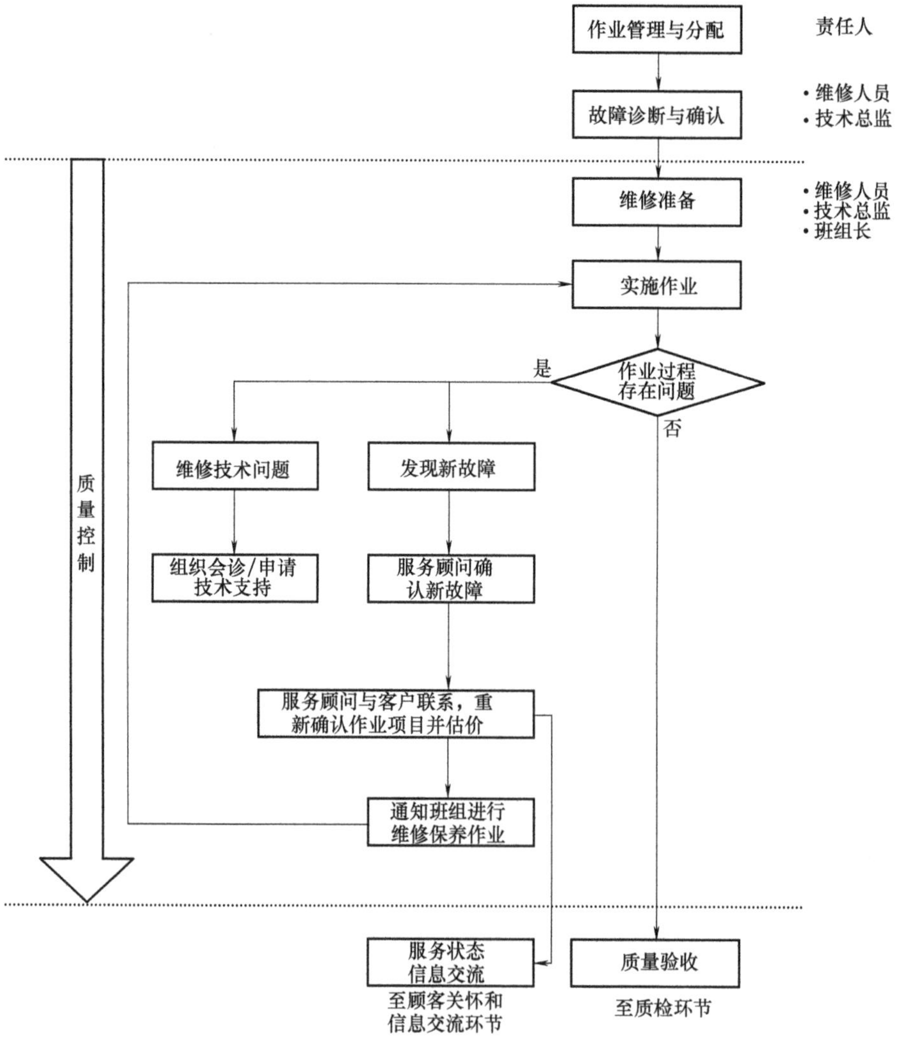

图2-18 车辆维修的流程

第二章 汽车售后服务流程

3. 车辆维修的工作标准

（1）工作内容

1）维修准备。维修技师接到"任务委托书"后，首先对车辆进行防护（使用翼子板罩），并对维修项目、交车时间进行确认。

① 备件的领取与管理。维修技师凭"任务委托书"到备件库领取备件，除"三滤"和油液之外，备件交旧领新。备件库管员依"任务委托书"确认备件号、备件名称、数量后在 CRM 系统"领料出库"中发货，打印"出库单"，领料人在"领料人"栏中签字，备件库管员应按"出库单"发料。领料人接到备件后，应核对备件名称、数量是否与原车件相符，一致后将出库单与"任务委托书"合订。若备件有缺货，主修人应立即告知服务顾问，由服务顾问将车型、备件名称、车号、日期、里程、联系方式登记在"短缺备件登记表"上，并与备件人员共同签字确认，由备件人员预计到货日期，到货后通知服务顾问，再与客户联系。

事故车应按验损单领料，领取未验损备件时，主修应通知服务顾问，备件价格超过公司规定金额时由服务经理审批。

主修在维修中发现备件有质量问题，通知技术经理判定是否应该索赔。

② 工具及维修手册的领取与管理。维修技术人员需要提前到工具库房领取维修工具，以备维修使用。维修工具的摆放和保管需要符合销售服务店工具管理规定。维修技术人员需要按时归还维修工具。维修技师根据维修需要向工具资料管理员借阅"维修手册"和专用工具，登记委托书号、工具、资料名称、借用人、借用日期，签字确认，使用后即时归还，并登记归还日期、工具、资料状况。若有直接从班组转借专用工具的情况，则由借用人到专用工具室重新登记。

2）实施作业。领取备件和工具后，维修技工依照"维修手册"和相关作业指导书开始维修。维修现场环境要求按基础设施和工作环境控制程序执行。

① 作业实施。班组长依据派工单所列的项目，确定若干名维修技术人员组成团队，实施维修作业。维修技术人员在作业过程中，需要严格按照技术规范进行作业。维修团队之间需要加强沟通、交流，保证维修作业安全、按时完成。维修团队若遇到技术问题无法解决，应及时与班组长或技术总监沟通，不可自作主张拆装车辆。

② 作业控制。车间主管在维修车间设立作业管理显示板，直观显示作业进度情况及各工位的工作负荷。

班组长需及时将作业进度等情况通报给服务顾问，方便服务顾问与客户沟通。

技术总监负责现场技术指导工作，并对维修技术人员在维修过程中存在的不规范行为进行纠正。

对于拆下的总成备件，维修技师应将其放在总成修理间的工作台上或货架上，并做好标识。维修技师对拆下的故障备件按照"维修手册"进行检测和修理，检查部件外观有无破损和裂纹，需测量的备件必须使用专用测量设备进行测量，确定维修或更换。需要更换备件时，主修人填写备件清单，服务顾问审核并界定旧件情况，签字同意后，主修人领料。

维修技术人员需要保证车辆在交车时间前 10 分钟完成。

③ 索赔零件管理。服务顾问需对索赔车辆换下的旧件进行统一保管，并按要求及时地

将索赔零件寄还给生产厂家。

服务顾问需及时记录索赔文件，更新索赔系统，以备检查。

若在索赔修理过程中，当维修人发现损坏备件不是原厂备件时，不得先行拆下，应及时通知索赔员或服务顾问，由索赔员或服务顾问与客户共同对该备件进行审定，客户认可自费修理后，在"任务委托书"上签字方可施工。

3）作业进度与项目调整

① 作业进度控制。维修完工时间应控制在预交车时间前 10 分钟。班组长需在车辆维修的关键时间节点对维修状况进行检查，及早发现问题。班组长需将作业进度汇报给服务顾问，由服务顾问告知客户，这样可以方便客户掌握车辆的维修进度。

② 作业项目变化的应对。维修技术人员在维修过程中发现新的问题时，需要先判断问题出现的原因，若无法判断原因，需要及时通知班组长。班组长根据自身的维修经验及车辆的实际状况，对车辆进行重新诊断。待发现问题后，班组长需要及时地与服务顾问联系和沟通，告知服务顾问作业项目的变化及原因。

在维修过程中，维修技师发现需要变更维修项目时，应及时报告服务顾问新增维修项目，由服务顾问确定有无备件后告知客户，在"任务委托书"中注明，客户同意并签字后领料维修。若客户不在现场，服务顾问应电话通知客户，告知客户变更后的交车时间和维修费用。客户确认后，在"任务委托书"上记录客户确认信息，转维修人员继续修理；若属索赔范围，由服务顾问根据质量担保条例及索赔零件的真假确定索赔性质后维修。若顾客不同意维修，应由服务顾问在"任务委托书"上记录，以便完工审核时录入 CRM 系统并由客户签字，对于新增的维修项目，维修技师应再次签字。

维修人员检查上次维修时发现但没有纠正的问题，应在"任务委托书"中做好记录。

③ 进度与项目调整记录。如果客户同意增加维修项目，维修技术人员需在维修工单上做详细记录，这样可以方便客户全面地了解所进行的工作，记录内容包括：需运用定义—分析—展示成果的方式表达所需的所有信息。需包括所更换的备件的详细信息。需包括未来 6 个月内可能需要的维修详情。

（2）工作要点

1）使用专用工具，准确排除故障。

2）在承诺的时间内提前完成维修。

3）及时告知维修进度，爱护客户车辆。

4）一次性修复车辆。

二、维修质量检验

维修质量是企业赖以生存的重要目标，控制得好与坏直接影响到企业的品牌提升，影响今后生意是否长远发展的重要因素，也是客户最为关心的问题。所以，企业在经营过程中必须提高车辆故障一次修复率服务指标，减少返修的投诉发生，增加客户的满意度。

1. 维修质量控制的基本要求

1）所有入站维修保养的车辆，都要实施三级检验制度（维修工人的自检、维修班组长的检验、总检人员的终检）。

2）终检时按照"委托书""定期保养检查项目表"，检查每一项维修项目；每一个完工的维修项目都要做到完成客户的要求及符合维修技术要求。

3）将总检的结果记录在"委托书""定期保养检查项目表"上并签字。

4）若检查到完工的维修项目不符合维修技术标准，则必须返工。

5）所有最终质量检查报告单的返工记录，必须向服务经理汇报。

2. 维修质量检验流程图

维修质量检验流程如图2-19所示。

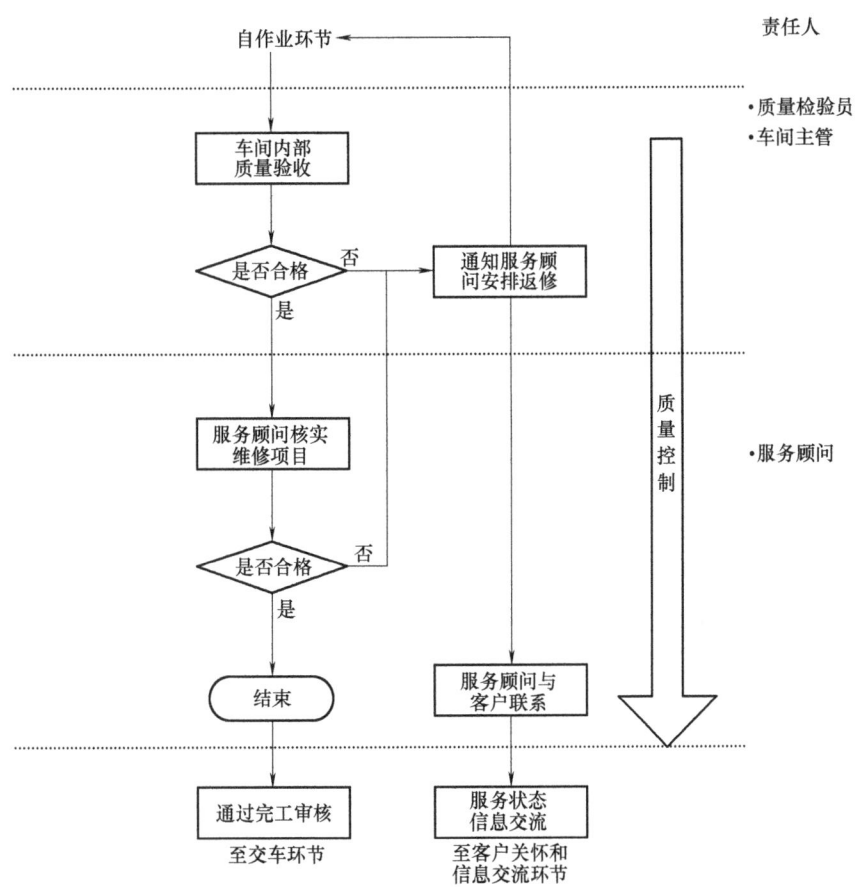

图2-19　维修质量检验流程

3. 工作标准

（1）工作内容

1）自检与作业质量验收

① 维修技术人员自检。车辆维修作业完成后，维修技术人员需对负责工位进行自检，主要完成下列工作项目：

　　a. 检查作业项目有无漏项。

　　b. 有力矩要求的紧固件是否紧固。

　　c. 掌握橡胶件、易损件的磨损情况，并做好记录。

  d. 工具、资料有无遗失。
  e. 检查车上的收录机等电器设备。
  f. 将换下的旧件包装好以便服务顾问在交车时交给客户或返件。
  g. 维修技术人员在派工单上记录下作业内容、完工时间及对车辆使用方面的意见并签字。
  ② 班组长工位二检。待维修技术人员自检结束后，需将派工单交到班组长，由班组长对车辆进行二次检查，主要完成下列工作项目：
  a. 依据派工单上所列项目逐项检查验收，并核实有无纰漏。
  b. 依次检查几个主要紧固件是否已经紧固。
  c. 核查橡胶件、易损件的磨损情况。
  d. 检查车上的电器设备是否能正常工作。
  e. 班组长根据维修经验，对车辆的各个细节方面进行检查，消除安全隐患，确保车辆完好。
  f. 班组长在派工单上签名通过。
  ③ 技术总监或车间主管验收检查。班组长二次检查通过后，需将派工单交给技术总监或车间主管，由技术总监或车间主管对维修作业进行质量验收，主要验收项目包括：
  a. 依据派工单上所列项目逐项验收，并核实有无漏项。
  b. 发现问题时，必须立即采取各种措施进行纠正，如有必要则进行返修作业。
  c. 将检验结果反馈给班组长，以提高班组的技术水平，防止再次出现同样的问题。
  d. 认真检查有力矩要求的紧固件是否紧固。
  e. 如有必要应试车确认，以求万无一失。
  f. 必须检查有无物品遗失，如工具、资料等。
  g. 依据派工单上关于车辆状况的记录检查作业过程中有无人为损伤等。
  h. 作业质量验收完毕后，相关人员在派工单上签字。
  i. 对于重大作业的项目及涉及安全性能方面的作业项目，技术总监必须多次进行仔细检查，查漏补缺，防止出现重大事故。
  2）质量控制
  ① 树立质量观念。服务经理或车间主管应该组织培训活动，帮助车间人员树立质量第一的观念，培养车间人员的质量意识。
  技术维修人员应该树立质量观念，在日常工作中，应将质量第一的观念贯彻到底，不可马虎做事。
  ② 常规质量检查。服务经理或车间主管每个月都要对服务顾问和维修技术的工作质量进行抽检，确保符合现有生产厂家的指导标准。
  对于抽检不合格的员工，服务经理或车间主管应该组织相应的培训，提高车间员工的技术水平。
  对于抽检过程中发现的问题，服务经理或车间主管需要记录每次抽检出现的问题，开展会议，与相应人员进行讨论，制订解决方法。
  ③ 控制一次修复率。服务经理或车间主管需要对一次修复率进行统计分析，找出返修的原因，并对服务流程进行改进。

服务经理或车间主管需要组织培训会议，与车间员工沟通返修的原因，共同学习提高，促使车辆一次维修合格。

技术总监及班组长应提高检查力度和仔细程度，提高车辆维修的一次修复率。

④ 内部返工管理。车间主管或技术总监需要对内部返工进行统计分析，找出返工的原因。

技术总监或班组长需要对内部返工较多的维修人员进行指导，帮助纠正常规错误。

车间主管应经常组织技术培训或话术分享会，提高维修人员的技术水平。

(2) 工作要点

1) 自检、互检。在对车辆进行维修、保养操作过程中，同班组的维修技师之间互相检查、提醒、指导、督促。

2) 巡检。维修主管在车间巡视，观察各维修班组的工作表现。

3) 终检。维修技师维修、保养车辆完工后，将车辆交给技术总监检验。

第六节 交车结算

一、竣工、交车工作的规范要求

1. 交车前的资料准备（1小时前）

1) 书面确认维修工作是否都已经完成。
2) 检查工单上客户提出的所有项目，确认客户的要求已经达到。
3) 核对维修费用，原始估价和实际是否相符。
4) 检查车辆的外观、性能和内饰的清洁。
5) 检查电子设施是否归位。
6) 通知客户来提车，并完成车辆维修结算单的打印和核对工作。

2. 车内外清洁

1) 洗车。
2) 清洁车内饰物。

3. 交车的技巧

1) 客户到达时要热情问候。
2) 向客户详细说明维修、保养的内容，展示更换的零件，解释说明已完成的工作和费用。
3) 向客户说明、证实已经解决了所提出的问题。
4) 询问客户被更换旧零件的处理方法（旧件是否回收）。
5) 当着客户的面取下汽车防护用品（维修五件套），并提醒下次保养的大概时间和里程。

二、交车与结账的工作流程

交车与结账的工作流程如图2-20所示。

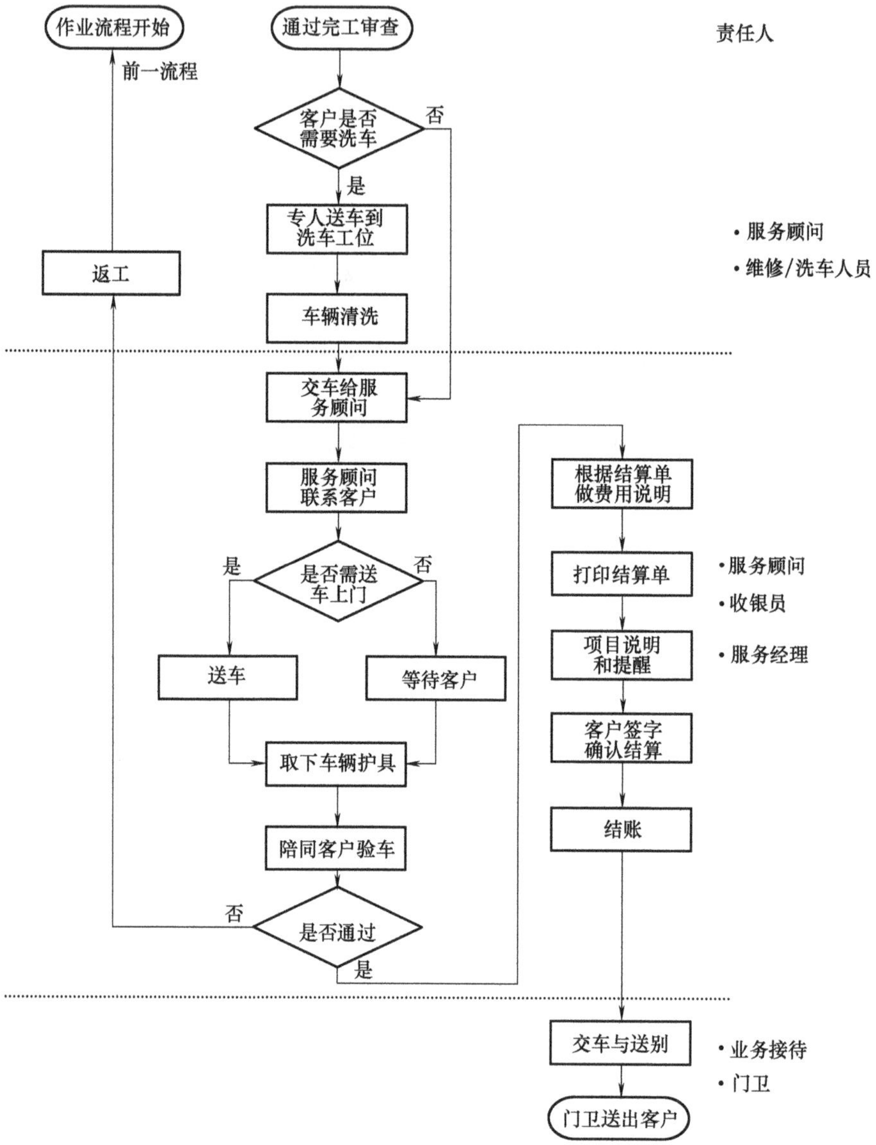

图 2-20　交车与结账的工作流程

三、交车工作标准

1. 工作内容

（1）车辆清洗

1）车辆外观清洗（图 2-21）。洗车人员的工作服不许有金属制品等，以免在车辆清洗的时候划伤车身。

洗车人员洗车时需认真、仔细，对前、后风窗玻璃，主、副仪表板，左外、车内、右外后视镜等重点部位要认真清洗擦拭，确保不出现漆面划伤等情况。

2）车辆内部清理（图 2-22）。洗车人员在车辆内部清理时，需重点清洗驾驶室、行李箱、发动机舱等部位。

第二章 汽车售后服务流程

图 2-21　车辆外观清洗

图 2-22　车辆内部清理

对于烟灰缸、地毯、仪表等部位的灰尘，洗车人员需多清理几次，确保干净。

洗车人员需注意保护车内物品，不得遗失或偷窃。

3）清洗后的处理。车辆清洗完毕后，需由专人驾驶停放到竣工车停放区，车辆摆放要整齐，并盖上车罩、车头向外，便于交车时客户驶出停车场。

洗车人员需通知服务顾问交车，并将车钥匙、派工单、包装好的旧件（非索赔且客户要求带走）交接给服务顾问。

在交车的时候，服务顾问需拿走盖在车上的车罩及车内的四件套。

（2）交车准备

1）联系客户（客户不在休息区）。若客户不在休息区等候，服务顾问接到车辆后要立即与客户取得联系，约定交车的时间、方式及结账事宜等。

话术：您好，×女士。我是××。您的车已经可以取回了。我们晚上 10 点结束营业。您准备几点来呢？

知道了，好的。我们将准备好车和文件。

好，到时见。

以上记录表明客户希望在销售服务店处了解一下服务工作的细节与费用。

如果联系不到客户，服务顾问需发短信通知，并在随后的半小时或一小时再次尝试联系客户，告知客户具体情况。

2）通知客户（客户在休息区）。若客户在休息区等候，服务顾问需将打印出的结算单放在书写夹板上，找到在客户休息室的客户，通知客户在其方便的时间进行交车，并确认付款方式。

服务顾问必须接受培训，确保客户满意。

3）上门交车（需送车服务情况）。若需要上门交车的，服务顾问需先联系客户，确认交车时间、地点。

服务顾问需将资料准备齐全，派专人将车送到指定地点交车，路上一定要保证安全。

（3）验车、交车

1）引导客户验车。服务顾问需引导客户前往交车区，戴上白手套，拆除车罩与四件套，以便客户验车。

话术：欢迎您的光临，×女士。希望您今天过得愉快。我们去看看您的车吧，现在车况非常好，我会向您介绍我们做了哪些工作。

服务顾问需告知客户可以试车，如有什么问题可以及时帮助解决。

话术：您看，我们非常爱惜您的车，尽力确保它整洁以备您随时使用。

2）与客户一同验车，确认满意。服务顾问需与客户和服务技师一起试驾车辆，确保客户的问题已经圆满解决，让客户满意。

服务顾问需重复客户的要求，解释说明进行的维修服务细节和收费，并描述为客户或车辆带来的好处。

3）客服总监沟通。客服总监（如果不在，其他客服人员）需和每个客户交谈，确认他们是否满意，并把名片递给客户，让他们有任何问题都可以打电话。

客服总监还需告知客户，在24小时之内，会给客户打电话或发短信进行回访，确保客户的车辆可以正常使用。

（4）结算和费用说明

1）结算准备。在客户验车完毕并表示对作业质量满意后，服务顾问需打印费用结算清单，将所发生材料费和工时费逐项列出。

话术：×女士，正如我们刚才所见，您的要求及额外的项目都已经全部完成。

2）费用说明。服务顾问需向客户说明每项费用，并回答客户提出的问题，消除客户的疑问。

话术：现在请您跟我到收银台领取结算单，然后您就可以把车开走了。

如果客户对费用不满或有不理解的内容，服务顾问可以及时请服务经理协助向客户解释。

（5）完成结账

1）完成结账手续。客户在结算单上签字后，服务顾问需陪同客户到结算处结账。

话术：我希望您在我们这里的服务经历是愉快的（与客户有目光交流）。

财务人员需主动向客户问候，收款、开具发票，并在结算清单上加盖财务专用章。

话术：我是客服顾问××，请问您对我们的服务满意吗？如果有我能帮忙的事情，请和我联系。

收银员需将结算单放入信封中，双手递给客户，信封中可另附一张客户的车型专属使用贴士。

2）当面回访客户满意度。服务顾问在完成结账手续后，若客户有时间，应当面回访客户，需按照以下要点回访：

① 首先进行简短的自我介绍，一句话说明回访的目的。

② 询问客户对维修服务的满意程度。衡量标准：满意和不满意。

③ 对于不满意的客户，服务经理需向客户询问，并帮助客户解决问题。

（6）交车与送别

1）交车。服务顾问将车辆钥匙交给客户，需向客户说明有关下次保养里程及今后车辆使用方面的建议。

服务顾问需将联系方式告诉客户，提醒客户可以享受24小时便利服务。

2）送别客户。服务顾问送客户到汽车旁，引导客户驶出停车位，目送客户车辆驶出店门。

门卫需向客户敬礼，引导客户车辆驶入车道。

2. 工作要点

1）当着客户的面取下五件套和返还旧零件。
2）向客户解释维修项目。
3）提醒客户正确使用车辆，避免再次出现同样的故障。
4）建议维修保养的注意事项和下次保养时间。

第七节　客户关系档案的整理

一、客户档案在服务流程中的使用

客户关系管理：通过将客户进行分类，然后针对不同类别的客户制订相应的服务策略，在日常客户服务流程中进行有效的实施，从而提升客户服务的品质，增加客户的满意度与信任度，增加企业经营效益。客户档案在服务流程中的使用如图 2-23 所示。客户关系管理要素如图 2-24 所示。

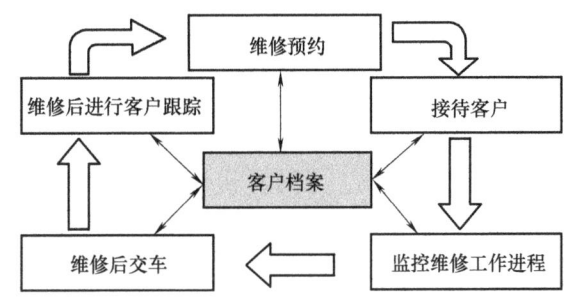

图 2-23　客户档案在服务流程中的使用

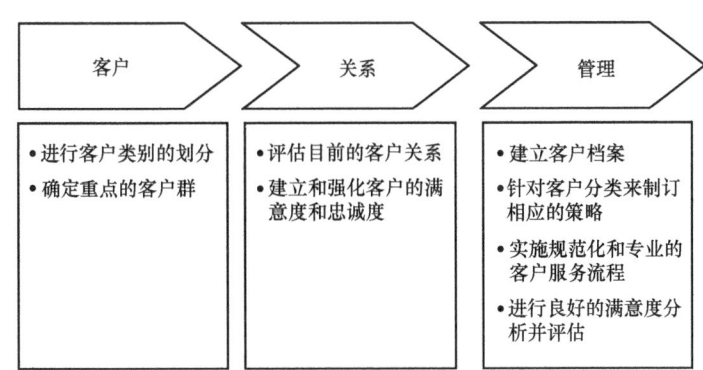

图 2-24　客户关系管理要素

二、客户档案的来源

客户档案的来源：一是客户从特约经销店的销售部购买了新车或二手车；二是客户从其他销售点买的车，第一次来特约经销店维修。建立关系后，客户服务专员应着手对每一位客

汽车售后服务与管理

户建立客户个性化档案，对此后与客户接触过程中客户所表现出的特质或典型事件，服务顾问应及时记录并将信息转到客户服务专员，以维护更新客户个性化档案。

如图 2-25 所示，客户个性化档案建立后，客户服务专员定期（每月）或不定期对客户个性化档案维护后进行刷新，对于档案中的累加值，系统将自动进行更新。

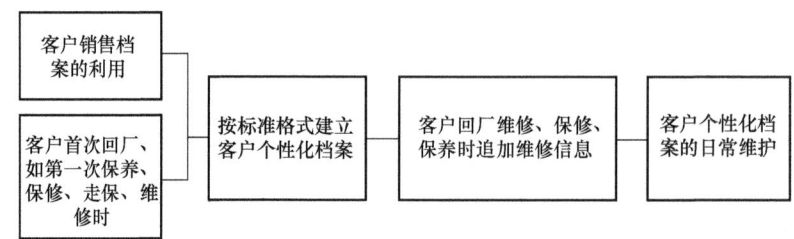

图 2-25　客户个性化档案的建立过程

三、建立客户档案的目的和好处

1. 客户档案建立的目的

1）建立客户关系。
2）了解目标客户及其个性化需求。
3）提供有针对性的服务以提高客户满意与信任。
4）发掘服务需求，提升获利水平。

2. 建立客户档案的好处

1）正确进行车辆维修和保修。
2）规范客户投诉处理。
3）提高维修市场运营效率（包括定期维护提醒）。
4）及时通知保修期限。
5）及时通知产品改型。

四、客户的构成和分类

1. 客户的构成

区分客户或将客户分级，使企业节约时间并更有效地利用有限资源，对客户采取更有针对性的服务。客户的构成与利润提供如图 2-26 所示。

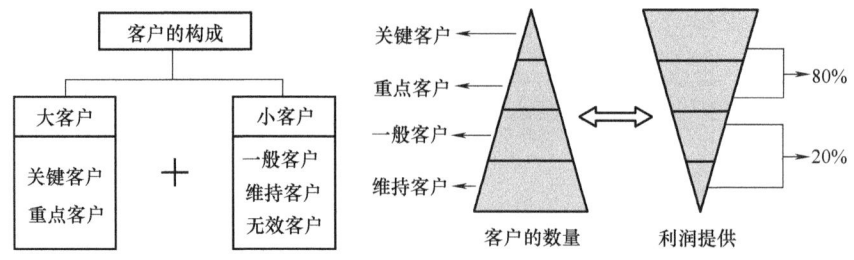

图 2-26　客户的构成与利润提供

2. 客户的分类

客户的分类见表 2-9。以客户的车辆档次分类，客户的类型见表 2-10。

表 2-9　客户的分类

分类方式	类别			
车辆的档次	高档车客户	中档车客户	中低档车客户	低档车客户
车辆的数量	大户型客户	中户型客户	小户型客户	散户型客户
客户的属性	公务车客户	保险车客户	私家车客户	出租车客户
贡献度	一般客户		重要客户	金牌客户
客户的表现	要求型		困惑型	激动型
客户的性别	男性			女性

表 2-10　以不同车辆档次进行的客户分类

客户类型	分析说明
高档车客户	注重品质服务；注意环境的舒适性；注重受到特别尊重。针对这类客户，注意服务的规格要高，要细致、周到。服务人员形象要好，通过主动、热诚的服务，使他感到优越，受到尊重。服务价格上应坚持优质、优价的做法。如果属于大、中户型，也可以在签订协议时一次承诺优惠价待遇，不宜每次商讨价格
中档车客户	注意服务质量，也要求环境的舒适性，重视是否受到尊重，表现个性更复杂一些。针对这类客户，要注意规范化服务到位，注意环境的清洁卫生，服务人员应注意礼节和礼貌。这类客户一般数量较多，要做好个人档案资料，要发挥个性化服务的优势作用。服务价格上要准确，也应坚持优质优价的原则，谨慎处理结算时的问题。对大、中户型，一般在签订协议时一次协议好价格
中低档车客户	注重服务的质量、速度、价格，希望有舒适的环境和受到礼遇。针对这类客户要满足客户特别提出的要求，如工期或价格，在维修质量有保证的前提下，尽可能缩短工期，适当加强用车技术指导（可以引导维修消费）
低档车客户	特别注重维修价格、服务单位的办事效率。针对这类客户，在坚持保证质量的前提下给予优惠价格服务。服务过程必须规范化，不可简化服务环节，适当加强用车和护车的技术指导

3. 客户 ABC 分析方法

1）将客户按实收金额大小顺序排列，从第一名排到最后一名。

2）将全部客户的实收金额予以累计。

3）进行客户分级（图 2-27）

① 从最高消费金额客户开始累计，累计金额占总金额 80% 以内的客户称为关键客户或重点客户。

② 如此类推，累计金额占总金额 80%~95% 的客户称为一般客户。

③ 累计金额占总金额 95%~100% 的客户称为维持客户。

注：原则上每月或每个季度做一次 ABC 分析，要注意客户名次的变化，如上升太快或下降太快，均需分析原因。

优点：清楚地确定了客户的重要程度。

缺点：不清楚客户的发展潜力。

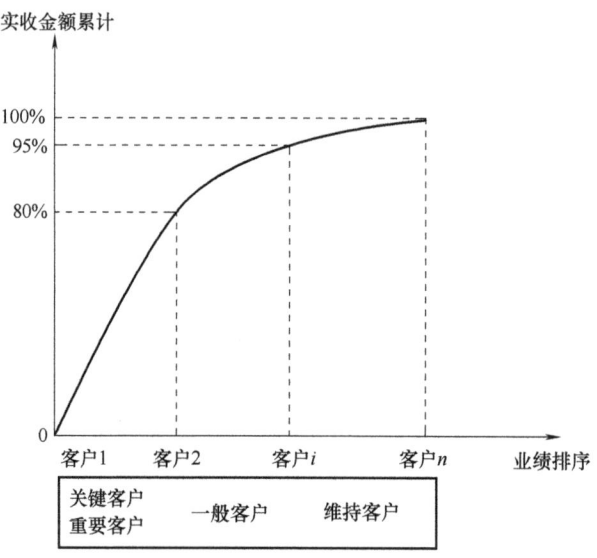

图 2-27　客户 ABC 分析方法

五、建立"一对一"关系

对新购车的客户，销售顾问应在交车前将客户介绍给一位服务顾问，由服务顾问介绍服务的相关情况，并填写"一对一"顾问式服务卡，如图 2-28 所示。

对新进站的客户，服务顾问或与客户签订"一对一顾问式服务卡"并介绍服务的相关情况，或赠送名片贴在"一对一顾问式服务卡"上。

一对一顾问式服务卡

客户姓名：　　　购车日期：　　　　　　□ 客户对服务顾问不满意时可以重新选择服务顾问
销售服务商：　　型号：　　　　　　　　三、服务顾问主要工作的介绍（有打"√"，无打"×"）
VIN 号：　　　　　　　　　　　　　　□ 维修保养服务接待　　　□ 投拆受理
以下均由客户确认　　　　　　　　　　□ 定期保养提醒回访　　　□ 维修与保养咨询解答
一、交车时有关事项的确认（有打"√"，无打"×"）□ 重要事项通知回访　　　□ 维修与保养预约受理
□ 已介绍车辆的基本使用方法，并当面做交车检查　□ 服务活动提醒回访　　　□ 年审提醒/受理
□ 已介绍质量担保政策　　　　　　　　□ 重要节日问候事务　　　□ 客户需求的其他事务
□ 已介绍车辆驾驶的注意事项　　　　　四、一对一顾问式服务关系建立
□ 已介绍车辆定期保养的重要性及保养间隔时间和里程
□ 已告知在特约服务站保养和维修车辆的重要性
□ 已交付保养手册和使用说明书并提醒阅读　　　　服务顾问名片
□ 已告知公司客户服务热线功能及使用方法
二、一对一顾问式服务模式的介绍（有打"√"，无打"×"）
□ 有问题、有需求就找服务顾问，无须找其他人　　客户签字　　　/日期：
□ 服务顾问是服务站指定与客户沟通、交流的唯一人员　服务顾问签字　/日期：
□ 一个客户只由一名服务顾问负责：一对一

图 2-28　一对一顾问式服务卡

六、客户档案管理的工作流程

客户档案管理的工作流程图见表2-11。

表 2-11　客户档案管理的工作流程

责任人	流程描述	说　　明
档案人员	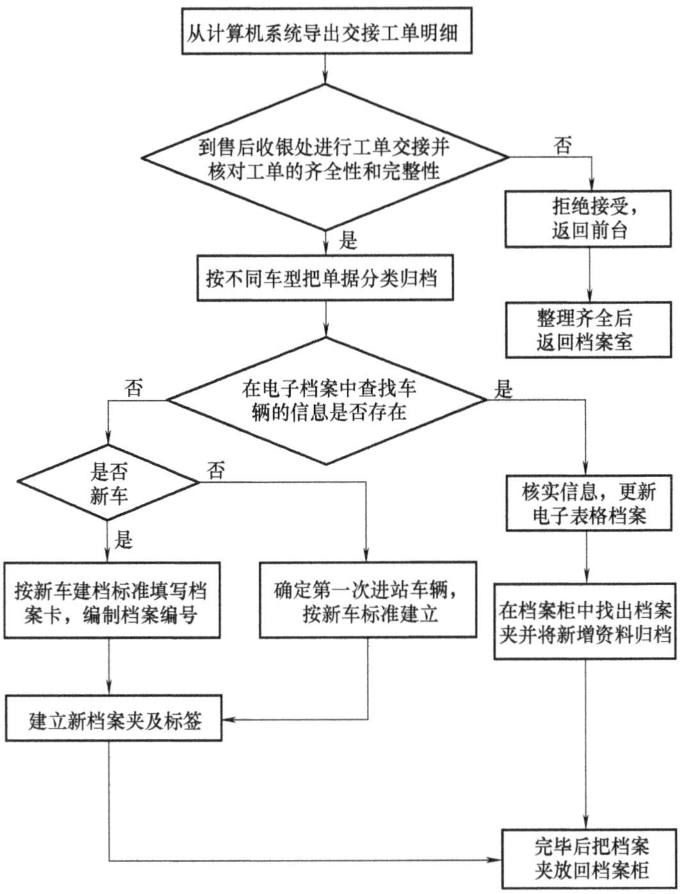 （流程图：从计算机系统导出交接工单明细 → 到售后收银处进行工单交接并核对工单的齐全性和完整性 → 否：拒绝接受，返回前台；是：按不同车型把单据分类归档 → 整理齐全后返回档案室 → 在电子档案中查找车辆的信息是否存在 → 否：是否新车 → 是：按新车建档标准填写档案卡，编制档案编号 → 建立新档案夹及标签；否：确定第一次进站车辆，按新车标准建立 → 是：核实信息，更新电子表格档案 → 在档案柜中找出档案夹并将新增资料归档 → 完毕后把档案夹放回档案柜）	每天早上上班后从收银处拿取资料 工单资料要求四单齐全，即维修预检单、工单、常规项目检查表、结算清单 返回前台的单据，二次齐全后档案管理人员第二天拿回，按标准流程入档 单据分类时，新车检查等相关单据单独挑出 在电子档案中列出新数据时，核实车辆与客户信息是否准确，无误后更新。若电话不统一，做出相关登记，二次与系统核实，核实不清楚的以3DC回访时确认 问题单据在派工单上应注明，在更新完毕后转3DC回访专员回访时使用 查找档案时，核实档案号码相符后挑出，一辆车装一个档案夹，按不同车辆摆放好，统一挑出后逐一填写 放回档案柜时一定要物归原位，保证准确 定期对一车一档与销售数据进行核实，保证一一对应，避免漏项

七、表格的使用和填写规范

以下表格由服务顾问负责利用计算机软件系统进行录入、更新和维护。

本表可利用软件系统进行录入、更新、维护、查询、导出、打印。

1. 客户信息

客户信息见表2-12。

1）如果是公务车辆，则填写车辆所属单位；如果是私用车辆，则填写车主姓名。

2）省（或区）+市（或县、旗、盟）+区（或镇、乡）+路（或村）+街道号（或组）。

表2-12 客户信息

车主姓名/单位名称	1)		联系地址		2)	
联系电话（M）	3)	联系电话（H）	3)	联系电话（B）	3)	邮政编码	4)
使用者姓名	5)	性别	6)	联系地址			
联系电话（M）		联系电话（H）		联系电话（B）		邮政编码	

3）如果是公务车辆，则填写车辆主管部门负责人的联系电话；如果是私车，则填写车主联系电话。并区分手机（M）、家庭电话（H）、办公室电话（B）。

4）联系地址所在地的邮政编码。

5）填写经常使用此车辆的驾驶者姓名。

6）驾驶者性别。

2. 车辆信息

车辆信息见表2-13。

表2-13 车辆信息

销售商	品牌	车型	车牌号	VIN码	发动机号	变速器（AT/MT）	车身颜色	钥匙号码	购车日期	用途（公用/私用）
1)	2)	3)	4)	5)	6)	7)	8)	9)	10)	11)

1）销售商简称如：××汽贸服务有限公司。

2）完整填写车辆品牌。

3）完整填写车辆型号。

4）完整填写车牌号，如：粤C12345。

5）完整填写VIN码。

6）完整填写发动机号。

7）AT或MT（自动变速器或手动变速器）。

8）颜色，填写车身颜色代号。

9）钥匙号码，如：Y012（客服代表自编号码）。

10）购车日期，如：2017-08-06。

11）用途处填写公用或私用。

3. 维修信息

维修信息见表2-14。

表2-14 维修信息

序号	派工单号	报修日期	交车日期	维修类别	维修内容	行驶里程	服务顾问	维修班组
1)	2)	3)	4)	5)	6)	7)	8)	9)	10)

1）序号，如：1、2、3……。

2）完整填写派工单号码。

3）报修日期，如：2017年8月1日。

4）交车时间，如：2017年8月2日。

5) 将维修类别划分为六大类（填写数字代号）：①一般维修；②保修；③返修；④大修；⑤事故车；⑥其他。

6) 将维修类别划分为八小类（填写数字代号）：

① PDI——仅适用保修。

② 一保——仅适用保修。

③ 二保——仅适用保修。

④ 定期保养类——车辆定期保养。

⑤ 年检类——车辆年度检查。

⑥ 机电维修类——机械电器维修。

⑦ 油漆类——车辆喷漆。

⑧ 钣金类——车辆车身钣金修复或事故车。

7) 填写主要的维修内容（维修项目）。

8) 行驶里程准确到个位。

9) 填写服务顾问的姓名。

10) 填写维修班组的名称，如机修一组。

第八节 维修回访

良好的后续跟踪服务，一方面能够掌握售后服务的维修业务存在的不足，另一方面又能够更好地了解客户的期望和需求，接受客户和社会监督，增强客户的信任度。后续跟踪服务是一项整体行为，高层管理人员应将其作为增强员工服务意识、改进工作作风、提高服务质量和水平的一项重要措施，要确保落实对后续服务中所反映出来的问题来改进工作及事后改进的督促和检查，使其真正发挥后续跟踪服务的作用，促进服务和维修工作上一个新的台阶。

一、提醒服务和维修回访的基本要求

服务企业必须开展"定期保养、定时提醒服务"工作，帮助客户了解车辆进行定期保养的重要性；必须开展"维修3DC"工作（即修后72小时内对客户进行电话回访），以此表达对客户和客户车辆的关怀，同时了解客户对企业服务质量的意见。

1. 定期提醒服务

1) 定期提醒服务的目的：为了保证客户根据车辆的使用状况、保养情况，以及新车保养和定期保养的规定进厂，要求利用客户档案，通过寄发信件、电话对客户进行定期提醒服务。

2) 如果不进行提醒服务，客户可能不会自动进厂。特别是在完成新车免费保养后，客户可能不会自觉进厂的倾向较强。因此，提醒活动在商业上极为重要。

3) 根据客户维修档案，到期提醒客户进厂做定期保养、年检。

4) 每5000公里或每3个月为定期提醒客户的周期。

5) 提醒服务的跟踪电话结果必须记录。

6) 将跟踪的结果记录向服务经理及销售经理报告。

2. 维修后回访

1）维修企业必须保证车辆在维修后交车 72 小时内对每一位客户进行电话关怀，了解修后车辆是否在良好的状态。

2）跟踪服务工作由服务顾问担任。

3）电话跟踪的结果必须记录。

4）对有问题或抱怨的客户进行妥善的跟踪及处理。

二、提醒服务和维修回访的工作流程

1. 提醒服务的工作流程

新车免费走合保养提醒服务流程如图 2-29 所示。

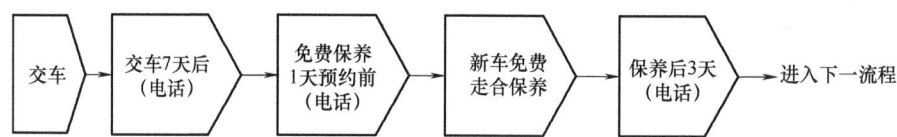

图 2-29　新车免费走合保养提醒服务流程

定期保养（新车免费保养、5000 公里定期保养收费）以同样的形式继续，流程如图 2-30 所示。

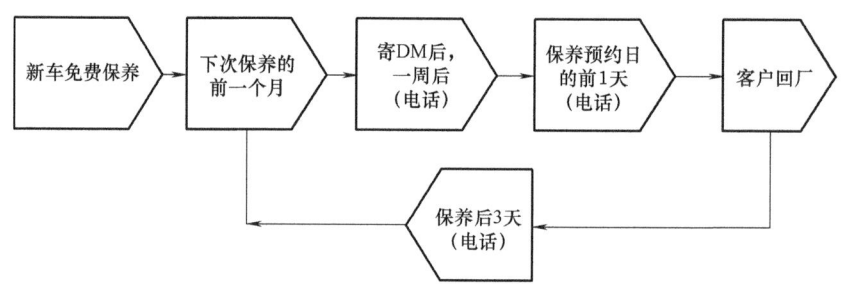

图 2-30　定期保养提醒服务流程

2. 维修回访流程

维修回访流程如图 2-31 所示。

三、工作标准

1. 工作内容

（1）跟踪、回访用户

1）回访对象的选取与准备。服务顾问将前 3 天内的派工单整理出来，根据用户是否愿意接受回访的标记进行分类。

话术：您好，×女士。祝您一切顺利，并感谢您光临本店。让客户满意是我们服务的宗旨，请您用 1~10 分给我们的服务打分。其中，10 分表示非常满意，1 分表示非常不满意。

服务顾问需选出接受回访的派工单，按照派工单记录的内容与客户取得联系。

服务顾问需在合适的时间节点回访客户，如下班时间。

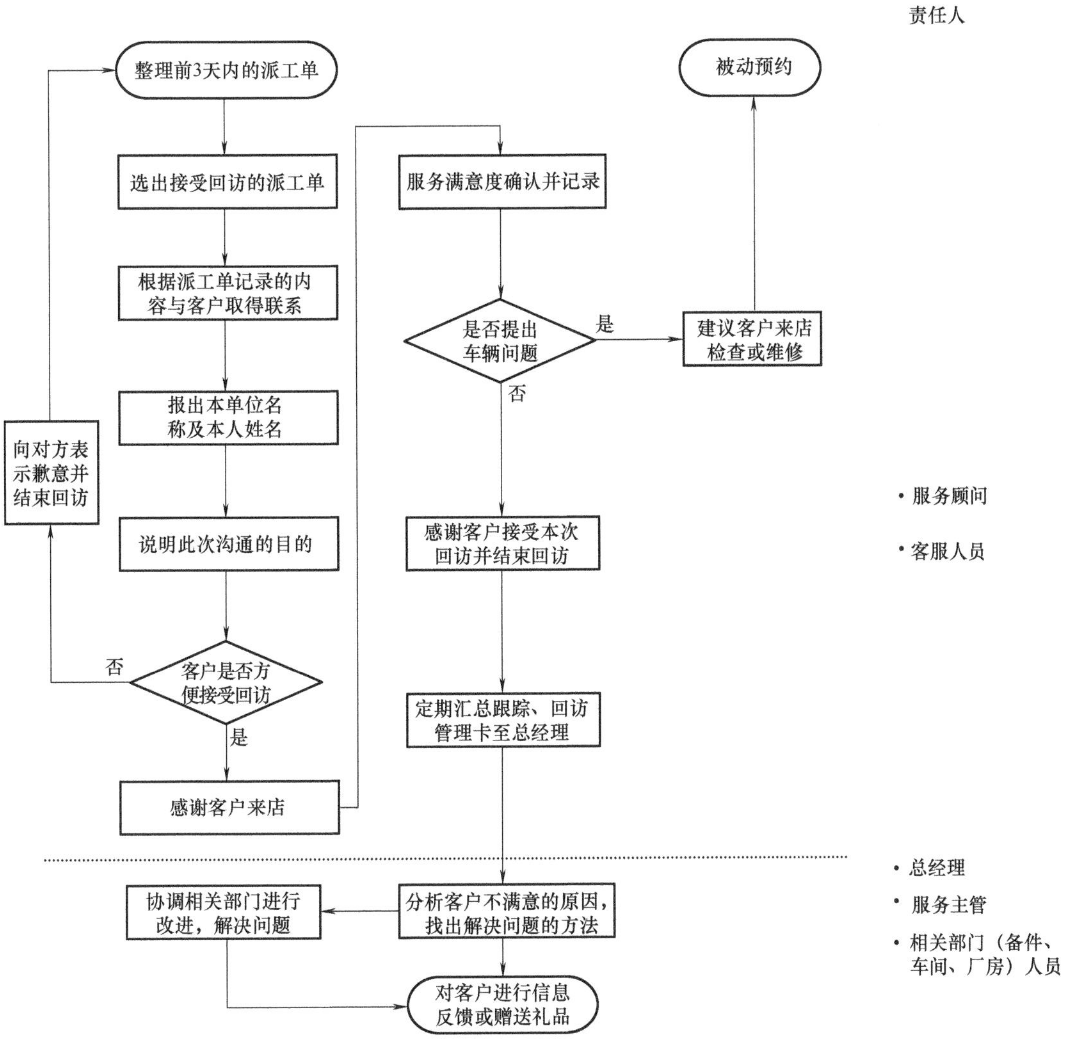

第二章　汽车售后服务流程

图 2-31　维修回访流程

2）联系客户。服务顾问打电话时应先报出本单位的名称及本人姓氏。服务顾问要说明此次沟通的目的，并询问客户车辆的使用情况。若联系不到客户，服务顾问需在跟踪回访卡上注明记录，并在下次回访时尝试联系客户。

服务顾问需把回访的记录更新到 CRM 系统中。

3）问题的处理。若客户提出车辆存在问题，服务顾问需根据自身的维修经验，向客户解释原因并解决问题。如果服务顾问无法解决问题，可由服务经理或车间主管协助解决。如果客户车辆存在问题，应建议客户来店检查或维修，并解释来店的重要性，此时要进行预约。

4）满意度和其他项目的调查。服务顾问需对维修服务的满意度进行调查，并进行记录。服务顾问需询问客户对本店服务和设备的要求，并做好记录。服务顾问需整理客户反馈的信息，归纳客户投诉的原因及本店存在的问题，组织会议与车间人员沟通。服务经理需根

83

据服务顾问的服务质量进行优秀服务人员的评选,激励服务顾问更好地工作。

5)感谢客户接受回访。服务顾问需诚挚地感谢客户接受回访,结束时要等客户先挂断电话才可以收线,并注意要轻放电话。

(2)解决问题,确保客户满意度

1)返修沟通。对于返修的客户,服务顾问需保持与客户的联系,保证提供给客户更优质的服务,确保客户的满意。对简单的返修工作,服务顾问可以派快速维修人员上门进行维修。如果返修需要较长时间,服务顾问可以告知客户提供上门取车服务。如果客户有抱怨,可由服务经理亲自打电话联系或上门服务,并提供合适的小礼品,保证客户满意。

2)回访结果汇总分析。服务顾问要定期汇总跟踪,由总经理和其他部门经理共同分析客户不满意的原因,制订整改计划,并组织相关部门实施改进。

3)回访意见处理结果反馈。服务顾问需保证,在 3 天内进行处理意见反馈,如果遇到自己无法解决的问题,可由服务经理协助处理。对提出有价值意见、建议的客户,服务顾问需给以信息反馈,并赠送适当的礼品表示感谢。

2. 工作要点

1)在进行客户回访前,要对客户做出详细的分类,并针对分类给出不同的服务方法,增强客户服务的效率。

2)服务顾问应该在客户维修保养 3 天内进行 100% 回访,如果涉及车辆安全性能的作业或返修作业的客户,应在客户维修的第二天致电回访。

3)回访前,查看客户上次维修保养记录,抱怨或返修客户要做好标记,再查看客户方便接听电话的时间和联系电话。

4)明确客户需求。在客户需要帮助之前进行客户回访,这样才更能体现客户关怀,让客户感动。

5)确定合适的客户回访方式。根据客户不同的情况,充分利用电子邮件、电话、面谈等形式进行回访,提高回访的成功率。

第三章

技术与质量管理

第一节　维修质量与技术服务管理

一、质量控制理念

售后服务越来越成为赢得市场、吸引客户的主要竞争力之一。研究发现，100 个满意的客户会带来 25 个新客户，企业每收到 1 次客户投诉则意味着有 20 个客户有同感，企业获得 1 个新客户的成本是保持 1 个满意客户成本的 5 倍。因此，为了提高顾客满意度，保持老顾客，主机厂和售后服务中心争取更高的维修质量就非常重要。而主要承担售后服务工作的售后服务中心更应以提高维修质量为己任，使每次维修都能得到客户的认可，从而带来更多的客源。

1. 影响维修质量的因素

影响维修质量的因素较多，但维修工序是影响维修质量的最重要因素，因为维修工序是进行汽车维修服务的基本环节，而维修工序质量又是影响维修质量、维修成本、维修效率的基础。而所谓的售后服务中心维修质量就是指售后服务中心的维修工序质量，它受人、机、料、法、环、测六方面因素的影响。

人机料法环测，又称 5M1E，是一种工序质量的分析工具，该工具从人——Man（人员）、机——Machine（仪器）、料——Material（检品、材料）、法——Methods（方法）、环——Environment（环境、通信）、测——Measurement（质量检查和反馈）来分析影响工序质量的因素。根据该分析工具进行分析，可知维修质量受维修人员、维修设备、车辆、维修场地、测量工具、维修方法等因素的影响，如图 3-1 所示。

2. 5S 管理方法

5S 是指整理（Seiri）、整顿（Seiton）、清扫（Seiso）、清洁（Seiketsu）和素养（Shitsuke），因为这 5 个词语的罗马拼音的首字母都是 S，所以简称为 5S，而开展以整理、整顿、清扫、清洁和素养为内容的活动，简称 5S 活动。5S 在有的地方也称为整理、整顿、清扫、清洁、修身。5S 的内容见表 3-1。

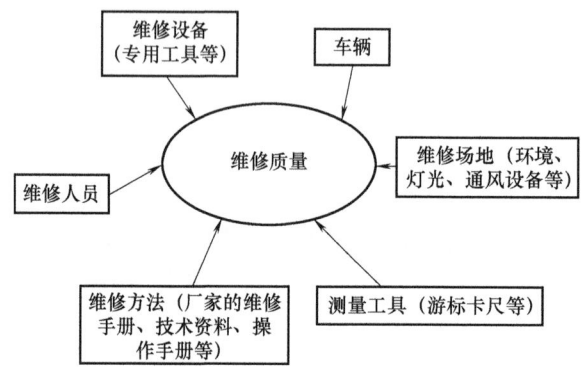

图3-1 影响维修质量的因素

表3-1 5S的内容

序号	步骤	内容	说明
1	整理	要与不要,有留有弃	把必要的东西与不必要的东西明确、严格地区分,不必要的东西要尽快处理。维修过程中经常会有一些废件、报废工具、残余物料滞留在现场,如不及时清除,不仅使现场环境变得凌乱,造成安全生产隐患,也易造成工具、物料的误用,从而影响维修质量
2	整顿	科学布局,取用快捷	对整理之后留在现场的必要物品分门别类地放置,排列整齐;明确数量,有效标识。分类明确后,能够准确取用到需要的物品,保证一切工序符合"维修手册"的规范
3	清扫	清除垃圾,美化环境	将工作场所清扫干净,消除脏污,防止垃圾或灰尘的污染导致零部件品质不良
4	清洁	洁净环境,贯彻到底	维持之前的3个S,保证维修质量的稳定
5	素养	形成制度,养成习惯	培养员工按规定行事的工作习惯,提高员工团队意识。通过符合规定的行为,促成稳定的、符合规范的维修质量

3. 推行5S的目的和作用

5S活动不仅能够改善生产环境,还能提高生产效率、维修品质、服务水准、员工士气等,是减少浪费、提高效率的基本要求,也是其他管理活动有效展开的基础。推行5S的目的见表3-2,推行5S的作用见表3-3。

表3-2 推行5S的目的

序号	目的	内容
1	改善和提高企业形象	整齐、清洁的工作环境,容易吸引顾客,让顾客有信心;同时,由于口碑相传,会成为其他公司的学习对象
2	促成效率提高	良好的工作环境和工作氛围,有修养的工作伙伴,物品摆放有序,不用寻找,员工可以集中精神工作,工作兴趣高,效率自然会提高
3	改善零件在库周转率	整洁的环境,有效的保管和布局,彻底进行最低库存量管理,能够做到必要时可立即取出有用的物品;能够减少甚至消除寻找、滞留时间,改善零件在库周转率

第三章 技术与质量管理

(续)

序号	目的	内容
4	保障维修品质	优良的品质来自优良的工作环境,通过经常性的清扫、检查不断净化工作环境,避免损坏维修设备、维修工具,维持维修的高效率,提高维修品质
5	保障企业安全生产	各种设备定位放置,工作场所宽敞明亮,通道畅通,"三不落地"等使得工作场所有条不紊,减少意外的发生,保障安全生产
6	降低生产成本	通过实施5S可以减少人员、设备、场所、时间等的浪费,从而降低生产成本
7	改善员工精神面貌,增强团队凝聚力	人人都变成有修养的员工,有尊严和成就感,对自己的工作尽心尽力,使广大员工都有一种以厂为家的责任感,增加了员工的团队精神
8	缩短维修时间、确保准时交车	由于实施了目视化的管理,使异常现象减少,减少了人员、设备、时间的浪费,缩短了维修时间,从而确保了准时交车

表 3-3 推行 5S 的作用

序号	作用	说明
1	亏损为零——5S是最佳的推销员	1)至少在行业内被称为最干净、整洁的工场 2)无返修、内部配合良好,在客户之间形成良好的口碑,使信任的客户越来越多 3)知名度提高,吸引客户慕名而来 4)车主为购买了此品牌的车以及享受了这样的服务而感到满意 5)整理、整顿、清扫、清洁和素养的良好维持,并且使之成为习惯,使维修厂有更大的发展空间
2	不良为零——5S是维修品质的护航者	1)技师在维修车辆时一切都以标准程序为要求进行 2)维修设备、仪器的正确保养,是确保维修品质的前提 3)目视化管理,能在最短时间内发现问题 4)干净整洁的工作场所,可以提高员工的品质意识 5)员工知道要预防问题的发生,而非公式化处理问题
3	浪费为零——5S是节约能手	1)避免库房、货架的过剩 2)避免购买不必要的工具、机器、设备 3)避免寻找、等待、避让等行为引起的浪费 4)消除拿起、放下、清点、搬运等无附加价值的劳动 5)避免出现多余的文具、桌、椅等办公用品
4	故障为零——5S是准时交车的保证	1)厂区无垃圾、杂物,有利于机器设备的养护 2)工具管理良好,减少寻找时间 3)设备、人员效率高,整厂的综合效率也高
5	事故为零——5S是安全生产的软件设备	1)整理、整顿后,通道和休息场所等不会被占用 2)物品的放置、搬运方法考虑了安全因素 3)车道的定向流动,减少了车辆在车间内移动时发生事故的可能性 4)车间内"危险""注意""不准吸烟"等警告标志明显 5)所有的维修设备都进行清洁、检修,能预先发现存在的问题,从而消除安全隐患 6)消防设施齐全、灭火器放置地点明确,万一发生事故,员工生命安全有保障

(续)

序号	作用	说明
6	投诉为零——5S 是标准化维修的推动者	1）员工能正确地执行各项规章制度 2）员工能明白工作该怎么做，怎样才是最好的 3）每天都有所改进，有所进步
7	缺勤为零——5S 能够创造出快乐的岗位	1）明亮、干净、无灰尘无垃圾的工作场所让人心情愉快，不会让人厌倦和烦恼 2）工作已成为乐趣，员工不会无故缺勤旷工 3）5S 能给人"只要大家努力，什么都能做到"的信念，让大家都亲自动手进行改善 4）在有活力的一流维修企业，工作人员都由衷感到自豪和骄傲

4. 以 5S 管理方法进行维修质量管理

维修场地是影响维修质量的因素之一，为了提高维修质量，必须对维修车间的现场进行高效管理，而现今有名的 5S 现场管理也被充分地应用到了维修车间的现场管理中。5S 管理已经用于很多领域的质量管理体系，在汽车售后服务行业，5S 管理也被应用于维修质量管理中。

下面将从 5S 管理在维修人员、维修设备、车辆维修状态和维修场地几个角度的应用进行介绍，而维修方法和测量方法则参考厂家维修手册规定。

（1）维修人员：素养（Shitsuke） 维修人员严格按照汽车生产厂家的"维修手册"，使用规范和合格的维修工具，使用前必须经过培训，具备"三好"（管好、用好、维护好）、"四会"（会使用、会维护、会检查、会排除故障）的基本功，并确保独立使用。维修设备应在明显位置标示安全操作规程，内容包括：设备的使用范围和操作要点、设备的维护事项、严禁事项和事故紧急处理步骤等。维修人员要严格按照安全操作规程操作。

（2）维修设备

1）整顿（Seiton）。所有设备必须登记注册，并派专人实行计算机管理，负责保管、存放及领用，工具箱要统一编号，各个工具箱内的工具用不同颜色区别，以防工具箱互用工具而混乱，放置工具的面板或格栅涂成白色，以便查找工具。

2）素养（Shitsuke）。采用定人、定机的设备管理制度，按照维护时间要求对设备进行维护，保持最佳工况；定期检查基本工具，以确保工具齐全、完好有效；专用工具应有专人保管并存放于专用工具间内，由专人负责。

3）清扫（Seiso）、清洁（Seiketsu）。保持工具及工具存放区的干净、整洁有序；专用和基本工具、设备使用后必须保证干净，应及时清洁和整理好，并有序地摆放在特定位置；定期检测标定所有测试装置，以确保测试装置可提供精确的诊断；有专人负责维修设备的维护，保持设备的干净、整洁、有序；对精密工具、设备必须在车间主管的领导下根据仪器的调校要求定期进行润滑、调校等工作。

（3）车辆维修状态 车辆的维修状态主要分为正在维修、待修、待备件、待答复、返修五种情况，车间使用不同颜色的标识牌来区分车辆的各种维修状态。标识牌应有弱磁性，可吸附在车顶；售后服务中心应统一购置各种颜色标识牌。

（4）维修场地

1）整顿（Seiton）。应将车间所有的物品归类：把永远不可能用到的物品清理掉；把长期不用，但有潜在可用性的物品指定地点放置；把经常使用的物品放在容易取到的地方。车间内区域划分应有标识，快修区、一般修理区、钣金区、油漆区应有标识牌；维修工位标出号码，号码标在地面上，属于该工位的各类箱子也标出号码，号码和工位号码一致；每个工位的举升机地面凸起部位均以颜色边框警示，相邻工位间隔0.7米，在相邻通道间采用颜色分区边框标志出工具车停放位置，在每个工位底线处，也要用不同颜色分区边框标志出三个备件箱（新件、废件、待处理件）放置处。垃圾箱配备：按车间布局，工位就近放置"废纸""金属体""橡胶、塑料"三种垃圾桶，并注明标记。

2）清洁（Seiketsu）。车间通道要通畅，无阻碍物。每个工位尽可能配备一辆工具小车和一套常用工具。工具车的工具摆放应符合要求，工具小车内不得摆放备件。

5. 5S现场管理的推行步骤

5S活动开展起来比较容易，可以搞得轰轰烈烈，在短时间内取得明显的效果，但要坚持下去，持之以恒，不断优化就不太容易。5S现场管理的推行步骤见表3-4。

表3-4 5S现场管理的推行步骤

序号	步骤	内容	说明
1	成立推行组织	成立委员会及推行办公室 确定组织分工 确定委员的主要工作 编组及责任区划分	建议由企业主要领导出任5S活动推行委员会的主任职务，以示对此活动的支持
2	拟定推行方针及目标	方针制定：推动5S管理时，制定方针作为导入的指导原则 推行5S管理、塑造一流形象 告别昨日，挑战自我，塑造新形象 于细微之处着手，塑造公司新形象 规范现场、组织、提升人的品质	方针的制定要结合企业具体情况，要有号召力。方针一旦制定，要广为宣传
		目标制定：设定期望的目标，作为活动努力的方向并便于活动过程中的成果检查 第4个月各部门考核90分以上 有来宾到厂参观，不必事先临时做准备	目标的制定要同企业的具体情况相结合
3	拟定工作计划及实施方法	日程计划作为推行及控制的依据资料并借鉴他厂做法 5S活动实施办法 与不要的物品区分方法 5S活动评比的方法 5S活动奖惩办法 相关规定（5S活动时间等）	项目责任者清楚自己及其他担当者的工作是什么，何时要完成，相互配合造就一种团队作战精神 工作一定要有计划，以便大家对整个过程有一个整体的了解

(续)

序号	步骤	内容	说明
4	教育	每个部门对全员进行教育： 5S 现场管理法的内容及目的 5S 现场管理法的实施方法 5S 现场管理法的评比方法 新进员工的 5S 现场管理法训练	教育活动非常重要，让员工了解 5S 活动能对工作及自己有益从而主动地去做，与被别人强迫着去做相比，效果是完全不同的。教育形式要多样化，讲课、放录像、观摩他厂案例或样板区域、学习推行手册等方式，均可视情况加以使用
5	活动前的宣传造势	最高领导发表宣言（晨会、内部报刊等） 海报 内部报刊宣传 宣传栏	5S 活动要全员重视、参与才能取得良好的效果
6	实施	作业准备 "洗澡"运动（全体上下彻底大扫除） 地面画线及物品标识标准 "三定""三要素"展开 摄影 "5S 日常确认表"及实施 作战	—
7	活动评比办法的确定	系数：困难系数、人数系数、面积系数、素养系数 评分法	—
8	查核	问题点质疑、解答 各种活动及比赛（如征文活动等）	—
9	评比及奖惩	按 5S 活动竞赛办法进行评比，公布成绩，实施奖惩	—
10	检讨与修正	在 5S 活动中，适当地导入 QC（品质管理）手法、IE（合理化及改善）手法是很有必要的，能使 5S 活动推行得更加顺利、更有成效	各责任部门对不足的项目进行改善，不断提高
11	纳入定期管理活动中	标准化、制度化的完善 实施各种 5S 现场管理法强化月活动	企业因其背景、架构、企业文化、人员素质的不同，推行时可能会有各种不同的问题出现，推行办公室要根据实施过程中所遇到的具体问题，采取可行的对策，才能取得满意的效果

二、一次修复率控制

一次修复率是指一辆车进入服务中心维修完毕交给客户后，没有因为同一故障进行再次返修。在汽车售后市场中，特别是在维修中心，一次修复率是维修质量高低的一个最重要的指标，因此，提高一次修复率就显得非常重要，要提高一次修复率，必须掌握以下内容。

第三章 技术与质量管理

1. 维修前工作准备

1）所有维修工具、设备、仪器都应该定职定责进行管理，并按规定定期进行校准。

2）必须在确保设备完好的前提下才实施诊断维修作业。

3）接车时，服务顾问必须充分了解客户关心的问题重点与要求，详细询问客户车辆故障发生时的现象、频率及条件等重要信息，并做好相应记录。

4）维修人员应在维修前完全了解车辆故障信息，包括故障内容、故障发生的条件、维修方案等。

2. 维修过程控制

1）维修人员必须严格按照维修手册的要求来完成维修。

2）在维修过程中发现维修方案有偏差或有其他的故障隐患，应及时和维修主管联系，以便及时纠正错误方案以及对未被发现的故障隐患进行及时维修。

3）诊断过程中对新问题、疑难杂症或暂时难以准确判断的故障应予以记录，并及时反馈给汽车生产厂家的客户服务部或者技术总监，申请技术援助。

3. 维修工作完成

1）严格进行质量检验，必须采用上下道工序互检的方式。若有多工种维修，在本人负责项目结束后，完成与下道工序的交接。所有维修完成后，必须按三检制度（即自检、互检、终检）进行检查并签字确认。

2）维修主管和服务经理共同召集相关人员对未能一次修复的案例，每周组织一次专项技术交流会，避免类似问题重复发生。

3）充分利用汽车厂家的系统、技术论坛或维修方法，获得典型故障的维修方法。

4. 一次修复率控制流程

一次修复率控制需要质检员每天按一定比例对其维修车辆质量进行抽检，而一次修复率的具体控制流程如下。

第1步：接待。

负责人：维修接待顾问。

维修质量控制要点：详细询问客户车辆故障发生时的现象、车辆日常使用条件和故障发生频率及条件等重要信息，并详细记录客户在描述车辆故障时的各类信息。

第2步：诊断。

负责人：维修接待顾问、技术总监、维修技师。

维修质量控制要点：根据确定故障的难易程度可分为以下几种情况。

1）可重视的车辆故障：业务接待应陪同客户实车检查。

2）较难重视的故障或暂时难以准确判断的故障：业务接待应查阅维修档案、维修通信、维修技术简报等资料，尽可能准确制定维修方案和预估修理工时。

3）无法判断或首次遇到的车辆故障：首次请求技术总监协助。

4）技术总监仍无法判断的情况：技术总监对新问题、疑难杂症或暂时难以准确判断的故障应予以记录，并及时反馈给汽车生产厂家，并按规定向汽车生产厂家售后服务部门的技术支持小组申请技术支持。

第3步：维修。

负责人：车间主管、技术总监、维修技工和维修接待顾问。

维修质量控制要点：在此环节车间主任应该做好以下内容。

1）确保维修技工素养。在收到新的维修手册、维修通信或维修技术简报等技术资料后，两天内组织所有相关人员进行内部培训。

2）确保维修有序。无工单的车辆一律不准进入车间。

技术总监和维修技工应确认备件供应情况，并主要做好以下工作。

1）确认维修条件。专用工具和诊断检验设备完好。

2）控制维修进度。在预计时间内必须完成95%以上的维修工作，完全了解车辆故障信息，包括故障内容、故障发生的条件、维修方案等。如有必要，应亲自试车检查。

3）严格执行维修工序。按照维修手册、技术通信等技术资料的要求完成维修，不能用其他工具替代维修手册特殊指定使用的专用工具，不能擅自改变技术资料规定的诊断步骤、拆装顺序和紧固力矩。

4）严格执行自检、互检。遵循"不接受、不制造、不传递质量缺陷"的原则，每一步维修作业后进行功能检查；多工种维修，在本人负责项目结束后，完成与下道工序交接。

5）及时通报变化。在维修过程中发现维修方案有偏差或有其他的故障隐患，应及时和车间主管、业务接待联系，纠正错误方案。

6）保存更换零件。必须将换下的零件原状态保存，以便技术总监分析故障。

7）通报变化。如维修方案变化，及时向客户说明变化情况，必要时取得客户签字认可。

第4步：质量检查。

负责人：质量检验员和车间主管。

维修质量控制要点：车间主管应根据业务量配置质量检验员，确保每人每天终检台次数量要求，建立抽检制度，亲自抽检。质量检验员应严格按照汽车生产厂家要求或者维修企业内部的质检流程进行质检工作，检验方法和结果应符合维修手册及维修行业主管部门的相关规定。

第5步：车间内部返修。

负责人：质量检验员和车间主管。

维修质量控制要点：主要由质检员完成，如果发现故障未解决或未达到质量要求，则质检员填写返修处理记录表（标明返工车辆），随同原始工单退回维修班组进行返工。返工完成后，重新进入质量检验流程。

第6步：车间外部返修。

负责人：维修接待顾问和服务经理。

维修质量控制要点：维修接待顾问如果发现车辆出车间后再次返回，则应查询上次维修记录，确认是否为同一故障，是否列为返修项目。如属返修项目，应开具工单，标明返修车辆，随同返修处理记录表交车间维修，并在车顶放置返修标识牌。返修完成后，工单和返修处理记录表由服务经理审核后方可交车。

5. 提升一次修复率的执行要领

1）统计分析返修原因。售后服务中心车间主管应每月填写返修车月统计表，制作一次修复率的月份趋势曲线图表；站长应尽可能与车间主管、技术总监共同分析返修原因，召集所有售后员工开会，讨论提升一次修复率的改善措施。

2）返修记录完备，形成内训材料。返修车处理记录存档，技术总监收集返工、返修案例，制作内训教材和维修案例。

3）激励措施。售后服务中心站长应以车辆一次修复率作为工作人员考核的重要依据，奖励维修质量优良的维修技工，间隔一定时间公告绩效情况，即一次修复率及跨日完工绩效的结果。售后服务中心为确保能在第一时间为客户的车辆提供正确的诊断和维修，需尽可能获得各汽车生产厂家售后服务部门的技术支持、技术援助和技术指导。

6. 申请现场技术支持及指导

有些汽车生产厂家为了提高其售后服务中心的一次修复率，会给售后服务中心提供现场技术支持和技术指导，具体分为以下两种情况。

(1) 故障诊断类案例　针对故障诊断方面，很多汽车生产厂家会根据以下原则提供技术支持和指导：

1）售后服务中心采取技术支持热线电话或网络回复的维修建议而仍未排除故障的情况，或采取了维修建议，故障在当时被解决，但在1个月内重现的情况。

2）与新车型、新系统或零部件的新状态相关的情况。

3）严重影响车辆性能，造成车辆无法正常使用的情况。

4）可重现，但难以排除的间歇性情况。

5）需要进行综合诊断技术支持情况。

6）特别需求的引起客户重大投诉的情况。

(2) 非故障诊断类案例　如车辆上某些零部件非正常损坏、车辆燃烧事故、碰撞事故等调查类型的案件。

针对非故障诊断方面，很多汽车生产厂家在提供技术支持和指导的时候要求售后服务中心在 DMS（Dealer Management System，汽车经销商管理系统）系统服务信息反馈栏目中按要求填写售后服务信息反馈表，并提交以下一些相关附件：

1）车辆及现场的数码照片。

2）事故过程描述。

3）交警或消防部门事故鉴定书。

4）相关车辆保险信息。

5）鉴定委托书等文件。

特约售后服务中心通知汽车生产厂家客户服务部，确保厂家客户服务部同时知晓以上信息。

7. 现场技术支持流程

汽车生产厂家向售后服务中心提供现场技术支持和指导一般都有具体要求，以下是一些企业的主要做法：

1）对于维修过程中出现的新问题、疑难杂症或暂时难以准确判断的故障，服务中心应予以记录，并及时打电话咨询现场工程师或直接联系汽车生产厂家的客户服务部相关技术人员、技术支持室，获得技术支持。同时可查看 DMS 系统或者技术论坛获取维修方法。

2）服务中心通过电话咨询仍难以解决的故障，厂家的客户服务部将及时委派相关技术人员（包括技术人员及工厂其他部门技术人员）前往服务中心给予现场技术支持。

三、质量信息反馈

汽车生产厂家开拓销售渠道一般以 4S 店或者销售服务一体店为主。4S 店（图 3-2）是集汽车销售、售后服务、备件和信息服务为一体的销售店。4S 店是一种以"四位一体"为核心的汽车特许经营模式，包括整车销售（Sale）、零配件（Spare Part）、售后服务（Service）、信息反馈（Survey）等。

图 3-2　汽车 4S 店内部场景

质量信息反馈是信息反馈中的重要一环，作用如下：①便于汽车生产厂家及时、充分地掌握售后服务市场的实际状况，提高汽车生产厂家对售后服务市场质量信息的收集、反馈、预警及快速反应的能力；②加强汽车生产厂家与全国售后服务中心的联系沟通，从而更好地针对所出现的产品质量问题采取相应的措施；③通过市场反映，更好地改善后续产品的质量。汽车生产厂家为加强全国售后服务中心对于产品质量及售后维修信息的统计及反馈工作，一般要求售后服务中心按汽车生产厂家规定的要求和方法及时反馈具体的质量信息。

即使一些服务中心不是汽车厂家的特约服务中心，为了提高维修质量，也需要相关人员及时向上级部门或服务经理等反馈维修信息等。

质量信息反馈具有如此重要的地位，进行相应管理非常必要，本部分内容将从汽车生产厂家的角度介绍质量信息反馈的相关工作内容及要求。

1. 质量信息反馈的人员要求

汽车生产厂家一般要求售后服务中心有专人负责产品质量及售后服务信息的反馈工作，并需要售后服务中心的站长对反馈信息负责，涉及的相关信息应根据实际情况，由特约售后服务中心的技术总监、备件经理、索赔员协调沟通，所有信息必须保证准确、有效和及时。

2. 产品质量及售后服务信息反馈的总体要求

产品质量及售后服务信息反馈分为紧急反馈和一般反馈两种，两者在反馈时间上要求不同。

（1）紧急反馈　紧急反馈主要针对质量信息分类中的危害性或批量性质量问题。

紧急反馈的责任部门分为售后服务中心和汽车生产厂家两级，责任人员是售后服务中心的站长和质量信息专员、汽车生产厂家售后区域经理与售后服务部的相关工作人员。

对于紧急反馈情况，具体执行要求如下：

第三章　技术与质量管理

1）售后服务中心在接到或发现相关问题后，应立即联系售后服务中心所在地区的售后区域经理及汽车生产厂家售后服务部。

2）在尽可能短的时间内将车辆信息、问题描述、已进行过的维修项目、数据记录、相关照片等信息按汽车生产厂家要求填写"质量及售后服务信息反馈表"，并以电话形式告知厂家，随后以电子邮件的方式发送给所在地区的售后区域经理及汽车生产厂家的售后服务部。

（2）一般反馈　一般反馈主要针对质量信息分类中的重大质量问题、普通质量问题和影响客户满意度的问题等方面进行。其责任部门也分为售后服务中心和汽车生产厂家两级，责任人员主要是售后服务中心的站长、备件经理、质量信息专员和索赔员。而执行要求一般是售后服务中心在第一时间按生产厂家要求填写"质量及售后服务信息反馈表"，并以电子邮件的方式发送给汽车生产厂家的售后服务部。

3. 质量信息分类

在信息反馈工作中，需要对质量信息进行分类管理，想要做好管理就要了解以下内容。

（1）质量信息级别分类原则　根据车辆问题的性质、危害程度和发送频率，对车辆在使用过程中出现的故障、缺陷及其他现象进行优先级别的分类，主要涉及产品设计、制作工艺、装配质量、零部件质量、车辆使用等范围。

（2）质量信息分类对象　分类对象包括索赔期限内出现的、索赔期限外出现的和非正常的车辆问题或现象的信息共三类。

（3）质量信息具体类别及定义

1）第一类：危害性或批量性质量问题。

① 危害性质量问题主要分为以下几种情况：

a. 可能或已经造成重大安全事故及人身伤害的质量问题，该问题可能由于产品设计、制造工艺、装配质量、零部件（或售后备件）质量等因素引起。

b. 涉及重大的或安全方面的质量问题和潜在隐患，例如：发动机严重损毁、制动失效、底盘部件断裂、车身（底盘）结构变形或松脱、线路或执行部件异常过热等情况。

c. 可能发生或已经发生重大财产损失及人身伤亡事故的质量问题，例如：由于交通事故、车辆烧毁等引起的有关产品质量的投诉。

d. 有关客户采取过激行为进行投诉的质量问题，包括公关媒体、政府相关部门已介入的客户投诉的质量问题。

② 批量性质量问题。该问题可能由于产品设计、制作工艺、装配质量、零部件（或售后备件）质量等因素引起，且发生频率超出正常概率或者发生该类问题的地域涉及全国范围，修复所需的备件数量（或金额）超出特约售后服务中心售后正常库存数量（或权限）。

异常发生频率的主要评价指标是，当特约售后服务中心发现同一车型在以下情况中发生相同的问题时，可视为一类：

在一周内累计的数量超过 3 台/次；

在一月内累计的数量超过 10 台/次。

或者在以下情况也可视为此类：

在某一特定地区产生的超出正常概率问题；

在某一特定季节/时间段产生的超出正常概率问题；

在某一特定客户群中产生的超出正常概率问题；

在某一特定环境/条件下产生的超出正常概率问题。

2）第二类：重大质量问题。

重大质量问题主要是指由汽车生产厂家的制造工艺、装配质量、零部件质量等引起的车辆故障或问题，并且无论数量多少，该问题可能或已导致车辆无法正常使用，主要分为以下情况：

① 新车型上市后，在前三个月内发生的所有产品质量信息。

② 在特约售后服务中心首次出现的车辆故障或质量问题。

③ 该问题以前曾经发生过，虽然通过汽车生产厂家的质量改进得到解决，但同样的问题现在仍在发生。

④ 同一车辆的质量问题或故障在特约售后服务中心两次以上无法修复的疑难杂症。

3）第三类：普通质量问题。

普通质量问题主要是指由汽车生产厂家的制造工艺、装配质量、零部件质量引起的，产生于客户使用过程中的概率一般的车辆故障或问题。这类问题不涉及人身安全或不影响车辆的正常使用，但可能会引起用户不满。此类故障或问题可以通过特约售后服务中心进行更换零部件、软件程序更新、适当的调整等工作得到解决。

4）第四类：影响客户满意度的问题。

客户在车辆使用过程中，汽车质量表现低于客户预期，引起客户抱怨，并且抱怨问题属于J.D.Power公司调查范围内（或汽车生产厂家指定的第三方公司调查范围内）的问题，这些问题需要通过特约售后服务中心维修解决。

第二节　设备与工具管理和安全生产管理

在汽车售后服务市场，不管是汽车生产厂家还是维修服务中心，能为客户提供高质量和高效率的维修服务都是它们追求的目标，而良好的设备管理水平、有序的维修设备管理和安全的维修作业是实现这一愿景的基础保障，保持设备工具良好的使用状态是开展维修作业的基础前提，也是提高维修水平和维修技术的先决条件。因此有必要对维修工具、设备和资料的安全及管理给予关注。

一、设备与工具管理

1. 设备与工具的种类

按照设备与工具的特点划分为固定式设备、移动式设备、专用工具和个人工具四类。

2. 设备与工具的管理要求

设备及工具的种类不同，则管理要求不同。

（1）固定式设备　固定式设备包括两柱举升机、制动试验器、侧滑试验器、轮胎平衡机、空气压缩机、特殊电脑诊断器、示波器、车身校正器（图3-3）、烤漆房、润滑设备等。其管理要求如下：

1）售后服务中心站长应指派专人负责固定式设备的维护保养，负责人的铭牌挂于每个设备的明显之处，详细标注设备名称与编码、保管人员姓名，以区分保管责任。如果服务中

第三章 技术与质量管理

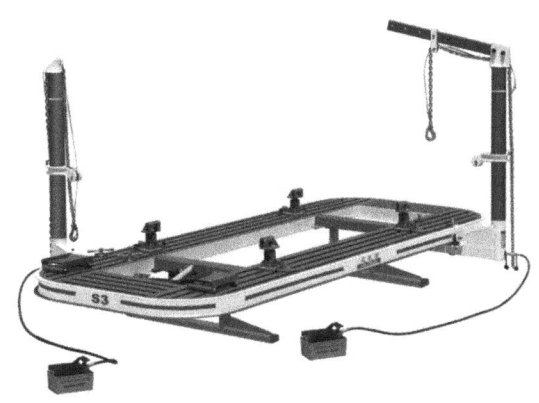

图 3-3 车身校正器

心是汽车生产厂家的特约服务站,则这些设备信息以及这些设备的周期性维护保养的时间和具体内容等将按汽车生产厂家的要求被填列在 DMS 中,同时要求维修主管必须核阅。

2) 设备需要保持清洁、润滑,如果设备有生锈、漆面脱落、褪色等情况,则应视情况重新予以涂装保护。

3) 售后服务中心应依据设备制造厂商提供的技术手册或保养手册规定,指定专人定期检查设备的性能,并依照手册规定实施定期保养及维护事宜。

4) 如设备发生故障,应迅速进行修护;如服务中心无法修护,则应通知生产厂家修护。

(2) 移动式设备 移动式设备包括废气排放分析仪(图 3-4)、变速器千斤顶、四轮千斤顶、二氧化碳焊机、气动研磨机组等,其管理要求如下:

1) 服务中心应指派专人负责移动式设备的管理。

2) 移动式设备使用后,应放置于指定的存放地点,妥善保管。

(3) 专用工具 专用工具一般是针对具体汽车产品使用,在特约售后服务中往往由汽车生产厂家提供或指定,一般包括整车电脑诊断仪、发动机专用拆装工具组(图 3-5)、变速器专用拆装工具组、减振器专用拆装工具组、机油拆装工具、音响拆卸器等,其管理要求如下:

图 3-4 废气分析仪

1) 专用工具使用说明资料由汽车生产厂家相关部门编制,提供给特约售后服务中心使用,特约售后服务中心依照使用说明资料安排培训,确保专用工具正确使用。

2) 售后服务中心的专用工具,应依照各车系列的维护区设置专用工具储存区。

3) 在专用工具储存区内,将专用工具的编号及形状,注明于工具箱,以便取用及保管清洁作业。

4) 常用专用工具的维护应指定专人负责,而不常用专用工具,可由专用工具间的人员

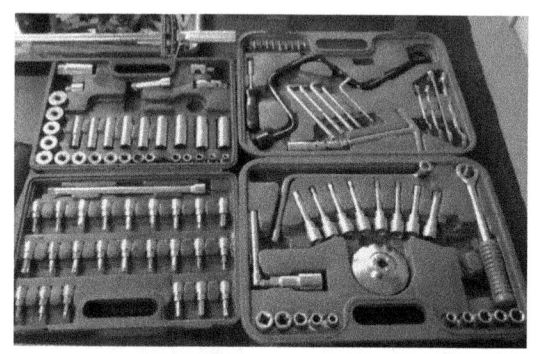

图 3-5　发动机专用拆装工具组

统一负责管理。有些服务中心则由备件人员负责专用工具的借用和管理。

5）维修人员借用专用工具使用完毕后,应擦拭清洁并立即归还,如借用未能当日完成作业,次日仍需借用,应于当日下班前先归还,待次日再办理借用。

6）工具保管人员应在每日下班前,盘点借出的专用工具是否全数归还,如遇未归还,应督促办理归还。

（4）个人工具　个人工具（图3-6）是维修人员执行修护工作的一般工具,如各种规格的扳手、标准套筒等,其管理要求如下：

1）工作完毕后,维修人员应将使用的工具擦拭清洁,整齐放置于工具车内。

2）应在适宜位置设置工具车存放区,以供维修人员存放工具车。

3）每日下班前,维修人员应清点并维护个人保管的工具,而工具管理人员则每月定期清点工具车,并进行清洁维护。

4）个人工具的配备、补充由服务中心根据维修人员配备情况进行购置。

3. 设备与工具的保管原则

设备与工具的保管往往采用定人、定机的设备使用岗位责任制,对固定位置的设备指定专人负责维护；对砂轮机、扒胎机、动平衡机等固定设备还应以边框进行分区隔离。

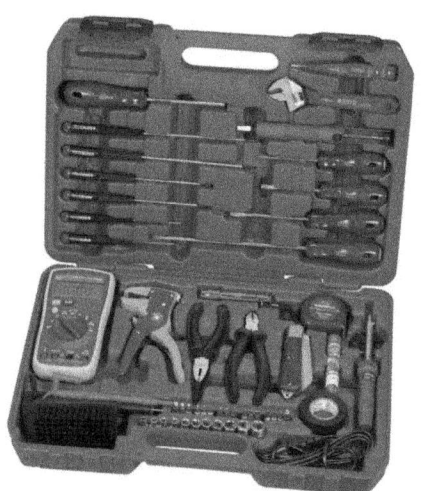

图 3-6　个人工具

专用工具由专人保管并存放于专用工具室内,还要制作设备维修记录卡片,记录日常设备保养情况及保养责任人,粘贴或悬挂在设备上；工具箱要统一编码,各个工具箱内的工具用不同颜色区别,以防工具箱互用工具而混乱。

4. 设备与工具的借用原则

所有移动设备及专用工具使用后,需立即归还,当日未使用完,也需归还,第二日再次登记借用；如需加班完成维修作业,需事先向车间主管说明。另外,移动式设备、专用工具、个人设备,非公务需要不能擅自在服务中心外使用和外借,如因公务需要外出时,则须由服务中心人员操作或由服务中心人员在场监督使用。

5. 设备与工具的保养原则

在维修过程中，维修人员会经常使用各种测量工具或设备，为保证维修质量及安全，售后服务中心要定期对拥有的设备（图3-7）、工具、测量工具等进行保养、维护以及对测量设备和工具进行校验，具体的保养规定见表3-5。

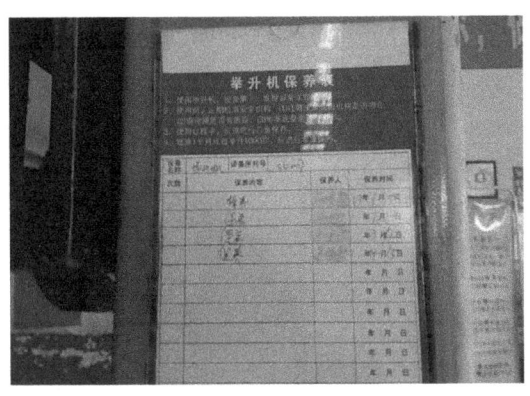

图3-7 举升机保养

表3-5 设备及工具的保养规定

周　期	设备操作人员主要职责	设备管理员主要职责	站长职责
每日	清洁保养（一级保养）	指导、督导	检查、督导
每周	润滑保养（二级保养）	每周检查	检查、督导
每月	性能维护保养（三级保养）	性能维护保养（三级保养）	检查、督导

设备与工具保养分以下类别：

（1）一级保养　对设备进行日常性的清洁保养维护。

维修人员每天上班前（或晨会前）应该对设备进行检查、润滑，在工作期间应按设备及工具的操作规程进行使用，下班前应对设备进行清扫擦拭，还应该定期检查工具（每月至少一次），确保工具齐全、完好有效。

（2）二级保养　对设备进行周期性的润滑保养维护。

二级保养是由设备管理员对维修设备进行局部拆卸和检查，特别是对安全件进行检查，疏通油路、调整各部件间隙、紧固各部分螺栓螺母等。

（3）三级保养　定期对设备的安全性能进行维护保养和检查。

三级保养以设备管理员为主、设备操作人员配合，对设备进行全面检查和修理，包括更换或修复磨损件、清洗、换油以及检查修理电器部分等。

（4）测量设备保养　测量设备属于精密仪器，应该进行专门保养。

1）通用类测量工具及测试仪器，如游标卡尺、千分尺（图3-8）、扭力扳手、压力表、万用表等，需委托有资质的鉴定机构进行校验，保留校验证明，以备DQV认证（经销商资质认证）或第三方认证检查。

2）维修专用的测量工具及测试仪器，如制动力测试设备、灯光测试设备、四轮定位仪

(图 3-9)、废气分析仪等,需委托供应商或生产厂家进行校验,保留校验证明,以备 DQV 认证或三方认证检查。

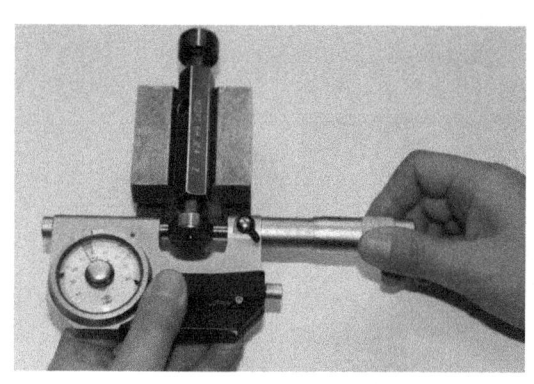

图 3-8 千分尺的校准

图 3-9 四轮定位仪

测量设备及工具档案管理:在校正后,符合规定的,粘贴合格标贴,注明下次检查日期,将此次测试明细记录在档案中;不符合规定的,在设备(或工具)上粘贴"禁止使用"标贴,并移出工作区域,同时在档案中记录"损坏"。

6. 设备与工具的维护管理职责

在服务中心,各岗位的人员对设备与工具的维护管理职责不同,一般要求如下。

1)维修人员的职责:负责保管设备的维护保养和指定个人区域内设施的清洁及维护。

2)设备管理员的职责:负责全部设备的保管维护及借用、确保效能和清点补充。

3)维修班组长的职责:负责设备的操作、维护指导、维护情况检查和定期清点检查。

4)技术主管/车间主管的职责:负责对设备管理进行考核、设备改进、简易故障维修的执行、设备损坏修理和送修作业管理。

5)服务中心站长的职责:负责设备维护管理、掌握设备的定期检查作业情况、设备安全、确保设备效能和计划设备的改善。

7. 设备与工具的补充采购

由于设备、专用工具和个人工具属于损耗件,服务中心应根据设备的使用情况进行补充采购。在补充采购中应做好以下工作:

1)因保管不当而导致遗失、短缺的,保管人员需主动申报补充。

2)对未列有财产账目、又因使用时间较长磨损而正常损坏的设备及工具,经维修主管及单位主管同意后,可申请更换新品。

3)对已列有财产目录、又因使用年久而致磨损的正常损坏的设备及工具,应签字呈报报废,经批准后,可以申购新品。

4)对未列有财产账目、又因工作方法不当或故意破坏、经确认为不正常损坏的设备及工具,经车间主管批准后,申请更换新品。

5)对已列有财产目录、又因工作方法不当或故意损坏、经确认为不正常损坏的设备及工具,须将旧品呈报后经有关部门批准报废,方可申购新品。

6)对属于特约服务站的维修服务中心,应按汽车生产厂家要求使用 DMS 系统记录工具的采购、报失和报废。

二、安全生产管理

"安全生产"这个概念,从一般意义上讲,是指在社会生产活动中,通过人、机、料、环境、法的和谐运作,使生产过程中潜在的各种事故风险和伤害因素始终处于有效控制状态,切实保护劳动者的生命安全和身体健康。即安全生产管理是为了使劳动过程在符合安全要求的物质条件和工作秩序下所开展的管理活动,该管理活动的目的是防止人身伤亡、财产损失等生产事故发生,消除或控制有害和危险因素,保障劳动者的安全健康,使设备设施免受损坏、环境免受破坏。

在汽车维修服务中心,安全生产管理主要通过安全制度保障、培训教育保障、防护及环境保障、作业流程保障四个方面开展,以确保服务中心的生产作业安全和服务人员安全。汽车服务中心的安全生产系统如图3-10所示,以下就前三方面的保障给予重点介绍。

1. 安全制度保障

服务中心建立安全生产责任制度,所有员工熟知安全制度,并将安全责任落实到岗位,而汽车生产厂家还会要求他们的售后服务中心的相关人员签署安全生产责任书。

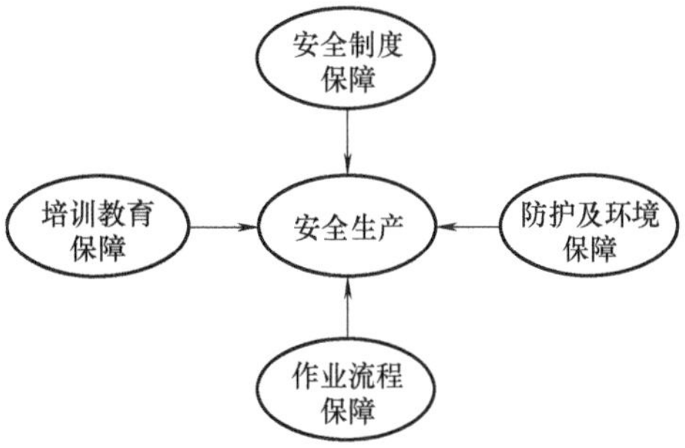

2. 培训教育保障

通过新员工入职教育和服务人员日常晨会教育等方式,对服务中心全体人员进行安全培训教育。

图 3-10 汽车服务中心的安全生产系统

(1) 新员工入职教育

1)建立新员工多级安全教育制度,各级教育完成后,由各级负责人及新员工签字确认。有的服务中心采用三级入职安全教育培训,每级责任人不一样:第一级责任人为站长,第二级责任人为车间经理,第三级责任人为班组长。

2)入职安全教育内容包括:操作规范、安全注意事项、紧急救助知识。

3)新入职员工未经安全教育,不得进入车间从事任何类型的工作。

(2) 晨会安全教育

1)每周一晨会,对可能发生的安全事故,进行预防式教育。

2)每日晨会,以近期发生在服务中心或其他服务中心的安全事故作为案例,进行安全教育(图3-11)。

3. 防护及环境保障

(1) 防护装备要求

1)车间工作人员须穿戴符合安全生产的劳动保障工作服,方可进入车间工作。

2)每日晨会,进行劳防用品的自检、互检,由车间主管进行监督。

图 3-11 每日晨会安全教育

3）涂装、电焊作业时，须佩戴防毒面具、防护罩等保护用具（图3-12）。

4）防护装备按照产品规定定期进行检查，发现不能满足防护时，应及时更换。

（2）车间环境要求

1）客户进入车间需有工作人员陪同。严禁儿童进入车间。

2）车间工作必须严格执行5S管理，并以其为中心开展工作。

（3）维修车间的整体布局和要求

1）车间的外观形象符合环境设施要求。

2）车间保证明亮有序、布局合理、清洁整齐。

3）车间考虑尽量多的自然采光，并布置足够的人工照明。

4）车间内设置限速禁令标志。

（4）车间场地要求

1）车间入口处的地面设置单行道指示箭头（图3-13），大门上方标明"入口"或"ENTRANCE"等标志，并设置栏杆，由专人负责升降，非服务中心的人员和车辆不得入内。

图3-12　涂装作业戴好防毒面具

图3-13　汽修车间单行道指示

2）钣金车间和喷漆车间互相独立分隔，把维修车间分为快修区和一般维修区两大部分，另外在可能的情况下，快修车间最好有绿化带。

3）在维修场地上做好维修区域和通道的标记，保持通道畅通，标志规范清晰，并使维修车辆总是正确地置于维修工位内进行维修。

4）每个工位的举升机地面凸起部位均以黄色边框警示（图3-14），相邻工位间隔足够的距离，在相邻通道间以黄色分区边框标志出工具车停放位置，在每个工位底线处，以黄色分区边框标志出三个备件箱（新件、废件、待处理件）放置处。

5）车间管线合理架设。

6）每个工位配备一个压缩空气和电气出口。

7）各种不同的管线用不同的颜色分开标识。

（5）车间环保要求

1）车间保证良好的通风，使臭气、排出的烟气和热量等不聚积；各工位都确保空气流通；维修工位的地沟不能直接通下水道。

2）修理车间确保有足够的清扫工具（擦布及垃圾箱），保证工作台面、地面无油及脏

物，并标出放置位置。

3）所有维修人员须穿戴安全鞋等劳防用品。

4）维修技工统一穿戴工作鞋、帽，不得穿拖鞋、凉鞋等不具有劳动安全保护功能的鞋类进入维修车间等工作场所。

5）油漆工、钣金工等特殊工种在进行油漆、电焊作业时须佩戴防毒面具、防护罩等劳动保护用品或用具。

（6）车间防火要求

1）配备充足的消防器材，符合当地消防规定，消防器材附近不得放置任何影响使用的物品。

2）设置足够的盛放废机油的桶和废机油收集桶（图3-15），并在附近设置"禁止明火操作"标志。

图3-14　汽修车间举升机工位边框线

图3-15　汽修车间废机油收集

3）合理架设车间内的电路管线，并确保约束、固定机构稳固。

4）各种不同的管线应用不同的颜色分开标识。

5）易燃物品存放于危险品仓库，确保安全。

第三节　4S店认证管理

一、国内汽车企业4S店认证管理方向

汽车生产企业授权的售后服务中心在汽车售后服务市场中占据较重的地位，现在主要以汽车4S店形式存在。在对特约维修中心的管理过程中存在很多问题，例如生产企业的现场代表因存在人际关系，对特约服务中心的检查流于形式，且监督整改力度不足；顾客满意度调查只能涉及部分顾客的表面感受，无法全面客观反映经销商存在的问题；神秘顾客检查只能看到经销商的部分表现，专业性不强，而且这些管理方法只能对特约服务中心起到监督作用，无法起到指导作用。

因此，为了提高自身的售后服务水平，很多汽车生产企业开始实行本公司汽车 4S 店认证管理，通过要求经销商建立质量管理体系来规范对其的管理，或通过第三方认证促进经销商提高销售及售后服务质量，提高顾客满意度，并取得了显著的效果（表 3-6）。

表 3-6　国内车企的 4S 店认证管理

车　企	4S 店认证管理方式
上汽大众	1999-07 认证—关联认证—年度 AUDITII 考评
一汽-大众	2001 年认证—核心流程认证—九个一承诺审核
一汽-大众奥迪	运营标准审核，每年 4 次
奇瑞汽车	第三方年度审核
江淮汽车	第三方年度审核
上汽通用五菱	委托第三方实施二方审核
东风标致	品牌质量标准检查
上汽通用	第三方认证
东风本田	环保第三方认证（图 3-16）
东风日产	

图 3-16　环保第三方认证

二、DQV 认证分类

DQV（Dealer Qualification Verification）认证也称为经销商资质认证，国内车企主要采用二方审核、三方审核、二方加三方审核三种方式进行经销商资质认证。

二方审核是由汽车企业制定审核标准并安排审核人员对经销商进行认证。

三方审核是由汽车企业委托第三方认证公司结合汽车企业标准及要求制定审核标准，并安排第三方公司审核员或汽车企业陪同人员对经销商进行认证。

三、DQV 认证内容

DQV 认证主要从六个项目进行，每个项目均具体规定有测量内容（认证内容）、测量方法和指标变化率，具体内容见表 3-7。

表 3-7 DQV 认证项目及内容

认证项目	项目名称	测量内容	测量方法	指标变化率
认证第一个项目	经销商内部管理的制度化、规范化建设	辅导认证前后经销商制度化程度的差异；辅导认证前后经销商制度的科学性	根据统一编制的检查表，由辅导师或汽车企业对与此有关的条款进行评分，认证时由审核员或汽车企业陪同人员评分，对比二者差异	得分率差异（提高率）
认证第二个项目	目标、指标体系建设	辅导认证前后经销商有效目标的差异；辅导认证前后经销商目标统计准确性的差异		
认证第三个项目	员工考核体系、培训体系	辅导认证前后经销商内部有效培训学时；辅导认证前后经销商内部培训有效性；辅导认证前后经销商员工考核指标的差异		
认证第四个项目	建立客户资源维护机构和机制	辅导认证前后经销商客户服务机构、人员的差异；辅导认证前后经销商客户服务规范性的差异		
认证第五个项目	强化管理工具、质量工具的应用	辅导认证前后经销商统计分析应用程度的差异；辅导认证前后经销商纠正和预防措施的应用程度的差异		
认证第六个项目	顾客满意度	辅导认证前后经销商内部测量结果的差异	根据前期策划时统一开发的测量方法，在辅导初期测量；运行一段时间后，在认证过程中测量	满意度提高程度（提高率）
		辅导认证前后企业公司测量结果的差异	由汽车企业进行认证前后满意度变化的测量	

四、DQV 认证标准

DQV 认证标准主要从服务过程管理能力、设备与工具管理、服务核心流程、24 小时援助服务、监控和服务能力持续提高、服务技术能力、备件运行/保障能力和客户管理能力八个方面提出了具体标准。

1. 服务过程管理能力

（1）停车区域　停车区域分为非维修客户停车区、接待车辆停车区、竣工区、待修区、洗车区等。区域设置应以安全第一、符合流程、行走线路短为原则，有清晰的标识，画线、尺寸符合交通标志的要求。

认证标准如下：

1）非维修客户停车区应由公司统一规划，停车位足够。

2）竣工区、待修区要有统一编号。

3）待修区的位置（或部分位置）应有助于事故车辆妥善保管。

4）接待车辆停车区的工位设置要方便服务顾问、客户环车检查和填写工单。

（2）经销商的各停车区域　经销商的各停车区域应当设立指示行驶路线的标志和指示牌，路面上画有标准的指示箭头（参照交通标志）。

认证标准如下：

1）设置维修用"竣工区""待修区"标识牌，停车位编号，严禁其他车辆占用。

2）车位画线清晰，车位数量应根据经销商的来厂台次情况，并预留一定的增长量来设置。

3）当车辆多时，停车区要有专人负责管理、协调、指示客户车辆进入相应的区域，防止出现碰撞和剐蹭现象（注意：此岗位可由保安兼职，但礼仪须符合店内职业要求）。

4）设置公司"入口""出口""P"标志，让客户一目了然。

5）竣工区要无遮拦，可以看到该区域停放的车辆。

6）当停车区有坡度时，应提醒客户注意安全停车。

（3）指示牌的设立　对于来店客户而言，指示牌应该设立在容易看得见的地方。

认证标准如下：

1）能够向来店客户明确指引店内方向和布局。

2）客户从入口处能够明显看到导向牌/指示牌。

3）整体无破损、锈蚀、干净整洁，视觉形象良好。

（4）经销商要求　经销商须针对各区域进行定期的设施与卫生检查，指定专人保持停车区域的清洁。

（5）车位尺寸　如果汽车厂家不一样，则对经销商的车位尺寸要求也不一样。重庆长安公司的车位要求见表 3-8。

（6）客户与车辆流向（动向）　车辆在经销商内的行走路线称为车辆动线。车辆动线对服务流程的执行、服务的高效、生产的安全、经销商的形象等有重要的影响，因此必须进行动线的设置，原则是安全第一、路线最短、保证效率、统筹安排。

第三章 技术与质量管理

表3-8 重庆长安公司的车位要求

区 域	要 求
接待车辆停车区	至少7.0米×4.0米（长×宽）
待修区	至少5.0米×3.0米（长×宽）
竣工区	至少5.0米×3.0米（长×宽）
公司车辆停车场	至少5.0米×2.5米（长×宽）
员工停车场	至少5.0米×2.5米（长×宽）

认证标准如下：

1）经销商入口、出口分开。
2）设置针对车辆出口、入口单行线（有条件的经销商）。
3）路线应与流程相配合。
4）路面上要画有箭头，表示车辆的行驶方向。
5）路面宽度参照公路交通标准。
6）在建筑物的转角处设置凸视镜。
7）在行车路线上不能停车。

（7）接待区 从经销商的入口处可以看到"维修服务"的标志，或有客户可以容易辨认出通往维修服务接待区（图3-17）的标识。通往维修服务区的路线布局安排应基于客户/员工行走路线最短、最方便的原则；路线沿途有必需的、易于辨认的、醒目易懂的标识牌，并且标识牌摆放与悬挂位置应当合理，内容上要考虑与其他设施的连接。客户接待区域，应该按照汽车生产厂家的CI（企业形象识别系统）标准布置、装饰和摆放。

认证标准如下：

1）接待柜台应该面向客户走进接待区的入口。
2）功能指示牌准确，放置辅助标识指明其他设施的走向。
3）接待柜台上应当设置接待人员、索赔和结算的桌牌（参考汽车生产厂家的CI标准，如图3-18所示）；服务柜台上应当放置业务联系卡，业务联系卡应该包括经销商的地址、联系电话和救援电话，如有活动可以印制活动内容和服务项目等，参照名片要求印制；胸卡、桌牌、名片和业务联系卡按照汽车生产厂家的标准进行制作。

图3-17 汽车维修业务接待

图3-18 服务柜台的标准

4）接待台面应该始终处于整齐和清洁的状态，文件、文具归类存放，摆放整齐；在下一位客户光临前，桌面应该保持整洁；接待台上摆放常用工时费、备件价格、辅料价格手册；办公设备、视听设备应保持完好、整洁；一个接待台前摆放至少 1 张座椅；接待人员名牌、名片统一摆放在桌面固定位置；电话摆放有序，铃声音量能听到即可。

5）张贴厂家要求的声明，有备件、工时价格公示板，字体清晰、一目了然；张贴汽车生产厂家的服务核心流程图。

6）悬挂经销商资质的证明等。

7）公布经销商投诉电话；公布当地经销商救援热线。

8）保证有足够的灯光照明和通风透气，配备相应的安全设施；确保地面干净，无纸屑、烟头等。

9）结算区域要方便客户结算，有多种结算方式。

10）建立接待区环境的服务顾问自检与主管检查制度。

（8）客户休息区　明确客户休息区（图 3-19）服务人员的职责、规范，与保洁员进行分工合作，强调主动服务。休息区人员、设备、设施要列入管理重点，并建立即时卫生检查表和设备、设施维护表，保证设施完好、摆放合理、卫生状态良好，使人产生舒适的感觉，包括出现在休息区内的沙发、座椅、茶几、窗帘、电视、DVD、读物、游戏器具、运动设施、饮品、零食、照明、空调、地面、墙面、指示牌等所有元素。

认证标准如下：

1）有专人负责管理，保证设施正常运转，卫生及时清洁；对于服务人员应进行基本礼仪的培训，主动服务客户。

2）有冷热调节的空调装置，并保持室内空气清新。

3）设有吸烟区，配有排风设施，烟灰缸必须及时清洁，无客人时，不可有烟蒂；每个烟灰缸内烟头应及时清理。

4）有鲜花、绿色植物或观赏鱼更佳。

5）设有服务吧台，提供饮料、烟、茶、小食品等，有冷热水功能的饮水机，并免费提供茶水。

图 3-19　客户休息区

6）休息室内有能上网的台式计算机，计算机上装有通用办公软件和大众游戏；建议增加娱乐设施。

7）有舒适、整洁、足够的沙发、圆桌、座椅、茶几等，家具摆放应保持一定距离，以避免客人相互干扰。

8）布置报刊杂志架，配备报纸、汽车杂志和适量休闲类杂志，要求主流报刊不少于 3 种、当月杂志不少于 5 种（要为最新版），且摆放合理。

9）照明设施、视听设备等应保持一定的领先性。

10）休息室有备件、工时价格公示板，字体清晰、一目了然。

（9）客户洗手间　客户洗手间虽然不影响售后服务质量，但却严重影响消费者的满意度，而经销商又容易忽略此项，因此，必须加强对洗手间的管理。

认证标准如下：

1）洗手间须有明确的图示和文字标识。

2）经销商制定清扫制度。

3）由专人每隔两小时对地面、便器、梳妆镜、洗手台清扫一次，确保无污垢、水汽、破损；上班前半小时首次清扫完毕；洗手间应设清扫记录卡并每天按时登记。

4）通风、除臭，摆放空气清新剂，排风扇保证运行正常。

5）清扫时，应设立黄色警示牌提醒注意。

6）清扫工具定置摆放。

7）洗手间应具备干手器、卫生纸、洗手液等用品，用品短缺立即补齐。

8）洗手间墙壁应布置绘画等物品装饰；洗手台建议摆放绿色植物或花束。

9）洗手间应保证足够照明，照明设备损坏应及时更换。

10）服务经理定期检查保洁员的工作质量，检查结果与清扫人员绩效考核挂钩。定期总结洗手间管理情况并制定改进措施。

（10）作业区　如图3-20所示，作业区应通风良好、有效规划，各功能区布置应该符合汽车生产厂家的建店要求，对功能区进行有效管理。根据功能不同应合理设置必要设备，如气、水、电等管路；车间办公室要便于内部沟通。各项设备、设施、各功能区的卫生均要实行员工自我检查与主管检查相结合的制度，区域卫生要有责任人。

认证标准如下：

1）按照CI要求设置各项标识。

2）地面画线清晰。

3）车间内车辆停放整齐、规范。

4）废旧零件及物品应定点存放并及时

图3-20　汽车4S店作业区

清理；员工洗手间与客户洗手间同样重要，须定时保洁。

5）保证车间通风状况良好，废气抽排系统正常工作，无强烈异味。

6）确保维修车间及开启的发动机舱盖下光线足够；把举升机上不在修理中的车辆降至最低位。

7）备有急救用具和药品，处于立刻能使用的状态，并在容易辨别的位置妥善管理；备有灭火器，在容易辨别的位置妥善保管。

8）备有足够的吸油材料。

9）维修区域零件、工具和油液不落地；车间地面、墙壁保持整洁，无污迹、无脱落；公用设备、工具存放位置、各个卫生区域标志均要写明责任人。

10）专用工具柜（或台架）上使用易于辨认的该位置工具的标志或照片，便于做到准确返还原处，在借出工具的位置上放置表示谁在使用该工具的标志，有统计各种工具的使用频率的记录。

（11）备件供应区　设立技师领料柜台，便于技师领料和签字；领料窗口宽度大于600

毫米，有检索零件的必备设备和资料，设"领料窗口"标志牌，上面标有责任人。

认证标准如下：

1）区域划分要有责任人。
2）柜台表面垫有耐磨、防滑的覆盖物，定期更换。
3）柜台没有对人容易造成伤害的尖角。
4）柜台上没有杂物。
5）领料窗口不得聊天。
6）领料窗口内的工作人员应使所在区域，包括办公设备、桌、椅、单据等符合5S规定。
7）保持领料窗口周围墙面的整洁、干净、完好。
8）标志牌保持完好，整洁（图3-21）。

（12）办公区　如图3-22所示，对于办公区，不同的划分区域应有清晰的标志牌，会客区与员工办公区分离，方便员工进入其他区域。经销商应为员工提供足够的空间，安装合适的照明、通风、空调设备，应与维修车间主要区域有便利的连接。

图3-21　备件供应区

图3-22　办公区

认证标准如下：

1）区域划分要有责任人。
2）标志牌应保持完好、整洁。
3）办公家具无破损、摆放整齐、保持清洁。
4）桌面文件归类存放，文具摆放整齐。
5）办公设备、视听设备应保持完好、整洁。
6）地面干净，无纸屑、烟头等。
7）垃圾桶及时清理。
8）建立日常5S检查制度。

2. 设备与工具管理

（1）设备与工具管理标准　经销商参照"维修工具与设备订购管理规定"的要求订购维修工具与设备，达到设备和工具的配备标准，以便高效地进行维修和保养作业。

认证标准如下：

1）设备维护要有责任人。
2）应参照设备使用说明书，编制"设备操作规程""设备维护保养计划""设备维护

第三章 技术与质量管理

保养管理办法",规范人员操作;所有设备上或最近的墙面上应有该设备的安全操作规程、定期维护保养记录。

3)按照"设备维护保养计划"和"设备维护保养管理办法"进行周期性保养,并填写"设备维护保养记录",如经销商无能力进行该项工作,应联系设备制造商进行维护保养;定期维护记录中应清楚地标示出下次维修的时间、负责人,以及以前的维修情况。

4)维修技师的常用工具使用状态良好,要有定期检查记录。

5)技师工具箱摆放整齐,不存杂物,保持清洁(图3-23)。

(2)设备与工具的配备　认证标准如下:

1)拥有厂家要求的专用工具与测试仪器,如车辆的检测仪、四轮定位仪、蓄电池测试仪、蓄电池充电机、制冷剂分析仪、空调制冷剂回收装置等,须符合厂家要求的型号。

2)监控测量装置工具,建立监控和测量装置台账,要求台账完整、真实。

3)重要设备需要监控,如对轮胎充气机、扭力扳手、轮胎平衡仪和四轮定位仪等的监控标定,应按照校验规章进行,并记录。

图3-23　工具箱专人管理

3. 服务核心流程

具体内容参考第二章第一节部分。

4. 24小时援助服务

(1)服务车　图3-24所示为一汽大众24小时援助服务车。

标准:车型为汽车生产厂家要求的指定车型及颜色;车龄一般在5年以内,到期后应及时更换;车贴完整。

(2)服务热线　认证标准如下:

1)要求必须在展厅和室外公示汽车生产厂家的热线或者售后服务中心热线电话。

2)公示特许经销商/特约维修站服务热线并能24小时接通。

3)114登记注册服务热线电话。

(3)服务人员　认证标准:要求责任人、援助服务人员、服务热线接听人员的岗位职责明确并且有培训记录和培训课件。

图3-24　一汽大众24小时援助服务车

(4)服务工具和装备　认证标准如下:

1)援助服务车上必须配备服务工具及装备。

2)必须检查移动式千斤顶、三角警告标志、起动辅助电缆、警告背心、拖绳拖杆、警

示灯/故障灯、电动或脚踏泵等装备。

（5）援助服务受理和记录　认证标准如下：

1）有本企业 24 小时援助服务指导文件。

2）认真填写服务受理单，并保存完整。

3）每月进行月度统计，编写月度统计表。

4）对援助车主经行回访，填写回访记录。

5）有完整的委托书等相关资料。

5. 监控和服务能力持续提高

（1）质量管理体系认证合格　认证标准如下：

1）必须通过国家认证，拥有有效的 ISO9001：2000 证书。

2）有每年的审核报告。

3）开业未满两年的售后服务中心需要提供建立质量体系的咨询进度。

（2）对各类外部检查中发现问题的处置　认证标准如下：

1）分析弱项原因。

2）制订针对性纠正预防措施。

3）制订预定目标。

4）对措施进行验证。

（3）对各类内部检查中发现问题的处置　认证标准如下：

1）自查结果与公司现状吻合。

2）分析弱项原因。

3）制订针对性纠正预防措施。

4）对措施进行验证。

6. 服务技术能力

（1）目标管理　一次维修合格率（内部返率）和用户投诉率管理。

认证标准如下：

1）售后服务中心为达到汽车生产厂家指定的一次维修合格率及用户投诉率，需要本中心设定合理目标。

2）制订可操作的行动方案。

3）规定数据采集和统计方法。

4）对制定的目标进行监控。

（2）抱怨/投诉客户管理　认证标准如下：

1）熟悉用户抱怨/投诉处理管理规定。

2）配备投诉处理专职人员（可兼职）。

3）相关岗位人员熟知规定。

4）对抱怨/投诉客户有效处理。

5）顾客抱怨问题的调查情况和处理结果。

6）对回访结果进行原因分析，并制订改进措施。

（3）人员配备、认证与培训　认证标准如下：

1）技术总监的资质认定，技术总监参加其他培训的情况；技术总监对本中心内部的培

第三章 技术与质量管理

训,培训及时,有完整培训记录,包括参加人员、培训时间、培训项目、主讲人、培训内容及培训签到。

2)索赔员需要参加年度认证;索赔员对相关岗位人员实施内部培训,需要培训及时,有完整培训记录,包括参加人员、培训时间、培训项目、主讲人、培训内容及培训签到。

3)要求售后服务中心的技术团队必须参加汽车生产厂家组织的技术培训,如发动机培训、变速器培训、底盘培训、电器培训、空调培训等。

(4)技术资料管理 认证标准如下:

1)技术资料室环境应整洁、明亮。

2)桌椅齐全,无损坏。

3)查询资料方便。

(5)质量担保服务工作管理 认证标准如下:

1)提交质量担保服务工作月度报告。

2)索赔零件仓库,需要有独立的保用期损伤件仓库,并具有标识,单独料架,整车与备件分开摆放,按车型摆放。

3)索赔零件必须悬挂标签或标注标识,索赔零件标签上必须有任务委托书号、基本信息、故障描述及维修站盖章,有打印的故障码。

(6)IT系统管理与运用 认证标准如下:

1)经销商计算机配置符合建店要求。

2)经销商服务器联网,联网和数据交换正常。

3)售后、备件等相关系统,需要最新版本、数据最新。

7. 备件运行/保障能力

(1)基础库存管理 认证标准如下:

1)基础库存,满足汽车生产厂家要求的品种满足率和数量满足率。

2)备件经理必须了解,基础库存清单与分车型修理台次的关系;数量满足率的定义;品种满足率的定义;备件系统中相关管理信息;日常检查。

3)基础库存补充,需自查结果、分析并及时补充订货。

4)达标率与绩效考核制度,针对备件计划员,建立制度,考核记录,实施结果。

(2)人员配备 认证标准如下:

1)人员配置。配备专职备件经理、专职备件计划员、专职备件收发员。

2)岗位资质。备件经理、备件计划员、备件收货员具备汽车生产厂家的岗位培训证书。

(3)备件技术信息 认证标准如下:

1)在售后服务网上每月一次呈交备件业务报告,熟练使用备件软件系统。

2)仓库区域内,配备最新版备件系统,并能正常使用;配备最新版电子备件目录,并能正常使用。

(4)备件订货和配送 认证标准如下:

1)备件经理要了解配送服务管理规定中的订货条款和配送条款。

2)递交订单上报日期及时。

8. 客户管理能力

(1)人员配置 认证标准如下:

1）客户服务经理（可兼职）。

2）市场经理具有客户服务职责。

3）有专职的回访员。

（2）客户数据调用　认证标准如下：

1）系统管理员能任意调用 CRM 系统中的客户信息、维修信息并且可以进行分类统计。

2）客户数据库质量检查。客户电话接通率检查：调用考评日之前第二周内的任意客户，检查人员任意抽取 3 条客户信息进行电话回访。

（3）电话回访　认证标准如下：

1）售后服务中心对私家车 100% 进行回访，并且拥有完整记录。

2）制定回访工作的绩效指标。

3）有明确的目标用户区分和回访用户工作方法，以及监控手段。

（4）提醒服务　认证标准如下：

1）制定提醒服务工作规定。

2）为用户提供短信或电话提醒服务（一线人员访谈，查看记录）。

第四节　新车交付与接收工作

当崭新的车辆交给用户时，车辆的交付质量是客户最为在意的，而如何确保车辆的交付质量，认真执行 PDI 工作是必不可少的。这将有效提升客户满意度、新车质量满意度，并减少车辆售出后不必要的纠纷。

一、PDI 概述

汽车产品的生产过程以及生产后的质量管理是持续进行的，在车辆从制造到交付到用户手中的过程中，各个环节都有可能产生问题。

1. PDI 含义

PDI（Pre-Delivery Inspection）是指车辆的售前检查，分为两个环节：

1）新车接车（物流—经销商）。物流公司将车辆运抵经销商时，经销商对新车状态和配置进行 PDI 工作。

2）新车交车（经销商—用户）。经销商将新车交付给用户前进行 PDI 工作。

2. 实施 PDI 的目的

1）避免因不规范的搬运作业而导致的隐性故障。

2）防止存放期间的恶劣环境使车辆受损。

保质保量地交付一辆完好的汽车是使用户满意的首要条件。为确保把完好的新车交付到用户手中，4S 店在销售前必须严格按照要求对新车实施 PDI 工作。

3. 实施 PDI 的方式

1）新车交付给用户前的 1 天内完成 PDI 工作。

2）销售部门必须提前 2 天通知售后服务部门，以便服务部门合理安排人员实施检查作业。

3）销售部门与售后服务部门在 PDI 实施前、后的交接时必须做好车辆及随车物品的移交手续。

第三章 技术与质量管理

二、新车接车流程

物流公司将商品车从厂家运送到经销商处，双方按汽车厂家规定进行商品车交接，需进行 PDI，并填写相关单据，进行验收。PDI 工作主要由服务中心（如果是 4S 店，则指 4S 店的服务部门；如果经销商没有特约维修服务功能，则指汽车厂家在当地的特约维修站）完成，而后由经销商服务顾问/质检员、销售经理、销售顾问（交车人）三方共同签字确认，经销商填写 PDI 入库验收表及送车交接单，进行商品入库。

1. 接车流程注意事项

在新车接车流程中，经销商应做好以下工作：

1）按厂家要求填写 PDI 入库验收检查表，信息填写完整。

2）表格需物流公司运送人员及负责人签字确认，如无法确定原因需向厂家相关部门进行反馈。

3）PDI 入库检查表需交给库管员或 PDI 审核员存档。

4）严禁将有质量损坏的车辆，先交付用户，再申办索赔维修。

5）库存车辆移动后，库管员或 PDI 审核员需要对移动的新车进行重新入库检查及备案。

2. 商品车入库验收检查要求

1）服务中心在对商品车验收入库时，必须严格按照汽车生产厂家的检查规定对每辆车逐项检查，因服务中心检查不彻底或漏检所造成的损失由服务中心自行承担。

2）在入库验收过程中发现属于承运人（物流公司）在运输过程中发生丢失、损坏情况的，按照汽车生产厂家的质损车管理规定处理。

3）商品车入库验收过程中发现的一般缺陷、故障都应汇总反馈给汽车生产厂家的区域服务经理，对于重大的或批量性的缺陷和故障应立刻填写"质量信息卡"反馈给厂家的区域服务经理及客户服务部门相关人员。

4）商品车入库验收时发现的缺陷或故障（除严重质损外）均应由当地服务中心负责维修，当地无服务中心的可采取就近（距离最近的服务中心）维修原则。

5）入库验收合格后的车辆必须在宽敞、安全、通风良好的场地存放，竖起刮水器，拆下蓄电池负极桩头，拉紧驻车制动手柄，档位置于空档位置，锁好门窗。

某公司轿车商品车入库验收检查表见表 3-9。

表 3-9 ××××轿车商品车入库验收检查表

服务中心名称		交接单号：	
订单号		发运日期：	
承运单位		到达日期：	
一、附件点收（请于备件栏内点收，V：有备件，X：欠备件，N：无此备件）			
车型		随车工具及附件	齐全　不齐全（注：　　）
底盘号		随车手续	齐全　不齐全（注：　　）
二、碰撞、擦刮伤验收			

要求在相关位置画"0"标识，注明原因及损伤尺寸大小。

原因：

结论：

(续)

三、综合检查

检查项目	检查结果	检查项目	检查结果
底盘无损伤		转向系统转向灵活，无松旷	
空调及暖风系统正常		减振器状况无漏油、异响	
制动系统制动性能正常		轮胎正常，无起泡和划伤	
冷却系统水位正常		离合器及档位无卡滞，换档顺畅	
刮水器及喷水正常		转向灵活，无卡滞、异响	
仪表板指示灯正常		发动机无渗、漏油	
灯具、灯光工作正常		变速器无渗、漏油	
排气系统无松动、异响		发动机号、车架号、铭牌是否与合格证相符	
制动系统无渗、漏油		机油、冷却液、制动液、转向助力液是否符合标准	

四、注意事项

交车时双方须确认第一项和第二项，确认无误则签字生效。

运输损伤处理程序：

1. 一般质损车处理由运输责任方、收车单位和服务中心一起对商品车损坏的部位进行维修项目评估，修理费参照×××汽车"质量保修"费用标准商定。

2. 严重质损车由责任单位将质损车辆运回第三方物流公司，质损车返程运输费由质损责任单位承担并按照规定购买新车送还购车单位。

3. 严重质损车的信息传递由销售服务中心在 12 小时以内，将质损车辆的损毁信息传递给×××轿车售后服务部备案，传递内容包括"×××轿车商品车验收检查表"及质损车照片。

4. 一般质损车修复费用由厂家定期从物流公司运费中扣除，以服务三包费方式予以支付。

5. 服务中心不得以质损车辆修理为由收取运输责任方的现金，运输责任产生的各种维修费用必须按照质损车处理规定执行。如被服务中心认为是重大损伤事件，将影响该商品车的正常销售时，应立即与区域服务经理进行协商。

物流公司承运驾驶员： 服务中心验收：

公司接车流程如图 3-25 所示。

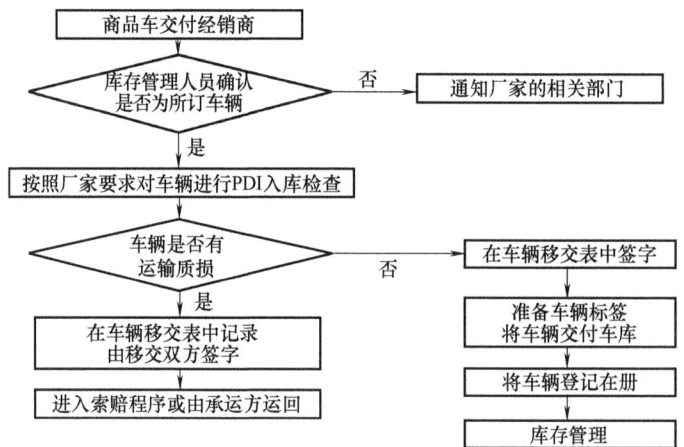

图 3-25 公司接车流程

三、新车交车流程

1. 交车前的准备工作

如图 3-26 所示,在整个销售流程中,人们的心情是不一样的。一般来说,在和客户成交时,销售人员会感到最高兴。不过,只有在新车交付后,客户才能获得他想要的车辆。显而易见,销售人员的兴奋点和客户的兴奋点并不同步。

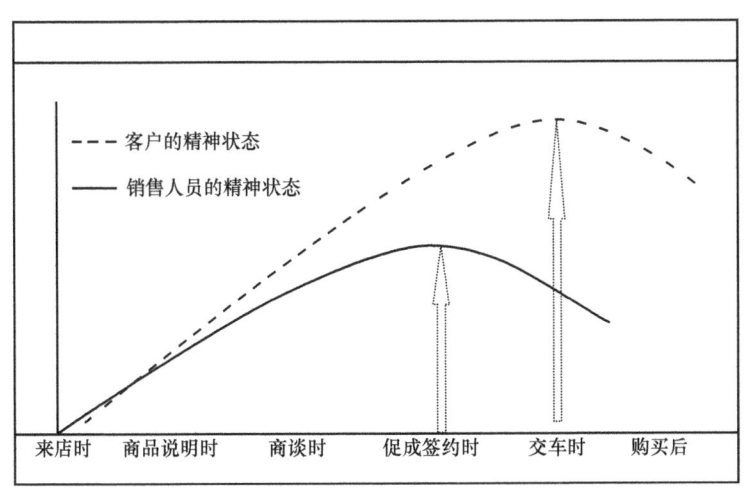

图 3-26　交车前后客户和销售人员精神状态的差异

如果希望使客户在交付后感到兴奋,就必须让客户感到销售人员对车辆的交付和他们一样兴奋。因此,交付活动既包括理性的层面,也包括感性的层面。理性的层面就是要保证提供完整的服务,而感性的层面就是要让客户感到兴奋,以建立和客户的长期业务关系。

2. 新车交车流程及行为准则

新车交车流程主要是指客户选购好新车后,由经销商和客户共同验车,并将新车经由经销商交与客户的过程(图 3-27)。对于大多数客户来说,车辆的移交是决定、等待和期望过程的高潮,是一段值得纪念的经历。新车交车的目的见表 3-10,新车交车流程及行为准则见表 3-11。

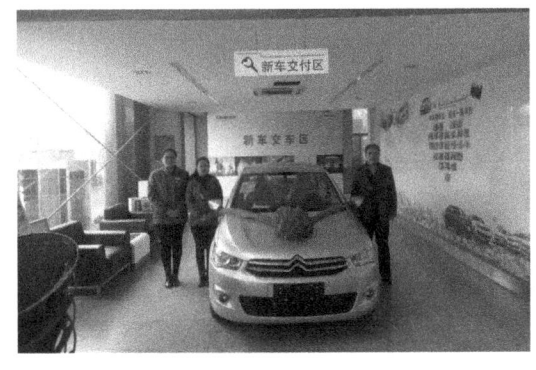

图 3-27　新车交车

表 3-10　新车交车的目的

建立关系	在客户最兴奋的时刻，使客户拥有愉快满意的交车体验，激发客户的热情，分享客户的喜悦，建立良好、长期的关系
提高满意度	通过完美的交车流程，使客户对产品和服务产生高度认同，提高满意度，创造更好的口碑效应
创造利润	在交车过程中，用文件详细说明车辆使用及售后保养，并引荐售后服务顾问，建立客户与售后服务部门的长期关系，提高售后利润 交车面访带来的口碑效应将引来新的商机

表 3-11　新车交车流程及行为准则

环节	做什么	如何做
交车前的准备工作	确定一个客户接受的交车日期和时间	预先告知交车日期及交车过程所需大概时间。前一天再次确认
	确保车辆在正式交车前准备好	交车前一天，销售人员同售后人员，按照PDI检验单再次检查车辆。如没有亲自检查车辆，严禁交车
	如交车将有延误，应立即和客户联系，说明原因，表示歉意，并确认新的交车时间	保护膜是否撕掉，应预先同客户联系
	预先准备好所有书面文件以使交车对于客户更有效率	车辆相关资料（含复印件数量）、车主资料
	PDI检验单至少保存两年	主动带领客户依照检验单检查车辆。完成后直接请客户签字
	确保服务经理/服务顾问交车时在场	确保在场并预先准备名片
交车	当客户一到即予以迎接	恭喜客户拥有一部好车，表示销售人员很重视并已经预先做好交车准备工作
	为客户提供合适的招待（咖啡，饮料等）	
	向客户简介"交车"步骤（所包括的内容以及持续的时间等）	向客户说明交车流程和大概时间。交车区应整洁、宽敞，备有桌椅、饮料
	寻求客户认同，确认有时间参与哪些项目	
	如果客户没有时间来完成交车的全过程，进行例行的简略交车程序	避免客户等待时间过长
	解释使用说明书及其用法	熟练掌握车辆各部分功能使用操作方法，了解维修保养常识，熟知上牌程序，告知定期保养项目
	说明车辆的登记和更新程序	
	解释车辆保修手册及其用法	
	说明日常的维护保养	
	明确告知第一次保养的日期或里程	1000公里或1个月，及内容说明
	说明"保修手册"的内容以及不属保修范围的特殊部件	重点强调

(续)

环　节	做 什 么	如 何 做
交车	将客户介绍给服务经理或服务顾问	介绍服务人员的重要性、预约和24小时救援电话
	说明"服务流程"、联系人以及如何进行预约服务	
	对车辆的主要功能进行示范操作	随车工具的使用
	检查整车及所有配备和控制部件	以PDI交车检验单为指导
	请客户检验车况	有足够开到加油站的燃油
	确认客户对车况感到满意	最好在交车区进行交车
	签署交车检验单，并请客户和销售经理也进行签署。至少保存2年	客户亲笔签名，严禁代签
	向客户说明专营店的后续跟踪服务程序和专营店自己提供的增值服务	必要时重复车辆的使用操作说明过程
	是否确定客户对后续跟踪服务方式的选择	
	如客户要求试驾，是否确认客户完全懂得该车如何操作	
	通过对客户表示"感谢"的特定活动，使这次交车对客户有特殊意义	赠送客户赠品、保养工时、加油卡
	陪送客户直至路口，并进行合适的交通指导	目送客户的车离开视线
	在"保有客户管理卡"中记录客户所选择的跟踪方式	客户档案管理的重要性
	将客户档案转交给售后服务部门	
	禁忌：不要在交车程序上花过多的时间，超出客户的预期	

3. 检查资料保存要求

1）交车时，在客户确认车辆完好后，请客户在PDI检查表销售联上签字，以明确车辆在交付时状态完好，避免因责任不清而产生纠纷。

2）PDI检查表销售联在客户签字后，由销售人员负责存档。

3）PDI检查表存档联由PDI审核员负责存档。

4）严禁向客户交付未实施PDI检查的车辆，经重大维修的车辆务必告知客户实际情况。

4. 商品车临卖状态检查要求

1）应每天检查临卖车辆的清洁和蓄电池的充电量。

2）临卖车辆的检查必须使用"×××汽车商品车临卖状态检查表"来实施检查作业，检查表留存以备查。

四、PDI操作流程

PDI（图3-28）分为动态检查和静态检查两种，具体的操作过程如下：

1. 动态检查

1）根据售前检查单，核对需安装单上的相关信息及 VIN 码的一致性。
2）插入钥匙通电，待车辆自检结束，起动车辆，观察各种仪表、指示灯是否异常。
3）系好安全带，检查安全带指示灯是否熄灭。
4）将车开到 PDI 检验场地，同时检查转向、悬架、制动是否异常。
5）停车熄火，将车钥匙拔出，完成动态检查。

2. 静态检查

静态检查是按照一定的路线及顺序对新车进行检查，具体检查路线及内容如图 3-29 所示。

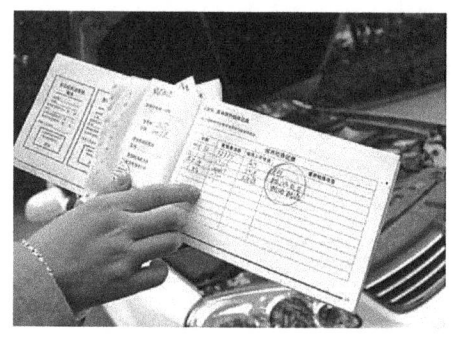

图 3-28　PDI

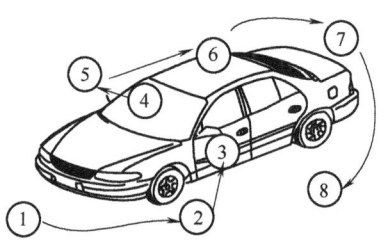

图 3-29　新车交车静态检查顺序

1）站在车前部，检查发动机舱盖表面、前照灯、前保险杠、通风格栅的表面与配合。打开发动机舱盖，检查发动机舱，包括蓄电池、液位、旋盖松紧等。

2）检查发动机处于工作状态时的发动机室情况，检查发动机是否存在异响状况，检查空调风扇是否正常运转。

3）检查左前翼子板、左前门、防擦条及后视镜等表面与配合。

4）进入驾驶室，检查天窗，刮水器、音响、空调、车窗玻璃、左前座椅等内饰的功能和配合情况。进入前排乘员座椅位置，检查座椅、遮阳板、仪表板等内饰及风窗玻璃。

5）检查车辆右侧的表面质量与配合，包括右侧的前后车门、前后翼子板。

6）检查后排乘员座椅及相关内饰功能与表面配合，检查后窗玻璃。

7）检查行李箱、后保险杠、尾灯的表面质量与配合。

8）检查左后门、左后翼子板的表面与配合，以及儿童安全锁等情况。

五、运输责任质损车辆维修管理

新车在运输过程中由于物流公司的运输责任可能造成损坏（图 3-30），因此，很多汽车生产厂家专门针对这种情况提出车辆维修管

图 3-30　新车的运输过程

理，对于不同程度的质损车给予不同的处理程序，同时从管理的角度给予相关规定和要求，具体介绍如下。

1. 一般质损车处理程序

商品车一般质损管理流程如图 3-31 所示。

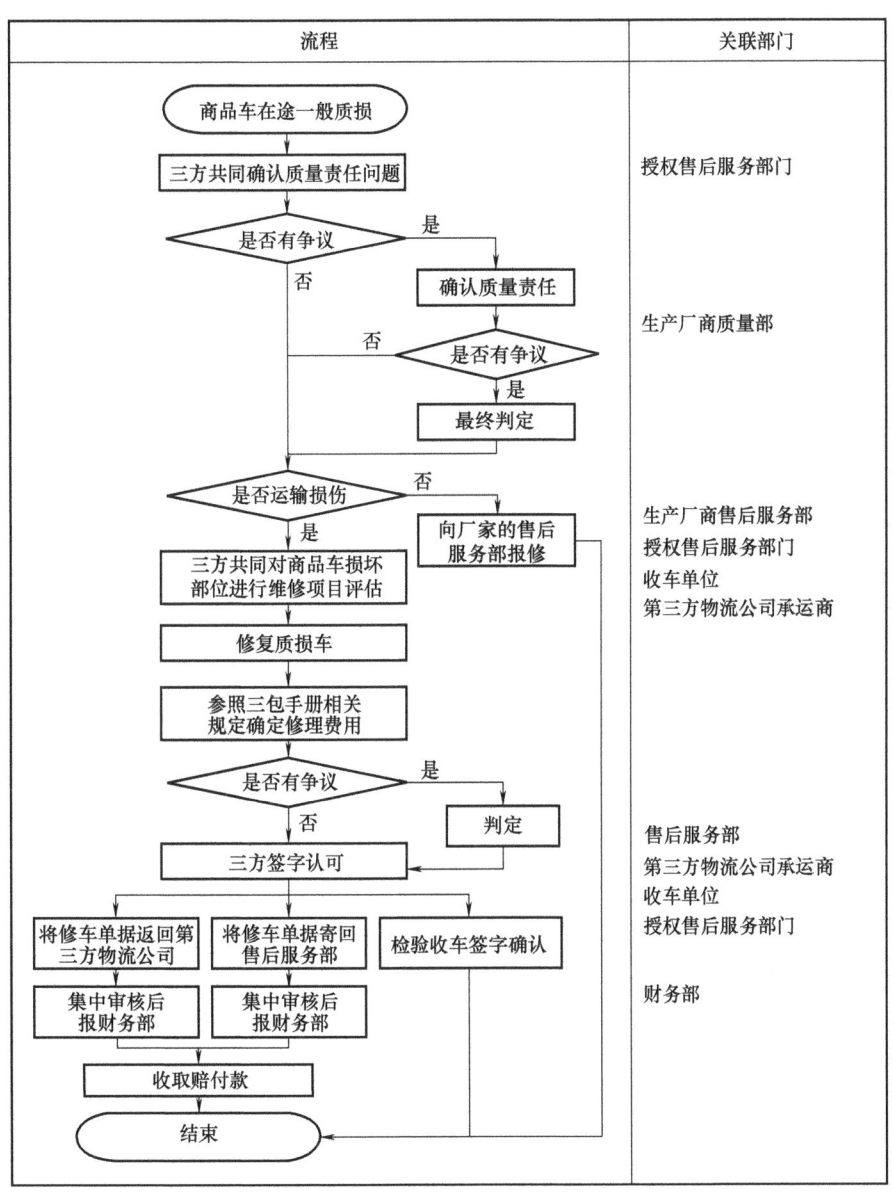

图 3-31　商品车一般质损管理流程

1) 第三方物流公司的承运商在商品车发生一般质损后，必须在规定工作日内如实电话通报汽车生产厂家的物流部门、第三方物流公司、汽车生产厂家的售后服务部门，由第三方物流公司承运商、汽车生产厂家的售后服务部门、收车单位三方共同确认质量责任问题和修车费用，如存在质量争议，由授权售后服务部门（特约服务中心）将相关信息传递至厂家售后服务部。

2）厂家售后服务部对存在争议的质量问题进行判定，如仍无法确认质量责任问题，由客户服务部在规定工作日内将质损车辆的损毁情况及照片传递给厂家质量部。

3）若在规定时间内几方不能达成一致意见，由收车单位在交接单上描述清楚质量问题，第三方物流公司承运商驾驶员在交接单上签字认可，第三方物流公司在交接单上签字确认。质量部在收到资料后在规定工作日内做出质量责任判定。

4）若确定为运输损伤，由第三方物流公司承运商、授权售后服务部门、收车单位三方一起对商品车损坏部位进行维修项目评估；若确定为非运输损伤，由收车单位向汽车生产厂家的售后服务部相关人员汇报。

5）特约服务中心对质损车辆进行修复。

6）对质损商品车经修理后外观质量能够达到新车标准的，授权售后服务部门参照索赔管理相关规定确定修理费用。

7）第三方物流公司承运商、授权售后服务部门、收车单位三方人员必须在运输车辆交接单上对修理项目和修理费用签字认可。若对修理项目和修理费用存在争议，由厂家售后服务部判定。

8）授权售后服务部门将商品车质损问题修复后，由收车单位检验收车并在车辆运输交接单上签字确认；第三方物流公司承运商将修车单据返回第三方物流公司；授权售后服务部门将修车单据寄回汽车生产厂家的售后服务部。

9）厂家售后服务部在服务中心签单之日起的规定期限内将记载有维修费用的车辆运输交接单修车联集中审核后报财务部；第三方物流公司在服务中心签单之日起在规定期限内将记载有车辆维修费用的车辆运输交接单集中审核后报财务部。

10）财务部依据相关资料，向第三方物流公司收取质损赔付款并开具增值税发票。

2. 严重运输责任质损车处理程序

严重运输责任质损车处理流程如图3-32所示。

1）商品车发生严重质损事故（图3-33）后，第三方物流公司承运商应立即将质损车辆的损毁情况传递至第三方物流公司，传递内容包括质损时间、地点、承运单位、商品车车型、发动机号、底盘号和车辆受损情况及照片。

2）第三方物流公司在规定期限内将信息传递给汽车生产厂家的物流部和售后服务部。

3）售后服务部鉴定严重质损车是否可修复。

4）若可修复，第三方物流公司将该批质损车辆的随车使用说明书、保修服务指南等交到售后服务部备案，并向物流部销售物流处提交赔付报告；经鉴定无修复价值的质损车辆，一律按报废车辆处理，第三方物流公司承运商除交回全部随车文件资料外，凭汽车生产厂家所在地的废旧金属回收公司证明在汽车生产企业办理全款购车手续。

5）第三方物流公司在提交赔付报告后，将商品车车款全额汇入汽车生产厂家的指定服务中心账户，并将赔付报告交给厂家的物流部。

6）生产厂家的物流部根据赔付报告进行审批、备案后及时转交厂家的售后服务部。

7）售后服务部依据第三方物流公司的赔付报告，通知接受该赔付款的服务中心（厂家指定的专门处理严重质损车的服务中心，该服务中心有经销汽车的资格）及时向生产厂家办理买车手续。

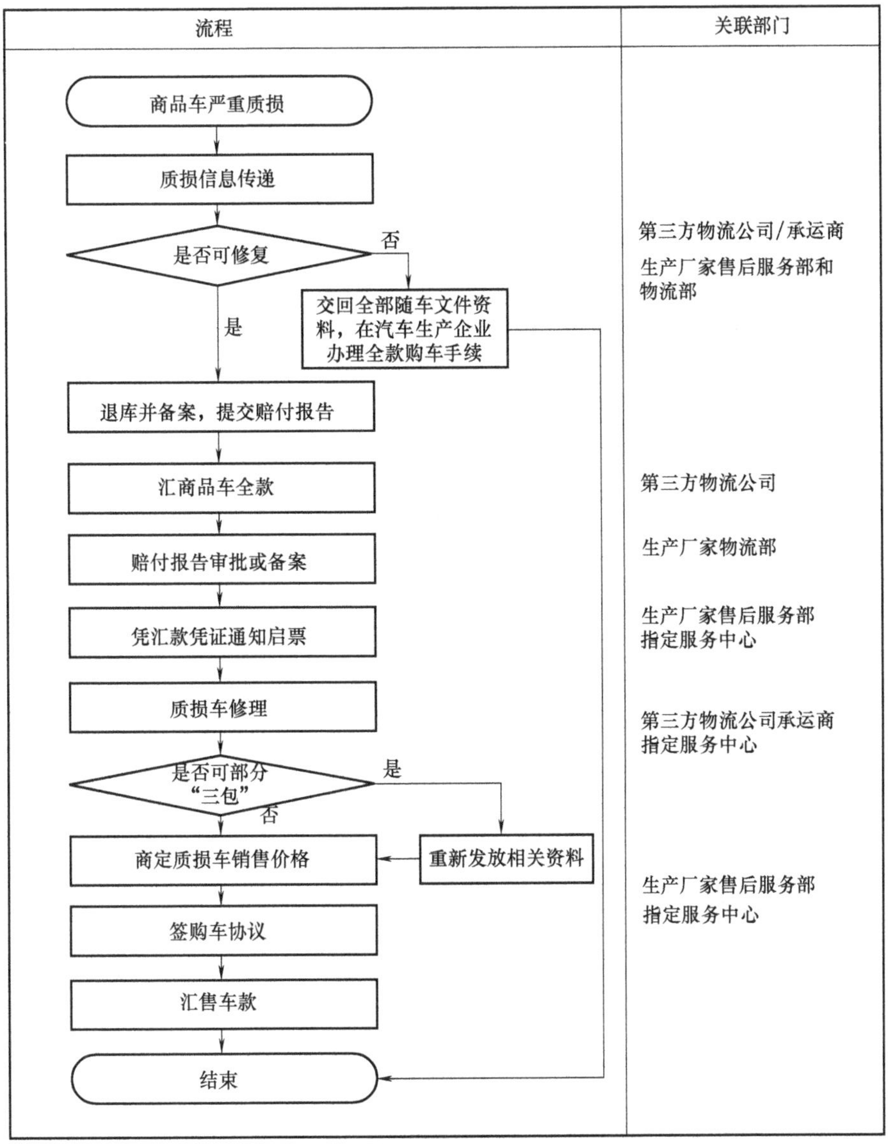

第三章 技术与质量管理

流程	关联部门
商品车严重质损 → 质损信息传递 → 是否可修复	第三方物流公司/承运商 生产厂家售后服务部和物流部
否 → 交回全部随车文件资料，在汽车生产企业办理全款购车手续	
是 → 退库并备案，提交赔付报告	第三方物流公司
汇商品车全款	生产厂家物流部
赔付报告审批或备案	
凭汇款凭证通知启票	生产厂家售后服务部 指定服务中心
质损车修理	第三方物流公司承运商 指定服务中心
是否可部分"三包"	
是 → 重新发放相关资料	
否 → 商定质损车销售价格	生产厂家售后服务部 指定服务中心
签购车协议	
汇售车款	
结束	

图 3-32 严重运输责任质损车处理流程

图 3-33 商品车严重质损

8）由第三方物流公司承运商将质损车辆运至汽车生产企业指定服务中心（即前面所指接受赔款的服务中心），服务中心对严重质损车辆进行维修，所发生的维修费用由第三方物流公司承运商全部承担。

9）严重质损车辆修复后，由售后服务部根据实际车况决定该商品车是否可以部分享受质保保修服务。

10）可以部分享受质保保修服务的车辆，服务中心必须将该决定写入购车协议，由售后服务部重新发放有关资料。

11）严重质损车辆修复后在一定期限内，由第三方物流公司与汽车生产厂家指定的服务中心商定修复后严重质损车辆销售价格；经过降价的质损车辆必须明示消费者，在销售发票上要注明降价原因，降价损失由质损责任单位承担。

12）服务中心与消费者签订购车协议，协议一式三份，其中一份交售后服务部备案。

13）服务中心在该严重质损车销售后应将质损车售车款全部汇入第三方物流公司指定账户。

六、商品车库存规定及动态维护要求

为了提高库存车的交车质量，提升用户满意度，进一步规范商品车库存管理操作流程，汽车生产厂家往往要制定商品车库存规定及动态维护要求的管理规定，主要从商品车库存管理要求和库存车管理内容两个角度进行规定。

（1）商品车库存要求　专人负责库存车的管理工作。建立健全库存车管理台账，准确掌握库存商品车进、销、存情况，对所管理商品车辆做到日清、周盘、月结，随时保证库存账、物相符。

坚持先进先出的原则，确保出库商品车清洁、完好。加强对库房内商品车的巡视，保持车辆停放整齐、摆放间距合理，并留有安全通道，做好防火、防盗及安全防范工作。

商品车停放在库房时，取下刮水器片，拆下蓄电池负极桩头，减少火灾隐患。严禁闲杂人员进入商品车库房。库房内禁止烟火。高温季节，库房内商品车的油箱不宜存有过多的燃油。

（2）库存车管理内容　库存车管理主要是每月对在库车辆进行检查及维护，检查的项目见表3-12。

表3-12　库存商品车检查的项目

检查项目	检查内容
车辆外观检查	漆面色差、锈蚀，雨雪天气后要进行清洗，做好防锈处理
蓄电池、清洗液及防冻液检查	蓄电池电压检查，清洗液、防冻液是否有泄漏
轮胎	轮胎气压检查，长时间停放是否有泄漏、变形，雨雪天气后要进行轮胎清洗
外饰橡胶件是否老化生锈	如嵌条、密封条等是否老化
发动机起动和车辆移动	停放超过30天的车辆起动发动机运转5分钟，检查发动机的运转情况
车辆内饰检查	车辆仪表板等相关塑料件，避免由于长时间暴晒导致塑料件老化

第五节　培训管理

为适应市场竞争和企业发展的需要，企业人力资源管理已成为企业经营战略的支撑点，

第三章 技术与质量管理

为给企业经营战略的各个阶段提供各类优秀的人才,除对新员工需进行一系列的培训外,企业也需培训老员工,使他们尽快成为企业所需要的各类人才。而培训的实施,应以实现企业战略规划、经营目标为宗旨,主要体现在:①保证员工与企业同步发展;②提高员工的知识、技能水平,发掘人才;③提高工作效率,降低成本,使企业对人力资源的利用达到最佳状态;④使员工得到发展,增强对企业的归属感。

不管是汽车生产厂家还是纯粹的汽车服务中心,都需要进行员工培训。因为有各种各样的培训,所以对培训进行专门管理就非常必要,本节兼顾汽车生产厂家和汽车服务中心两个角度,对培训管理的相关内容予以介绍。

一、培训的定义

培训是组织有计划地改变员工行为的过程,即组织通过改变受训人员的知识、技能(图3-34)、态度,从而提高其思想水平和行为能力,以使其具有胜任现有工作的能力和具备迎接工作中新挑战的潜力。

二、培训管理的流程

培训管理流程包括培训需求分析、培训计划制订、培训实施以及培训效果评估,它们之间的联系如图3-35所示。接下来分别对培训管理中的各个环节进行介绍。

图3-34 汽车技术培训

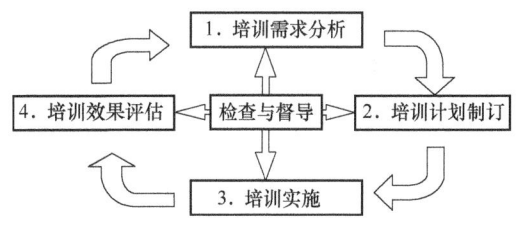

图3-35 培训管理流程

1. 培训需求分析

培训需求分析主要是分析公司哪些员工需要培训(培训需求的对象)、接受什么培训(培训需求),以及如何确定培训内容(培训需求确定)等。

(1)培训需求分析的种类 由于新老员工的知识和技能具有较大差异,在确定培训需求时对他们往往分别给予不同对待,培训需求分析分为新员工培训需求分析和在职员工培训需求分析两类。

(2)培训需求信息收集方法 培训需求信息的收集方法分为面谈法、重点团队分析法、工作任务分析法、观察法和调查问卷法五类,具体定义(或具体做法)如下:

1)面谈法。如图3-36所示,面谈法是指培训组织者为了了解员工对工作及自己的未来在技能、知识、态度或观念等方面的培训需要而进行面谈以确定员工培训需要的方法。

2)重点团队分析法。重点团队分析法是指培训者在培训对象中选出一批熟悉问题的员工作为代表参加讨论，以调查培训需求信息的方法。

3）工作任务分析法。工作任务分析法是指以工作说明书、工作规范或工作任务分析记录表作为确定员工达到要求所必须掌握的知识、技能和态度的依据，将其和员工平时工作中的表现进行对比，以判定员工要完成工作任务的差距作为培训依据的方法。

4）观察法。观察法是指培训者亲自到员工身边了解员工的具体情况，通过与员工一起工作，观察员工的技能、工作态度，了解其在工作中遇到的困难，再分析确定培训需求的方法。

图 3-36　面谈法了解培训需求

5）调查问卷法。调查问卷法是指培训部门首先将一系列问题编制成问卷，发放给培训对象填写后再收回进行分析的方法。

(3) 培训需求内容的确定

1）列出各种培训需求并进行优先排序，优先满足排在前面的需求。

2）明确培训目标群体及其规模，考虑他们目前在企业中的作用、工作状态以及知识技能态度水平，以便进行后续目标设定。

3）考虑个体差异性以及培训互动性，应对培训预期达到的结果、完成任务条件、达到目的的标准等给予明确、清晰的描述。

(4) 培训者的确定　如果依靠部门内部人员无法完成的培训需求项目，可寻求公司更高一级培训部门或委托专业培训机构组织开展培训。

2. 培训计划

(1) 培训计划制订　即对培训的目标、对象、内容、形式、讲师、时间、场地、经费等主要工作事项所做出的统一安排。在上一年年底制订并公布下一年度的员工培训计划，在具体实施过程中可根据每季度的培训需求状况做出适当调整，有些生产厂家在对授权服务中心进行员工培训后，还要求受训员工回到服务中心后转训其他员工，并要求转训员工制订转训计划。

(2) 培训项目的确定　由于岗位职责不一样，每个岗位应接受的培训项目也不一样。根据现今各汽车生产厂家的具体做法，服务中心（包含特约服务中心）各岗位的培训项目见表 3-13。

表 3-13　服务中心各岗位的培训项目

培训岗位	培训项目
服务经理	售后服务人力资源管理，汽车生产企业服务理念，服务核心流程，备件管理，客户满意度管理
服务顾问	服务核心流程，顾问式服务技巧
客户关系经理	客户关系管理的角色与职责，提升客户满意度的常用技能，抱怨客户的处理，客户关系部门的监督技巧，客户分析

（续）

培训岗位	培训项目
维修技师	汽车基础知识，维修车间安全常识和基本操作规范，现场管理规范——5S管理，汽车定期保养常识和规范，产品技术特性，汽油发动机机械基础原理，手动变速器及传动系统介绍，常规制动系统介绍，转向系统介绍，悬架及四轮定位系统介绍，振动、异响和噪声诊断，制动系统高级技术，转向和悬挂系统高级技术，全自动空调系统诊断与维修
备件主管	备件运营管理基础知识，备件技术，库房管理，库存控制

3. 培训实施

培训实施是根据培训目标和计划开展具体的培训工作，在组织培训中应控制整个过程的顺利发展。它是培训组织工作的主要阶段，包括培训前、培训中和培训后的活动。为了达到培训预期目标，在培训实施过程中需要受训者培训签到，培训组织者完成培训成绩裁定、评估培训效果、拍摄培训现场的照片和培训档案封装等工作，封装好的培训档案需由培训管理专员管理保存。

在企业的员工培训实施过程中，培训老师的授课方式是重中之重，主要包括以下几种具体的授课方式。

（1）讲座或讲授（图3-37） 讲座或讲授是最基本的教学方法，对重要的理论知识的教学采用讲授的教学方法，直接、快速、精炼地让受训者掌握，为受训者在实践中能游刃有余地应用打好坚实的理论基础。

（2）头脑风暴 头脑风暴是一种极具弹性和自由度的激发"主意"的方法。这种方法的使用通常包括两个阶段：第一阶段要求参与头脑风暴的人员创造性地、即兴地提供意见或建议，这个阶段不需要对所提出的建议和意见进行评价和判断；第二阶段是细致地分析判断第一阶段提出的意见和建议，并评估其实用性。

（3）案例学习 老师以口头或书面形式给学员提供一个具体的问题或情况描述，然后要求学员以个人或小组为单位，分析案例并呈现其分析结果。这种授课方式通常用于训练学员分析技能的培训中。

图3-37 汽车技术培训

（4）实践演练 如图3-38所示，实践演练是培训师演示了相关的技能和技巧后，要求学员在绩效考核清单的指导下以个人或小组的形式进行相关技能和技巧的表演和练习。这种方式主要在为了加强学员对技能的熟悉和掌握的培训中使用。

（5）角色扮演 培训师要求学员通过扮演现实中的一个角色去练习应用他所学的知识和技能，在角色扮演的过程中培训师给予相关点评。这种方式通常用于人际沟通技能的培训中，具体有以下几种方式：

1）传统方式：两个学员做角色扮演，第三者在旁观察并给予相应的反馈。

2）演双簧：一个学员在前面当扮演者，另一个学员坐或站在前者的后面，去补充展现前者没有表达出来的部分。

3）角色换位：要求学员扮演一个他实际工作需要的或与他实际工作有关联的角色。

4）角色互换：在同一个角色扮演活动中，当活动进行到中段时，要求参与角色扮演的学员进行角色互换，以达到每个受训学员都可以扮演和体会不同的角色。

(6) 模拟　对授课环境的布置尽可能接近实际工作环境，使学员在仿真的情形下去实践工作任务。

(7) 知识强化　通过大量反复的练习，加强学员对知识的熟悉和掌握程度。

(8) 讨论　讨论的形式可以是由某人进行组织和引导，也可以自由讨论。讨论的内容可以是高度结构化的，也可以是即兴和随意的。对大家共同关心的主题通过讨论达到学员交换意见的情形。

(9) 小测验　通过让学员填写问卷或者完成测试题的方式来考核学员对所学内容的掌握程度。

4. 培训效果评估

培训结束后，培训管理专员应该总结评估本次培训并形成报告，服务中心管理人员或汽车生产企业人员应该对培训效果进行检核，以充分了解服务中心培训实施情况，并促使服务中心培训能力不断提高，而培训效果的现场检核主要有以下方式：

1）现场笔试：在服务中心现场组织学员对培训内容进行笔试（图3-39）。

2）现场演练：组织学员就参训内容，如产品介绍、话术反馈、情景模拟等进行演练。

3）抽查检核：采用电话抽查或现场抽查等方式对培训效果进行检核。

图3-38　汽车维修技术实践演练

三、新进员工培训

由于新进员工对企业组织结构及职能和业务流程都不熟悉，同时还可能不具备胜任即将工作的岗位的能力，必须针对这些问题开展培训，并通过新员工培训考核来确定其是否可以转正。

图3-39　汽车维修技术培训考试

1. 新进员工培训内容

新进员工培训（图3-40）的内容主要由培训课程体现，一般分为通识类课程和专业类课程两部分。通识类课程主要涉及本公司企业文化、组织结构、业务流程的介绍，还涉及基础的汽车专业知识和人际沟通及礼仪等方面的介绍，主要是为了提高新员工对公司的认识和提高新员工的综合技能；而专业类课程主要针对具体的工作岗位及工作职责，以提高新员工具备胜任该岗位的技能和知识为目的（表3-14、表3-15）。

图3-40 新进员工培训

表3-14 某汽车生产企业新进员工通识类培训课程计划

日期	时间	培训内容	考核项目	考核时间
第一天	9：00～11：30	汽车品牌、企业文化及服务中心简介		
	13：00～17：00	销售流程、服务流程		
第二天	9：00～11：30	汽车基础知识培训		
	13：00～17：00	各岗位到各自所属部门实习（自学）		
第三天	9：00～11：30	客户满意度培训	汽车基础知识（笔试1）	11：00～12：00
	13：00～17：00	商务礼仪、如何成为一名合格的汽车人	客户满意度（笔试2）	17：00～18：00
第四天	9：00～11：30	其他部门学习	商务礼仪（笔试3）	11：00～1200
	13：00～17：00	其他部门学习		

表3-15 某公司针对服务顾问和维修技师两类新进员工的专业类课程培训计划

日期	时间	服务顾问	维修技师
第一天	9：00～11：30	6S管理（培训）	6S管理（培训）
	13：00～17：00	6S管理（带教辅导）	6S管理（带教辅导）
第二天	9：00～11：30	服务核心流程（培训）	保养常识和规范（培训）
	13：00～17：00	服务核心流程（带教辅导）	保养常识和规范（带教辅导）
第三天	9：00～11：30	顾问式服务技巧（培训）	产品技术特性（培训）
	13：00～17：00	顾问式服务技巧（带教辅导）	产品技术特性（带教辅导）
第四天	9：00～11：30	带教辅导	带教辅导
	13：00～17：00	带教辅导	带教辅导
第五天	9：00～11：30	带教辅导	带教辅导
	13：00～17：00	带教辅导	带教辅导
第六天	9：00～11：30	流程、技巧实操演练	保养、技术实操演练
	13：00～17：00	新员工试用期（转正）阶段考核评估	新员工试用期（转正）阶段考核评估

2. 新员工试用期（转正）阶段考核评估

新进员工接受了入职培训后须考核合格后方可转正，相关考核评估内容见表 3-16，新员工服务顾问和维修技师转正流程见表 3-17。

表 3-16　新员工培训转正考核评估表

考核项目		标准描述	分值标准	
公司认同	企业认同	理解公司的规章管理制度及企业文化	4 分	
		没有私下抱怨和牢骚及一味地批判等情况	3 分	
		以理性方式反映公司相关部门需改进之处	3 分	
	积极主动	保持对工作的激情和热情，以良好的精神状态投入工作	4 分	
		积极落实各项学习和工作任务，并取得直属领导的认同	3 分	
		不消极、不被动，没有推卸责任、敷衍的现象	3 分	
	学习态度	保持强烈的学习意识，对于能力的不足，能实时学习改善	4 分	
		积极认真参加公司组织的培训和会议	3 分	
		将学习的知识能够运用到实际工作中	3 分	
	团队合作	与同事间能够充分合作及沟通交流	4 分	
		工作开展能得到大家有效的支持和帮助	3 分	
		表现出强烈的团队意识，没有个人及部门本位主义	3 分	
	适应能力	熟悉工作的运作流程，并能够严格遵守各项要求	4 分	
		能够主动开展个人的岗位工作，不懂之事及时向同事请教	3 分	
		能够及时调整个人不良习性，以符合该岗位要求	3 分	
素质能力	纪律服从	遵照公司的各项规章制度并按照规范的流程跟进落实	4 分	
		提交各类规定的报表和数据	3 分	
		服从上司指示和公司安排，不主观、不武断、不自我	3 分	
	业务技能	掌握扎实的业务知识，并随时改善差异之处	4 分	
		能够将所学与实际相结合，同时可以单独完成基础工作	3 分	
		掌握相关业务技能，并反映在业务指标上	3 分	
	工作效率	有很强的效率意识，懂得充分有效利用时间，讲求工作效率	4 分	
		工作掌握轻重缓急，当日事当日完成	3 分	
		体现出很高的综合素质和良好的职业素养	3 分	
	成效体现	已经能够担负一些难度较大的实质性工作并圆满完成	4 分	
		追求无缺陷的精益求精，不得过且过，不自满不前	3 分	
		能够向直属领导提出建议性做法，并取得共识	3 分	
	发展潜力	工作中能举一反三、触类旁通，善于总结工作经验	4 分	
		具有很好的领悟性、执行能力及可塑性	3 分	
		强烈体现出在公司长期发展的意愿	3 分	
		合计	100 分	

第三章 技术与质量管理

表 3-17 新员工服务顾问和维修技师转正流程

项目	服务顾问	维修技师	满分	权重	实际得分
通识类	汽车基础知识（笔试1）	汽车基础知识（笔试1）	100 分	10%	
	客户满意度（笔试2）	客户满意度（笔试2）	100 分	10%	
	商务礼仪（笔试3）	商务礼仪（笔试3）	100 分	10%	
专业类	流程、技巧实操演练（考核4）	保养、技术实操演练（考核4）	100 分	30%	
素质类	新员工试用期（转正）阶段考核评估表（考核5）	新员工试用期（转正）阶段考核评估表（考核5）	100 分	20%	
	新员工试用期（转正）阶段考核评估表（考核6）	新员工试用期（转正）阶段考核评估表（考核6）	100 分	20%	
合计			600 分	100%	

转正流程：

1）通识类、专业类考核于实习期各时间节点进行笔试或实操考核，若各项成绩未达70分则需重考。
2）第10天，由该部门领导进行考核。
3）实习期满待转正前一周，由该部门领导、培训主管、综合部经理进行考核，再进行综合得分。
4）实际得分由上述列表根据权重比例，评价该人员是否达到转正标准。若达到转正标准即可颁发上岗证。
5）转正标准　A 级：91 分以上　　　　【作为管理岗位储备人才】
　　　　　　　B 级：81～90 分　　　　【作为标杆学习模范】
　　　　　　　C 级：71～80 分　　　　【需再强化其学习态度】
　　　　　　　D 级：61～70 分　　　　【延长转正3个月】
　　　　　　　E 级：60 分（含）以下　【需延长转正或是不予任用】

第四章

备 件 管 理

第一节 汽车备件类型及编码

一、汽车备件分类

在汽车备件行业内,通常将汽车零部件、汽车标准件和汽车材料三种类型的产品统称为汽车备件。汽车备件管理是汽车维修企业及汽车生产厂家业务管理的重要内容之一,企业所使用的备件直接影响汽车维修后的质量、安全、企业信誉和经济效益,因此汽车生产厂家及汽车维修企业必须加强对备件的管理,建立和完善包括采购、保管、使用等过程在内的质量管理体系,有效压缩库存量,降低成本,不断改进管理方法,提高企业的信誉和经济效益。

汽车备件主要根据实用性、标准化、用途和生产来源等进行分类,下面分别介绍。

1. 按实用性分类

根据实用性原则,我国汽车备件市场将汽车备件分为易耗件、标准件、车身覆盖件与保安件。

(1) 易耗件 在对汽车进行二级维护、总成大修和整车大修时,易损坏且消耗量大的备件称为易耗件。易耗件主要包括发动机易耗件、底盘易耗件、电器设备及仪表的易耗件、密封件等。

1) 发动机易耗件。按照发动机组成部分的不同,其易耗件(图4-1)主要包括:

① 曲柄连杆机构的气缸体、气缸套、气缸盖、气缸体附件(气缸垫、水道孔盖板、分水管、气缸盖螺栓、曲轴箱通风管)、气缸盖附件(气缸盖出水管、气缸盖螺栓)、活塞、活塞环、活塞销、连杆、连杆轴瓦、连杆螺栓及螺母、曲轴轴瓦、飞轮总成和发动机悬置组件(支架、减振胶垫、夹片、垫片、螺栓和螺母)。

② 配气机构的气门、气门导管、气门弹簧、摇臂、摇臂轴、凸轮轴、轴承、正时齿轮和正时带。

③ 燃油供给系统的燃油滤清器、燃油软管、电动燃油泵、喷油器、三元催化转化器、喷油泵柱塞偶件和高压油管。

第四章　备件管理

④ 冷却系统的散热器、节温器、水泵（水泵轴、轴承、水封等）、风扇和散热器进出水管。

⑤ 润滑系统的机油滤清器、油封、机油软管等。

2）底盘易耗件。按照底盘的四大系统进行区分，其易耗件主要包括：

① 传动系统的离合器摩擦片、从动盘总成、分离杠杆、分离叉、分离轴承、踏板拉索、离合器操纵机构的主缸和工作缸总成、分离器油管、变速器的各档变速器齿轮、换档机构、半轴等。

图4-1　发动机易耗件

② 行驶系统的主销、主销衬套、轮辋、轮毂、轮胎、减振器等。

③ 转向系统的转向器、转向盘、直拉杆、横拉杆、球头销、防尘罩、动力转向系统（EPS）。

④ 制动系统的制动鼓、制动蹄、盘式制动器及其摩擦块、制动主缸、制动管、制动操纵机构、真空助力器、驻车制动器等。

3）电器设备及仪表的易耗件。主要包括高压线、车灯总成、低压熔断器、点火开关、车灯开关、组合开关、制动开关、组合仪表等。

4）密封件主要包括各种油封、水封、密封圈和密封条等。

（2）标准件　如图4-2所示，标准件是指按国家标准设计与制造，并具有通用互换性的汽车备件。汽车上的标准件主要是各种螺栓及螺母，如气缸盖紧固螺栓及螺母、连杆螺栓及螺母、发动机悬挂装置中的螺栓及螺母、轮胎螺栓及螺母等。

图4-2　汽车标准件

（3）车身覆盖件　如图4-3所示，车身覆盖件是指为方便乘员及使部分重要总成不受外界环境的干扰，并具有一定的空气动力学特性的构成汽车表面的板件，一般包括钢板冲压件和焊接成形件，如发动机舱盖、翼子板、车顶板、门板、行李箱盖等。

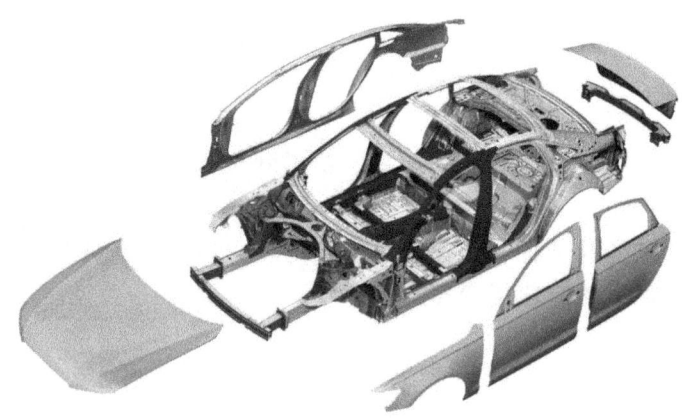

图4-3　车身覆盖件

（4）保安件　保安件是指汽车上不易损坏的零件。

2. 按标准化分类

汽车备件分为发动机备件、底盘备件、车身及饰品备件、电器电子产品和通用件五大类，而每类的备件又包括总成、分总成、子总成、单元体和零件几个层级，以下分别进行介绍。

（1）总成　总成是由数个零件、数个分总成或它们之间的任意组合而构成的具有一定装配级别或某一功能形式的组合体，它具有装配分解特性，如发动机总成（图4-4）、离合器总成、变速器总成等。

（2）分总成　如图4-5所示，由两个或多个零件与子总成一起采用装配工序组合而成，对总成有隶属装配级别关系的部分称为分总成。

图4-4　发动机总成

图4-5　曲柄连杆机构分总成

第四章 备 件 管 理

（3）子总成 由两个或多个零件经装配工序或组合加工而成，对分总成有隶属装配级别关系的部分称为子总成。

（4）单元体 由零件之间的任意组合而构成具有单独功能特征的功能组合体，通常能在不同环境独立工作的部分称为单元体。

（5）零件 如图 4-6 所示，不采用装配工序制成的单一成品、单个制件，或由两个以上连在一起具有规定功能的通常不能再分解的（如含轴承、电容器等外购小总成）制件称为零件。

3. 按用途分类

汽车备件按照用途可以分为必装件、选装件、装饰件和消耗件四类。

（1）必装件 汽车正常行驶所必需的备件称为必装件，如发动机、变速器等。

图 4-6 起动机端盖零件

（2）选装件 非汽车正常行驶必需的备件称为选装件，此类备件可以由车主选择安装或升级以提高汽车性能或功能，如 CD 音响、全球定位系统（GPS）、氙气大灯等。

（3）装饰件 装饰件又称精品件，是为了增加汽车的舒适和美观而加装的备件，一般对车辆本身行驶性能和功能影响不大，如香水、脚踏板、座套（图 4-7）、抱枕等。

（4）消耗件 汽车使用过程中容易损耗、老旧，需要经常更换的备件称为消耗件，如润滑油、玻璃清洗液和刮水器等。

4. 按生产来源分类

汽车备件按生产来源可分为原厂件、副厂件和自制件三类。

（1）原厂件 原厂件是指与汽车生产企业配套的装车备件，也称为正宗备件，它们是经过汽车生产企业严格质量检验的备件，其性能和质量完全能够满足汽车装车要求。雪铁龙原厂件标签如图 4-8 所示。

图 4-7 汽车座套

图 4-8 雪铁龙原厂件标签

（2）副厂件　副厂件是指由专业备件厂家按照汽车生产企业制造标准生产的、达到汽车生产企业技术指标要求的备件，如图 4-9 所示。

（3）自制件　自制件是指备件厂家依据自己对汽车备件标准的理解，自行生产的、外观和使用效果与原厂件及副厂件相似的备件，但其技术指标与汽车生产企业无关，由备件制造厂自行保证。自制件是否合格，主要取决于备件厂家的生产技术水平和质量保证措施。

除上述分类方法外，每个大型汽车生产企业，一般都有自己的备件分类方法，不同的汽车品牌制造商对于汽车备件的分类有所区别，但是都能满足定义中所提及的功能。例如大众汽车公司将汽车备件分为维修备件、精品备件、化学品和油漆四类。

二、备件编码

备件查询是备件管理人员的一项基本工作。快速、准确地查询所需的相关备件信息是进行备件订货、仓库管理的基础。汽车备件查询的一般流程如图 4-10 所示。在备件查询中，车型、VIN 码及备件需求是备件资料查询的基础，取得上述信息可为确定备件件号做准备。如果没有这些信息，将无法进行下一步作业。因此，当备件管理人员要查询某辆车的某个零件时，首先要知道车辆信息，然后才能通过零件图册或备件电子目录进行备件查询。

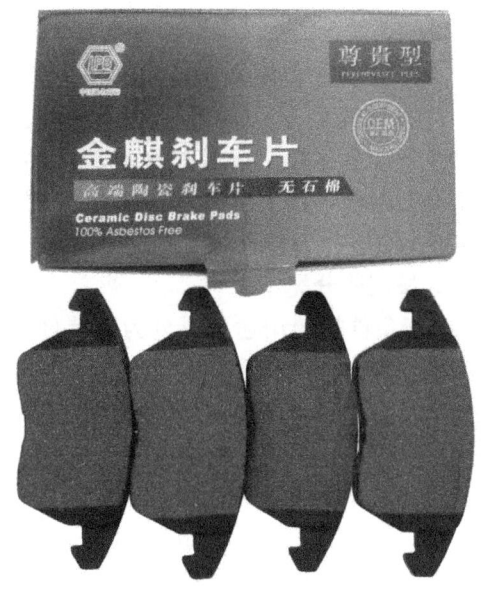

图 4-9　副厂件

1. VIN 码

国内外各汽车生产企业生产的汽车使用统一的 VIN（Vehicle Identification Number，车辆识别代号）码，VIN 码是汽车生产企业为了识别一辆汽车，给出的唯一一组字码。在汽车上使用 VIN 码，是各国政府为管理机动车实施的一项强制性规定。VIN 码由一组字母和阿拉伯数字组成，共 17 位。17 位编码经过排列组合，可以使车型生产代号在 30 年内不会发生重复。VIN 码又称汽车身份证，是识别一辆汽车不可缺少的工具。

VIN 码因其具有全球通用性、最大限度的信息承载性和可检索性，已成为全世界识别车辆唯一准确的"身份证"。它包含着车辆生产厂家、生产日期以及技术参数等诸多相关车辆的信息。它伴随着车辆的注册、保险、年检、保养、修理直至回收报废。通过 VIN 码，结合车辆制造档案就可以明确各批次车辆及备件的去向和车辆的生产、销售及使用状况。另外，通过车辆的 VIN 码可以甄别工作中发现的发动机号、车架号被挫改的嫌疑车辆，从而确定该车是

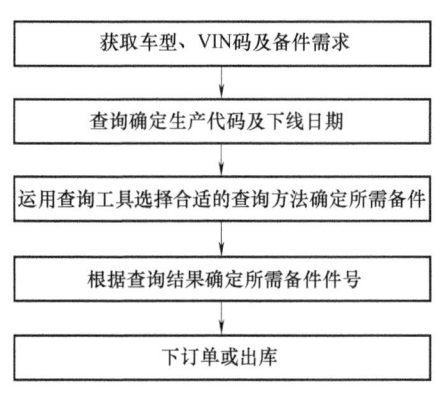

图 4-10　汽车备件查询的一般流程

否为被盗车辆。VIN 码一贯以标牌形式出现，一般可以在以下位置找到：①仪表板左侧、风窗玻璃下面；②固定在车门内侧靠近驾驶人座位的地方；③其他地方，如发动机舱内的各种铭牌上（图 4-11）、驾驶人侧车门柱上（图 4-12）等处。

图 4-11　汽车铭牌上的 VIN 码

图 4-12　汽车 VIN 码的标示位置

2. 汽车其他相关标志

与汽车有关的标志，除了 VIN 码以外，还有汽车铭牌和发动机号，下面分别进行介绍。

（1）汽车铭牌　汽车铭牌（图 4-13）是标明车辆型号、发动机型号、发动机功率、总质量、载质量、出厂编号、出厂年月和厂名的金属铭牌（不同品牌车辆标注的信息可能不同），要求汽车生产企业将其固定在易见部位。

（2）发动机号　如图 4-14 所示，发动机号及其出厂编号，是汽车的重要标志之一。按国家有关法规要求，发动机号应打印铸造在缸体的易见部位，两端应打印起止标记。

图 4-13　汽车铭牌包含的信息

图 4-14　汽车发动机号

3. 编码规则

为了提高备件管理人员的工作效率，保证订购备件信息的准确性及备件管理的科学性，汽车备件经营和使用企业普遍采用电子化或网络化的汽车备件管理系统。另外，不同的生产厂家、车型和年款的汽车零件互换非常复杂，只有通过计算机数据库技术才能对零件的互换性匹配进行准确、快速的查找和对比。为使汽车备件能适应计算机管理，以便提高采购时的准确性，备件制造企业对所生产的汽车备件实行编码分类，虽编码的规则各有不同，但都有固定的规则。这些固定的编码统称原厂编码，由英文字母和数字组成，每一字符都有固定的含义，即每一备件都由一组不定数量的数字和字母表示，每个汽车生产企业均有自己的一套备件编号体系，但不能互相通用。

汽车备件编码一般采用 10~15 位数字或数字字母组合而成，组成汽车备件号，件号是唯一的，一个备件对应一个件号。有些公司的备件编号分为几段，便于识别备件所属总成或大类。下面结合丰田和一汽-大众车型的实例加以说明。

（1）丰田备件编码体系和原则 如图 4-15 所示，丰田汽车备件编码由 10 个或 12 个数字或英文字母组成，各代表一定的含义。如图 4-16 所示，每个备件编码包括三部分：基本号、设计号和辅助号。

图 4-15 丰田备件编码

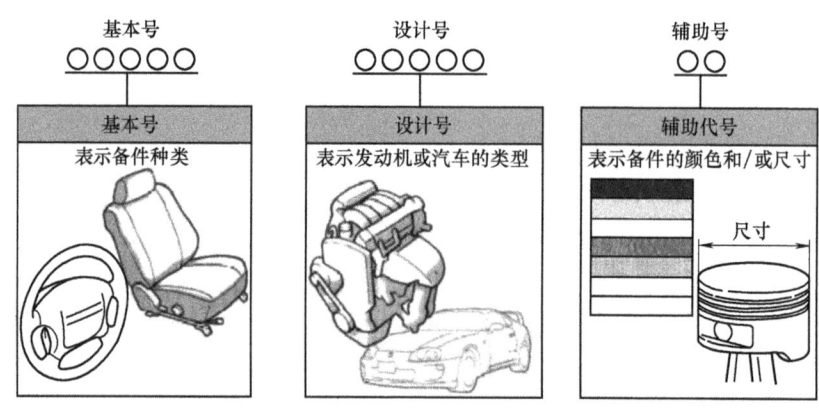

图 4-16 丰田备件编码组成

1）一般普通件编码。如图 4-16 所示，一般普通件编码前 5 位为基本号，表示备件的种类，也表示备件名称；中间 5 位是设计号（和设计变更编号），表示备件所对应的车型；后两位是辅助号，表示备件的颜色及其他。如 16100—50010 中的 16100 是指发动机部分的水泵，而 50010 是指雷克萨斯 400 车型所用的零件。

2）单一件编码。单一件是以最小单位供应的单个备件。单一件的备件基本号（品名编码）各位都没有零，例如 16271—50010 表示水泵垫片、88471—30370 表示空调系统的干燥瓶、13568—49035 表示发动机的正时带等。

第四章 备件管理

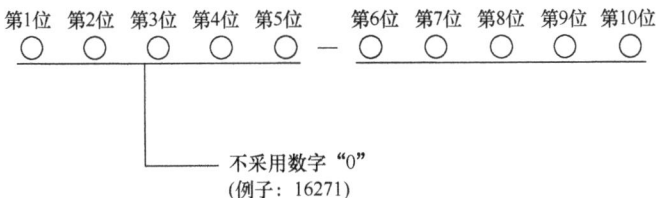

3）半总成件编码。半总成件是指通过焊接、铆接、热压配合等方法把两个以上的单个备件组合在一起的备件。半总成件备件的基本号中的第 3 位或第 4 位为零，或者第 3、第 4 位都为零，但是，第 5 位不为零。例如 13405—46040 表示飞轮、35013—30300 表示自动变速器的油尺套管、67002—30730 表示右前门的嵌（饰）板等。

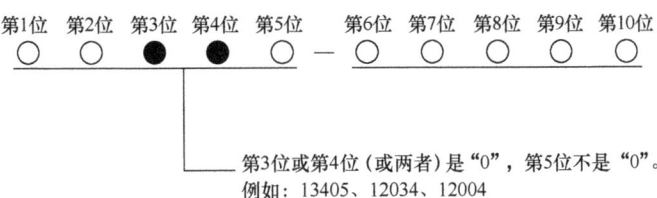

4）总成件编码。总成件由单一件或半总成件组成。第 5 位为 0，如果组成总成的单件数量较多，则第 3、4 位也为 0。例如 16110—49146 表示水泵总成（不带耦合器）、16100—49835 表示水泵总成（带耦合器），19000—46100 表示发动机总成等。

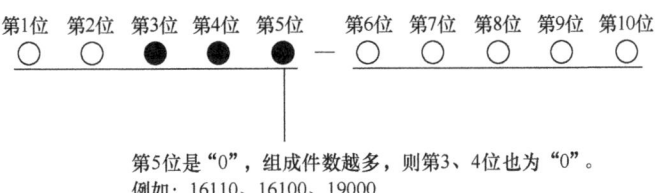

5）组件编码。组件由中心件和几个其他小件组成。第 7 位为 9，最后一位由 5~9 的数字组成。例如水泵组件 16100—29085。

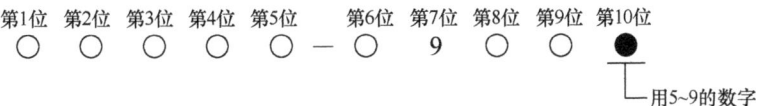

6）套件（修理包）编码。套件是指在修理中应同时全部更换的一组备件。套件的备件基本号中的前两位总是用 04 来表示，例如 04111—46030 表示发动机的大修包、04351—30150 表示变速器的大修包、04993—33090 表示制动主泵套件/修理包等。

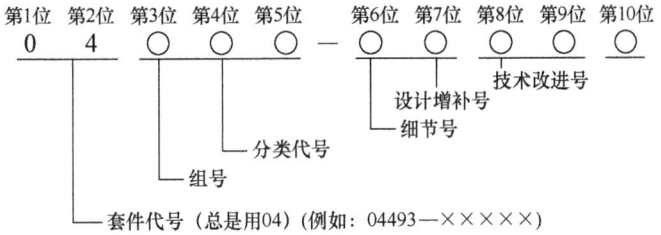

139

7）专用维修工具编码。专用维修工具编码一般都是以 09 开头，但部分随车工具除外。

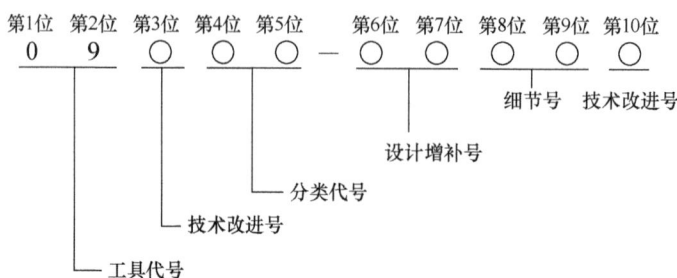

8）标准件和半标准件编码。标准件，是指材料质量、形状、尺寸等按照汽车工业的标准进行标准化的零件，如螺栓、螺母、垫圈、螺钉等。

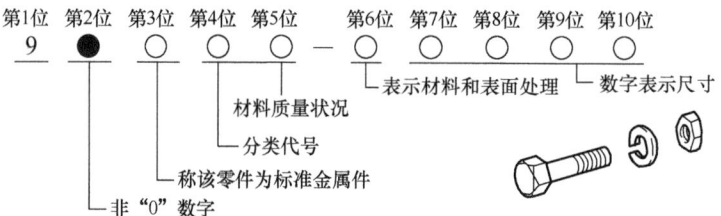

半标准件是指类似于标准件的非标准件，它们也经常被采用，如特殊螺钉、轴承、油封、火花塞（图 4-17）等。标准件和半标准件第一位均用 9 表示，半标准件第二位为 0。

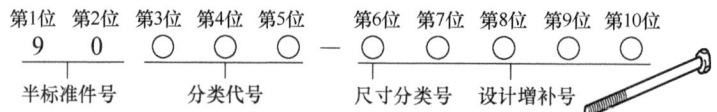

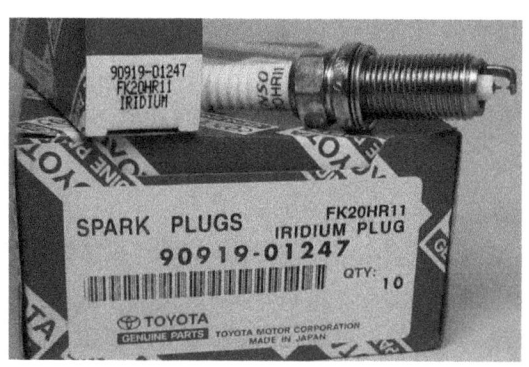

图 4-17　火花塞备件编码

（2）一汽-大众的备件编码　在大众备件体系中，通过数字和字母组合，形成一套简明、完整、精确、科学的备件编码系统，每一个备件只对应一个号码，每组数字、每个字母都表示这个备件的某种性质。大众备件编码一般由 14 位组成。以中央托架为例，其编码组成如下：

第四章 备件管理

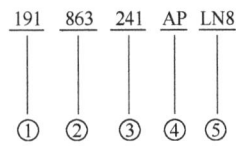

其意义如下:

① 车型及型号标记。前三位表示车型或机组型号,用于说明这些件最初为哪些车型、发动机、变速器设计和使用。根据第三位数字可以区分是左驾驶还是右驾驶,一般规定单数为左驾驶,双数为右驾驶。

② 大类及小类。根据零件在汽车结构中的差异及性能的不同,大众备件编码系统将备件号分成十大类,具体见表4-1。每大类(主组)又分为若干小类(子组),小类(子组)只有跟大类(主组)组合在一起才有意义,如 191 863 241 AP LN8 中的 863,其中 8 为大类,代表车身及装饰件、空调壳体、前后保险杠;63 为小类,代表托架。

表4-1 大众汽车备件分类表

1大类	发动机燃油喷射系统	6大类	车轮、制动系统
2大类	燃油箱、排气系统、空调制冷循环部件	7大类	手动、脚动杠杆操纵机构
3大类	变速器	8大类	车身及装饰件、空调壳体、前后保险杠
4大类	前轴、前轮驱动差速器、转向器、前减振器	9大类	电器
5大类	后轴、后轮驱动差速器、后减振器	10大类	附件(千斤顶、天线、收音机)

③ 备件号。按照其结构顺序排列的备件号由三位数(000~999)组成。如果备件不区分左右,既可在左侧又可在右侧使用,最后一位数字为单数;如果备件区分左右,一般单数为左边件,双数为右边件。如 191 863 241 AP LN8 中的 241 就表明是左边件。

④ 计变更/技术更改号。设计变更号由一个或两个字母组成,表示该件的技术曾经更改过,如备件的材料、结构、技术要求等发生更改。

⑤ 颜色代码。颜色代码用三位数字或三位字母的组合来表示,用于说明该件具有某种颜色特征。如 01C 代表黑色带有光泽,041 代表暗黑色,043 代表黑花纹,ROH 代表未加工的原色。

由上可见,各汽车生产企业采用不同的编码系统,汽车备件经销商及汽车生产厂家的特约售后服务中心一般都沿用原厂编码系统,以便采购订货,且不易出错。

第二节 汽车备件订货管理

特约经销商的备件订货管理即备件采购管理,备件的采购主要有合同采购和市场紧急采购两种。特约经销商备件的进货渠道以与主机厂备件销售部门签订备件采购合同为主,也可以与信誉好、产品质量高的知名公司签订供销合同,或与同类4S店相互拆借。对市场临时紧急采购,要严防假冒伪劣产品,做到货比三家,与信誉好的店家签订质量保证协议并经过法律公证,使采购备件质量得到有效的法律保障。特约经销商在备件采购管理中应该建立备件采购的跟踪、质量保证体系。

一、备件计划

1. 备件计划的意义

保证汽车维修企业的备件供应是备件计划最基本的内容,同时,通过备件计划调整和优化库存结构,可使企业的备件管理实现高效运作,以确保企业的收益。

2. 基本术语

与备件计划工作有关的各种术语需要进行明确界定,具体介绍如下:

1)订货周期是指两次发放单一备件的备件计划的时间间隔(天)。

2)到货周期是指订单发出到收货入库的时间间隔(天)。

3)安全库存是指为保证企业的正常经营活动,防止因不确定因素造成备件的短缺而准备的缓冲库存。

4)预测计划指企业根据前面一段时期(一般为前6个月)的销售、供应、库存等情况,对后两个月的常规订单订货需求做滚动预测。

5)订货计划指企业根据备件供应商的订货日历,制订本次实际需求计划,即订单。

6)B/O数量是指未满足当前客户订货的数量;B/O率是指在一定时期内缺货的总线数除以订货总线数,一般按每天、每月进行统计。

3. 备件预测数据分析

汽车维修企业备件计划员应根据企业使用备件的历史情况、厂家的供应情况、库存情况来制订各类维修备件预测和订货计划;每月应对急需备件的库存清单、备件库存数量、历史销量、备件安全库存数、备件在途数量进行关注,并对其进行分析,确定下次订货及订单数量。

订货数及安全库存量的计算公式:

订货数 = 预测量 + 末期库存量(安全库存量) – 在途数 – 初期库存量 + B/O 数量

安全库存量 = 紧急订单订货到货时间(天数)× 平均每日用量(3 个月平均)

二、备件分类及库存

1. 备件分类

维修企业通常会根据备件每月的出库情况将备件分成 A、B、C、D、E 类,分别称为快流件、中流件、慢流件、其他备件和特殊备件,其分类标准和库存要求见表 4-2。有的企业则把汽车备件分为快流件、中流件、漫流件三类,其分类标准及库存要求见表 4-3。

(1)快流件 一般是指常用易损易消耗的备件,维修用量大,换件频次高。快流件库存周转快,用户广泛且购买力稳定,是企业经营的重点品种。这类备件的订货批量较大,库存比例较高,在任何情况下都不能单货脱销,在仓库管理上企业对此类备件应重点采取措施,进行重点管理,采用最优进货批量,尽量缩短进货间隔,做到快进快出加速周转。

(2)中流件 中流件周转周期较快流件长,在相同周期内也没有快流件的销量大,因此企业只需对其进行一般管理,管理措施主要做到进销平衡、避免积压。

(3)慢流件、其他备件、特殊备件 对待流通速度慢的备件和其他备件及特殊备件一般是按客户需求予以订购,库存只要能满足客户需求即可。

第四章 备件管理

表4-2 备件分类标准及库存要求（5类）

分类	名称	分类标准	安全库存	最大库存
A	快流件	排序累计出库数量占总出库数量60%~80%	4倍周均需求	10倍周均需求
B	中流件	排序累计出库数量占总出库数量15%~25%	2倍周均需求	12倍周均需求
C	慢流件	排序累计出库数量占总出库数量5%~10%	1倍周均需求	1倍周均需求
D	其他备件	其他备件（主要是覆盖件）	0	0
E	特殊备件	车身、发动机、印号的缸体及特殊需求备件	0	0

注：1. 备件的出库数量按高低排序。
2. C 类备件为平均3月需求大于1的备件（12月销售总量的1/4）。
3. 参与排序的备件减除 A、B、C 类备件即为 D 类其他备件。
4. 价值高（单价超过5000元）的 A/B 类备件，可适当降低储备，安全库存一般不能低于2倍周均需求，订货点不得低于4倍周均需求，最大库存不得低于6倍周均需求。
5. 销售稳定且汽车生产厂家备件部门供货稳定的出库量前10位的备件可加大订货频次，并适当降低储备，安全库存不能低于2周均需求，订货点不能低于3月均需求，最大库存不能低于6周均需求。
6. 一些价值低、体积小、保质期较长的可根据自身情况，减少订货频次，加大最大库存量。
7. 季节性备件（空调备件、冬油品等）、促销备件，应提前多备货；季节快过时，应相应减少订购量。

表4-3 备件分类标准及库存要求（3类）

分类	名称	分类标准	安全库存	最大库存
A	快流件	排序累计出库数量占总出库数量60%~80%	4倍周均需求	10倍周均需求
B	中流件	排序累计出库数量占总出库数量15%~25%	2倍周均需求	12倍周均需求
C	慢流件	排序累计出库数量占总出库数量5%~10%	1倍周均需求	1倍周均需求

注明：1. 快流件：大约20%的品种贡献大约80%的销售额。
2. 中流件：大约30%的品种贡献大约15%的销售额。
3. 慢流件：大约50%的品种贡献大约5%的销售额。

2. 安全库存的设定及控制方式

（1）安全库存设定　在日常备件库存管理中，企业应根据使用情况对快流件和中流件进行安全库存的最大、最小值设定，并每天在备件管理系统上进行查询，对低于安全库存的备件进行及时补货，提高备件满足率。安全库存设定主要是确定单位时间需求量、补货点、最大库存和最小库存四个指标。

$$单位时间需求量 = 预测需求量/预测周期$$

$$补货点 = 单位时间需求量 \times （订货周期 + 交货周期） + 安全库存$$

最大库存：为了弥补交货期可能延长的情况，一般需要设置最高库存目标以免产生缺货，特别是对价值较低的快流件一般需要增加一个订货周期的库存作为最大库存。

$$最小库存（安全库存）= 紧急订货到货时间（天数） \times 平均日用量（历史3个月平均值）$$

（2）安全库存的控制方式　对不同类别备件应采取不同的控制方式。

1）快流件：应紧密控制跟踪，全面精准地记录，进行规定频次的库存管理，并须定期做需求预测。

2）中流件：常规控制，良好的记录，定期关注，常规操作。

3）慢流件：简单控制，简单记录。

3. 备件周转率控制

由于汽车维修企业须有一个合理的备件库存结构，需要备件计划员确定应该设置哪些品种的备件库存量和评估哪些品种不再需要库存。而通过备件周转率可以很好地帮助企业进行备件库存合理制定。根据行业的具体情况，汽车企业的备件周转率在 2.0~2.4 的库存结构是较为理想的，这样既可保证企业的资金周转，又有一定数量的安全库存可以防止因缺件而引起的客户投诉，达到较优的客户满足率。但是，在满足备件品种和数量满足率的同时，对明显超过产品生命周期的备件进行报废等处理，这样既可优化提高仓库备件的结构，又可提高备件仓库的利用率。备件周转率的计算公式如下：

备件周转率＝月初月末库存的平均值/当月销售成本

三、备件订货

1. 备件订货原则

汽车维修企业必须遵循备件供应商的备件采购模式。为了确保备件的纯正和保证用户的利益，汽车生产厂家一般要求特约服务中心只能向自己的备件部门或者自己指定的备件代理公司订购备件，不允许其通过厂家或厂家指定的备件代理公司以外的渠道采购备件，同时会不定期地安排人员到特约服务中心巡查备件使用情况，发现非厂家纯正备件的可能会予以重罚。

2. 备件订货保证金

汽车生产厂家一般会要求自己的特约服务中心设立单独的备件账号。特约服务中心每次订货前，应确保相应金额的备件订货预备金存储在账户中，并要求备件经理及备件计划员负责跟踪保证金账户的日常使用情况，保证每次备件订单都有足够的资金进行支付，确保每次订单都能及时生效。该账户还可用作整车索赔的索赔款账户和奖励款项的账户。

3. 备件订单类型

备件订单一般分为常规订单、紧急订单和监控订单。

（1）常规订单　在汽车的特约服务模式中，汽车生产厂家的备件部门会要求特约服务中心每月在备件管理系统中申报所需常用备件的订单，由厂家的备件部门或者备件代理公司安排备件的运输，运送费用由厂家支付，常规订单的申报次数一般是每月4次。

（2）紧急订单　紧急订单是在紧急情况下为满足维修需要而进行的紧急订货，由汽车生产厂家的备件部门或备件代理公司根据特约服务中心要求进行配送。紧急订单每月的订购次数不限，但每次订购的备件品种数会有一定的限制。对于特约服务中心上报的紧急订单，汽车生产厂家或备件代理公司会根据单份紧急订单订购金额，按不同比例收取一定的加急费用，而且一般要求此费用不能转嫁给最终客户。紧急订单的订货流程如图4-18所示。

（3）监控订单　监控订单是包括车身、发动机总成和变速器等需要由汽车生产厂家特殊加工的备件订单，对每月订购次数不限。特约服务中心可通过备件管理系统监控订单购买所需备件，备件的发运由生产厂家备件部门或备件代理公司安排。

另外，对待"三包内"的发动机和缸体采购，过程较为特殊，具体如下：

1）特约服务中心在汽车生产厂家 DMS 维修服务管理系统中提出发动机或缸体索赔申请，并将完整的发动机缸体号码填写在"更换发动机、缸体信息卡"上。

2）汽车生产厂家的售后服务部门审核特约服务中心的索赔申请单（更换发动机、缸体

第四章 备件管理

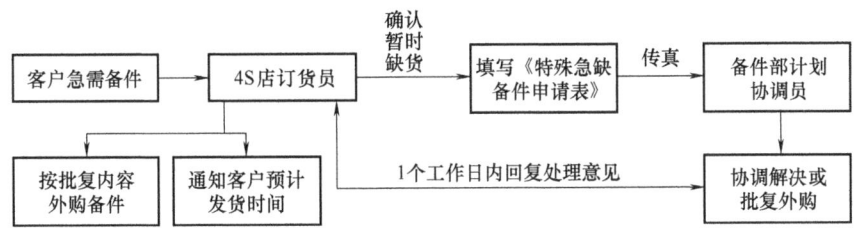

图 4-18 紧急订单的订货流程

信息卡),将审核批准的"更换发动机、缸体信息卡"传给汽车生产厂家的备件部门。

3) 汽车生产厂家的备件部门负责启票给特约服务中心,并开出发运通知书。

4) 汽车生产厂家的备件部门接到"更换发动机、缸体信息卡"和发运通知书后,负责打印缸号并发运到服务中心。

四、备件包装规格

如果备件是特约服务中心向汽车生产厂家采购的,则备件的包装严格按照主机厂的标准设计,发往服务中心的售后备件都会有汽车生产厂家的纯正备件标签或条码,如图 4-19 所示;如果有纸箱,纸箱上也必须有汽车生产厂家的纯正备件印刷标识,如图 4-20 所示。

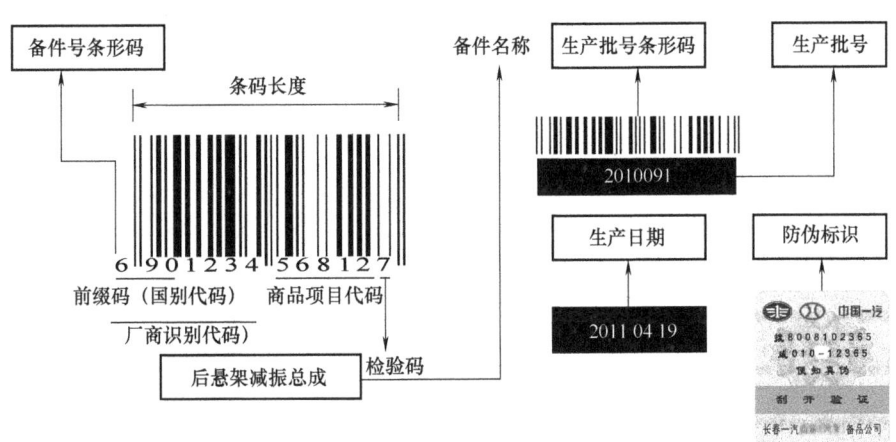

图 4-19 纯正备件标签及条码

五、准时化采购管理

对于汽车售后服务企业来说,生产过程中的库存浪费无疑是发展的最大阻碍之一。在生产运营的过程中,如何通过恰当的采购管理保证正常生产的同时,尽可能地降低库存、提高资金周转率、减少浪费是各企业运营管理者思考的难题。

准时化采购又称零库存采购。它是由丰田汽车公司创造的 JIT 理念(即准时化管理思想)演变而来的。

1. 准时化理念

准时化(Just In Time,JIT)的基本思想是"杜绝浪费"和"只在需要的时候,按需要

图 4-20 纯正备件的印刷标识

的量,生产所需要的产品"。准时化追求一种无库存生产系统,或是库存量达到最小的生产系统。

2. 准时化采购原理

准时化采购原理如图 4-21 所示。

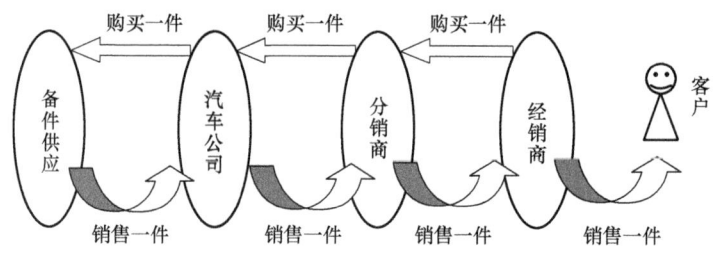

图 4-21 准时化采购原理

1)采购送货直接送到需求点上。
2)用户需要什么,就送什么,品种规格符合客户需要。
3)用户需要什么质量,就送什么质量,品种质量符合客户需要,杜绝次品、废品。
4)用户需要多少,就送多少,不少送,也不多送。
5)用户什么时候需要,就什么时候送货,不晚送,也不早送,非常准时。
6)用户在什么地点需要,就送到什么地点。

准时化采购是一种理想的无库存采购方式,它的核心是使库存最小化管理系统,即消除一切只增加成本,而不向产品中增加价值的过程。准时化的最终目标是利润最大化,基本目标是努力降低成本。它设置了一个最高标准,一种极限目标,即零配件的库存为零,缺陷为零。为了尽可能实现这样的目标,准时化采购提供了一个不断改进的有效途径,即降低物资库存—暴露物资采购问题—采取措施解决问题—降低物资库存。

第四章　备件管理

3. 准时化采购的作用

准时化采购的作用主要体现在以下方面：

1）大幅度减少零配件的库存。根据国外一些实施准时化采购策略企业的测算，准时化采购可以使库存降低 40%~85%。零配件库存的降低，有利于减少流动资金的占用，加速流动资金的周转，同时也有利于节省零配件库存占用的空间，从而降低库存成本。

2）提高零配件采购质量。实施准时化采购，可以使购买的原材料和外购件的质量提高 2~3 倍。而且，采购件质量的提高，又会使质量成本降低。据估计，推行准时化采购可使质量成本减少 26%~63%。

3）降低采购价格。由于供应商和制造商的密切合作以及内部规模效益与长期订货，再加上消除了采购过程中的一些浪费（如订货手续、装卸环节、检验手续等），就使采购价格得以降低。

此外，实行准时化采购策略，不仅缩短了交货时间，节约了采购过程所需的资源（人、财、物），而且提高了企业的劳动生产率，增加了企业的适应能力。

4. 准时化采购的特点

准时化采购的特点主要表现在以下七个方面：

1）采用较少的供应商，甚至单源供应。
2）采取小批量采购的策略。
3）对供应商选择的标准发生变化。
4）对交货准时性的要求更加严格。
5）从根源上保障采购质量。
6）对信息交流的需求加强。
7）可靠的送货和特定的包装要求。

准时化采购与传统采购相比具有鲜明的特点，具体见表 4-4。

表 4-4　准时化采购与传统采购的特点

项　目	准时化采购	传统采购
采购批量	小批量、送货频率高	大批量、送货频率低
供应商选择	长期合作，单源供应	短期合作，多源供应
供应商评价	质量、交货期、价格	质量、价格、交货期
检查工作	逐渐减少，最后消除	收货、点货、质量验收
协商内容	长期合作、质量与合理价格	获得最低价格
运输	准时送货、采购者负责计划安排	较低成本、供应商负责计划安排
文书工作	工作较少，需要的是有能力改变交货时间和质量	文书量大，改变交货时间和质量的采购单多
产品说明	供应商革新、强调性能宽松要求	买方关心设计，供应商没有创新
包装	小、标准化容器包装	普通包装，无特别说明
信息交流	快速、可靠	一般要求

第三节　汽车维修企业备件储备与销售

一、备件储备

1. 新车型备件储备

如果企业属于汽车生产厂家的特约服务中心，则汽车生产厂家服务部为确保新车型顺利上市会对新车型进行维修性评价，并要求特约服务中心在新车型上市前强制储备备件，即便不是特约服务中心，维修企业为了增加利润和提高客户满意度，也应该进行新车型的备件储备。

2. 常规储备

一般情况下，维修企业的备件库存量应保持在备件月销售（使用）量的 2 倍以上，即库销比为 2:1，这样比较合理。由于特殊原因每个企业可根据自身情况适当提高库销比，如果是特约服务中心，汽车生产厂家会对服务中心的库销比提出具体要求。

企业应该按照常规订货的方式进行备件储备。汽车生产厂家会向特约服务中心提出各车型常用备件的储备要求，并通过备件管理系统下发相应通知文件。

3. 常用备件储备达标率检查

为了提高客户满意度和增加市场竞争力，汽车生产厂家会根据常用备件储备标准对特约服务中心进行达标率检查，对于备件达标率低于汽车生产厂家储备要求的服务中心，厂家会通过现金或商务支持政策等给予惩罚。如果不是特约服务中心，汽车维修企业也应该对常用备件储备设定指标值，以提高自己在当地的维修服务竞争力。

4. 备件物流

备件供应商负责备件的包装和发运工作，在发运前对备件进行详细检查，货物发出后，及时通知维修企业货已发出，请其做好查收，同时提醒维修企业做回执确认。备件物流流程如图 4-22 所示。

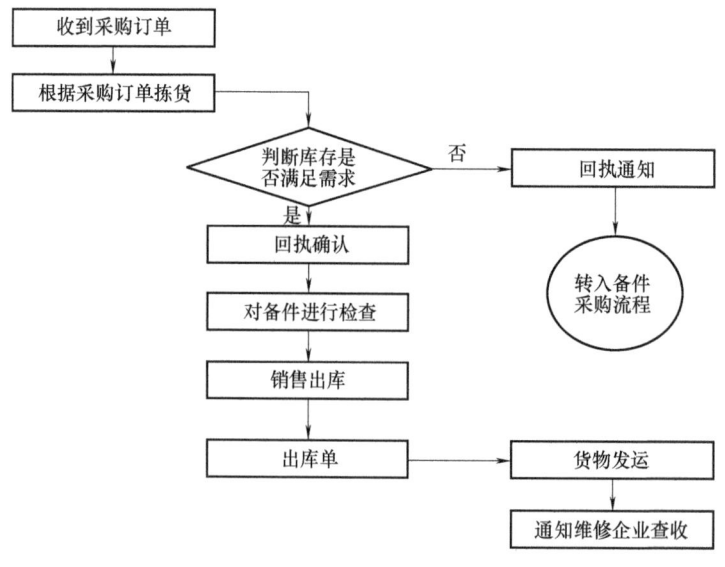

图 4-22　备件物流流程

第四章 备件管理

二、备件入库

汽车维修备件一经验收入库，就划清了责任界限。因此，需要对采购到货后的备件进行相应的入库管理。入库包括接运、验收和办理入库手续三个程序（图4-23）。

1. 接运

接运是维修企业仓库收到到货通知后，向承运部门或供货地点提取备件的工作。在接运时，接运人须对照货物单认真检查，做到交接手续清楚，证件资料齐全，避免将已存在问题的备件带入仓库，造成仓库的验收或保管出现困难。

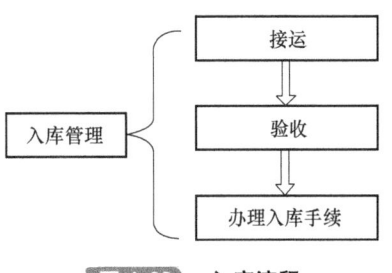

图 4-23 入库流程

接运因到货地点的不同方式也不同，常见的有专线接运、供货单位提货和车站、码头提货等。

（1）专线接运 专线接运是指在建有铁路专用线的仓库内，当货到后在专用线上进行卸车。

（2）供货单位提货 当仓库与供货单位在同一地点时，常采用自提方式进货。由仓库自备运输工具，按照订货合同规定的自提备件直接到供货单位提取。一般来说，该种方式付款手续与提货同时办理，因此应该严格检查外观质量，点清数量。

（3）车站、码头提货 车站、码头是维修企业仓库提货的主要地点。提货人接到到货通知后，应预先了解所到备件的数量、重量和特点，并相应地做好运输装卸器具和人力准备。提货时，提货人应认真核对备件运号、名称、收货单位和件数与运单是否相符；仔细检查包装等外观质量，如发现包装破损、少件、受潮、油污、锈蚀、损坏等情况，应会同承运部门一起查清，并开具文字记录，才能将货提回。

2. 验收

收备件后，需要进行验收，验收过程如下：

检查到货的清单信息是否完整→检查包装与外观→数量清点→质量检查→确定货位→填写备件入库单据→备件入货位→核对及登记备件入库信息→验收问题处理。备件验收流程如图4-24所示。

3. 入库

（1）入库原则 备件入库时应遵循以下原则：

1）有"入库凭证"的备件才进行产品验收，无"入库凭证"则不予验收。

2）"入库凭证"上信息表示准确的备件可以验收，信息表示不准确的则不予验收。

3）验收合格的产品可以入库，验收不合格的产品不予入库。

4）如果是特约服务中心，维修企业还应该严格按照汽车生产厂家要求，在DMS中完成入库备

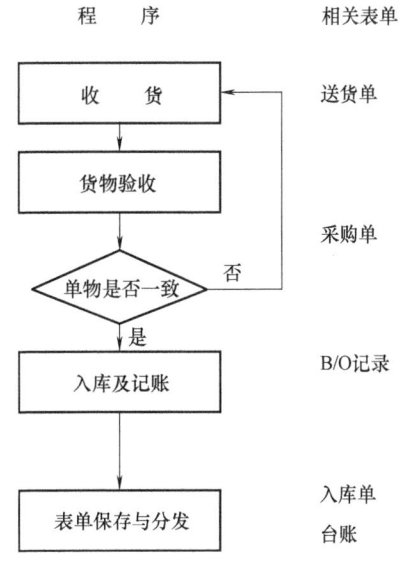

图 4-24 备件验收流程

149

件数据录入。

（2）备件入库流程　备件入库流程如图4-25所示。汽车维修企业（收货单位）接到到货通知后应该进行备件订货单据（承运单据）的核对，并根据订货单据（承运单据），与物流公司人员共同点货。点货完成后，办理备件入库，生成入库单，并做回执确认；如果点货不通过，则要给出不通过的原因，并分别按以下三种方式处理。

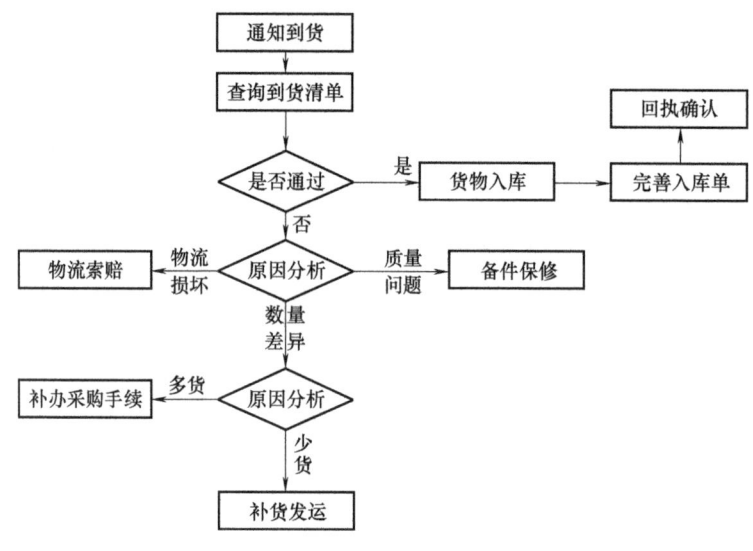

图4-25　备件入库流程

1）物流损坏：直接通知供应商向物流公司进行物流索赔。

2）质量问题：直接进行备件保修。

3）数量差异：如果数量不足（或者装箱数量少），反馈供应商要求补货发运；如果数量有多余，则补办采购手续。

（3）注意事项　在备件入库环节，为了明确责任，保证入库备件数量及质量合格，需要注意以下事项：

1）到货后，汽车维修企业（收货单位）必须与物流公司人员一起验收备件外包装，并核查数量是否与订货单据（承运单据）信息数据一致，包装是否完好，有无磕碰、挤压、变形、腐蚀、翘起等与物流运输质量有关的异常情况。

2）虽验收备件包装完好，但由于出库等因素造成错发、漏发、多发等现象时，汽车维修企业在收到备件后应及时向供应商反馈信息，供应商在接到反馈信息后应书面回复采购商（汽车维修企业）。

4. 备件索赔

备件收发员在开箱检查验收备件过程中如发现破损、少发、多发、错发等问题，应按供应商的索赔处理操作流程进行索赔，设立专门的索赔备件堆放区域，保管好索赔备件，并及时将索赔备件运回供应商或备件代理公司的回收仓库。

5. 备件盘存

（1）盘存要求　因为维修企业的备件经营占其经营收入的比例较大，所以备件经营是维修企业的重要经营活动内容之一，而备件的盘点必不可少。备件盘点一般要求备件经理负

第四章 备件管理

责,财务主管监督实施,对仓库的备件实物盘点要求周期性盘点尽量在一天内完成,年度盘点尽量在两天内完成,盘点工作应尽量避免影响正常营业。

(2) 盘点方法 盘点前需由备件经理制订好盘点计划,并对仓库进行清理,对不好盘点的物品注明原因,挂上非盘点标志,与盘点备件分区堆放,先做好盘点表,然后根据盘点表仔细盘存,每种备件(包括损坏、报废备件、多件、少件)都应清点两次,盘存同时整理好库位,清洁备件,认真登记盘点表,备件经理应对盘点结果进行抽样核对,确保盘点数量正确。

(3) 盘点结果处理 将盘点表上的盘点结果录入计算机,与备件系统核对后,生成"盘点结果报告",由备件经理审阅认可后,交财务备案,同时研究盘点结果报告中差异产生的原因,并给出相应的整改措施,及时更新库存信息,并保存好盘点资料备查。

三、备件仓库管理

备件仓库管理内容包括仓库的合理布局、仓储管理、备件的及时供应,备件成本直接关系到维修作业的及时性,进而影响维修车辆时间及客户满意度。

1. 货架分类

根据备件的大小、形状、重量及特性等对所有备件进行分类,分为中小件、中件、大件、不规则件、油品五类,针对这五类备件需要配备不同型号的货架,分别是小型、中型、大型、中大型和特殊型五类,货架和备件应配合存放,具体见表4-5。

表4-5 各种类别备件及对应的货架类型

序号	备件种类	货架类型	备件举例
1	中小件	小	油封、螺栓、火花塞等
2	中件	中	发电机、前照灯等
3	大件	大	保险杠、座椅等
4	不规则件	中大	油管、消声器等
5	车身装饰条/护板	装饰件	裙板、内饰板等
6	危险品/化学品	特殊	油品、油漆等
7	轮胎	轮胎	轮胎、蓄电池
8	玻璃	玻璃	风窗玻璃等

2. 仓库规划

备件仓库进口应留有运送备件的车辆进出的通道和一定的区域作为卸货处理区域,用于卸货和清点备件。另外,根据储备要求,应有足够的仓储面积和高度,建议使用多层货架,保证进货、发货通道畅通。图4-26所示为某维修企业备件仓库规划图。

备件仓库除要布局合理外,还应做好以下工作:

1)库内地面强度应能承受0.05兆帕的重压,表面涂树脂漆,颜色一般为灰色,通道为绿色,以白色线区隔。

2)库内应设立危险品放置区,并要求有明显的标识,与其他备件相隔离,保证遵守相应的国家消防安全和危险品管理规定。

3)库内应设有单独的索赔零件存放区域,具有防盗设施,保证光线明亮、足够的

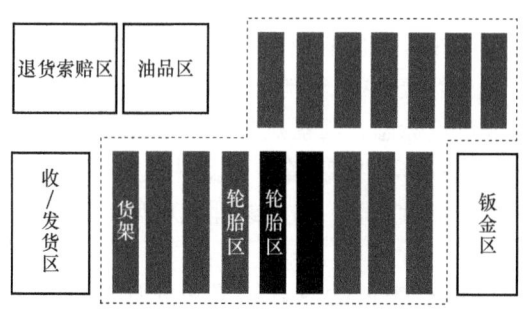

图 4-26　某维修企业备件仓库规划图

通风。

4）如图 4-27 所示，库内走廊根据备件大小不同，分为两种不同的宽度，作为主走廊和次走廊，走廊宽度必须可以让人通过，方便备件的存取。

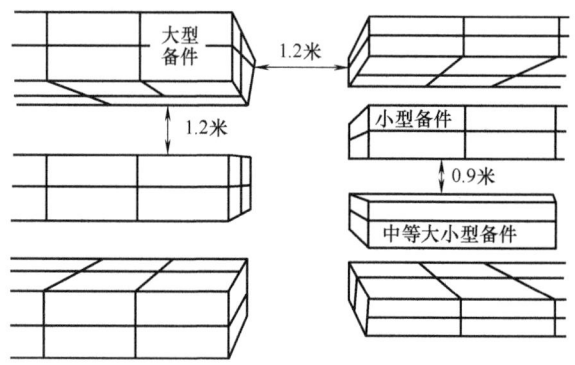

图 4-27　备件仓库走廊宽度要求

3. 备件仓库布局原则

1）靠近出口原则：使用频率越高的备件存放时应越靠近拣配通道和出货口，以减少步行距离，提高拣配的效率。

2）同一性原则：同一物料尽可能地存放在同一位置或相邻位置上，以便仓库的日常管理。

3）类似性原则：根据备件的大中小分类，相同类型集中区域保管。

4）重量特性原则：重物应保管于货架的下层位置，而重量轻的备件则置于货架的上层位置。

5）化学特性原则：备件特性不仅涉及备件本身的危险及易腐等性质，也可能影响其他备件，因此在保管时应分开存放，如油品、油漆、清洗剂等。

6）备件伸手可及原则：将备件放在伸手可及的区域，快流件放在最易拿取的位置。这样不仅可以大大提高出入库的作业效率，同时也保证了人员和备件的安全。

7）目视化原则：备件所存放的区域、存储的位置、备件的号码及名称、保管的职责、工作流程等通过看板、标志符号等方式，使作业人员一目了然、容易识别。

另外，在备件仓库内还应设置"汽车备件收发台账索引及收发明细"台账。

第四章 备件管理

4. 库位设置原则

为了方便备件发货员快速准确地拣选，每个备件都应有自己的库位。库位设置要充分考虑备件的使用频次，拣选的方便和搬运的方便，库位标识应醒目、明了、易懂、便于寻找。库位标识如图 4-28 所示。

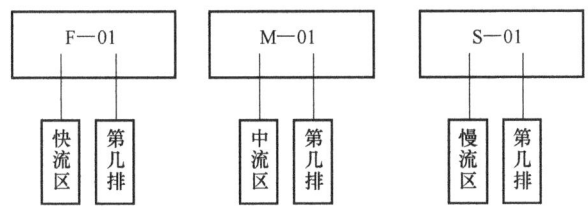

图 4-28　备件库位标识

例如，某备件仓储库位为 S0202—01—03（图 4-29），其含义如下：

S 表示慢流区货架；第一个 02 表示第 2 层货架；第二个 02 表示货架第 2 行；01 表示货架第 1 列；03 表示第 3 个格子。

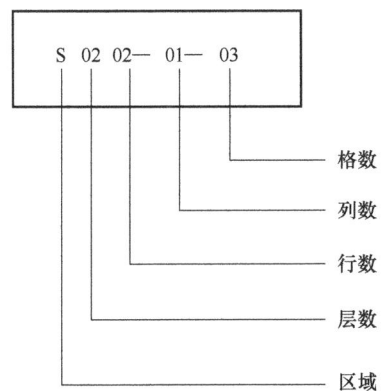

图 4-29　某备件库位标识及代表意义

最佳库位设置应根据拣货和搬货的方便性与备件的出货频次、出货量/次的关系来确定，库位设置参考标准见表 4-6。

表 4-6　备件库位设置参考标准

货架层数 搬运方便性	货架的下层	货架的中层	货架的上层
离搬运场所近	出货频次：多 出货量/次：多	出货频次：多 出货量/次：一般	出货频次：一般 出货量/次：一般
离搬运场所一般	出货频次：一般 出货量/次：多	出货频次：多 出货量/次：少	出货频次：一般 出货量/次：少
离搬运场所远	出货频次：少 出货量/次：多	出货频次：少 出货量/次：一般	出货频次：少 出货量/次：少

货架中间应设置一排库位作为缺料预约备件存放区域,并且有可插信息卡的卡槽及缺件信息卡,信息卡上的内容包括:备件编码、中文名称、车牌号、维修工单号和预计到店时间,便于跟踪并及时为维修准备备件。图4-30所示为缺件信息卡。

```
              缺件信息卡
  备件编码:   ×××××××××××××
  中文名称:   ×××××××××××
  车牌号:     ×××××××
  维修工单号: ×××××××××××
  预计到店时间:×××××××××××
```

图4-30 缺件信息卡

5. 备件的保管与维护原则

备件的保管与维护应遵循以下原则。

(1) 根据备件性能安排适当的仓库与货位原则 汽车零配件众多,各备件的材料和制作工艺各具特点,有的怕潮湿、有的怕光照射、有的怕热、有的怕压等,一旦在存储中忽略了这些特性就会影响备件的性能。因此,在备件的保管过程中需要采取防尘、防潮、防照射等措施,为仓储提供适宜的环境,并且根据备件对储存条件的要求,分别安排到适当的仓库和货位上。具体原则如下:

1) 对于大多数金属备件,一般集中放在通风、向阳的位置,并放置于底部(地面加垫),这样可以防止金属备件受腐蚀或受潮生锈。

2) 对于忌高温的备件,应放置在阴凉、无阳光照射的位置。

3) 对于防尘、防潮、防高温要求较高的备件,可以考虑设置专柜储存。

4) 对于精密的、高档的或已经开箱的备件,如仪器仪表、轴承等,在条件允许的情况下,可用专用储存柜或密封室储存。

(2) 留意储存期限、严格执行先进先出的原则 零配件在生产出厂时,一般都规定了能够保证产品质量的储存日期,如果超出该期限就会影响其使用性能与寿命。例如,橡胶制品一般在一年内能够保证其使用性能符合标准要求;蓄电池在两年内应具有干电荷的性能,2~3年内具有一般电池性能。因此仓储管理过程中,应注意各备件的储存期限;在出库时严格执行先进先出的原则,尽量缩短零配件的在库时间,使零配件尽快在储存期限内销售或使用完。

(3) 严格执行零配件维护制度原则 严格按照各种零配件的维护制度对库存零配件进行必要的清理与维护。

(4) 加强仓库内温度、湿度的控制原则 根据不同季节、不同自然条件,采用通风、除湿、降温等措施来加强对仓库内温度、湿度的控制。

(5) 特殊零配件的存放原则 对于某些特殊零配件的存放应该按照一定的要求或条件来进行。

1) 不能沾油备件的存放。对于不能沾油的备件,存放时应尽可能远离油桶;尽量不破坏零配件的包装;存取时应保证双手的清洁、干燥。

第四章 备件管理

一般不能沾油的备件包括：轮胎、水管接头、橡胶带等橡胶制品；干式纸质空气滤清器滤芯；发电机、起动机的电刷和转子；干式离合器的摩擦片、制动器的制动蹄或制动盘及摩擦片；散热器等。

2）蓄电池的存放。蓄电池储存时，应防止重叠过多和碰撞；应避免电极受损；注意加注塞的密封等。蓄电池极板应储存在干燥的环境中，储存期一般规定为六个月。

3）减振器的存放。减振器若过长时间水平放置，会使其性能变差甚至失效，因此应该竖直放置。

四、备件出库

在生产经营过程中，维修备件是维修工作的主要组成部分，维修车间因维修工作换件需要领料而出现的备件出库情况，具体流程如图4-31所示。

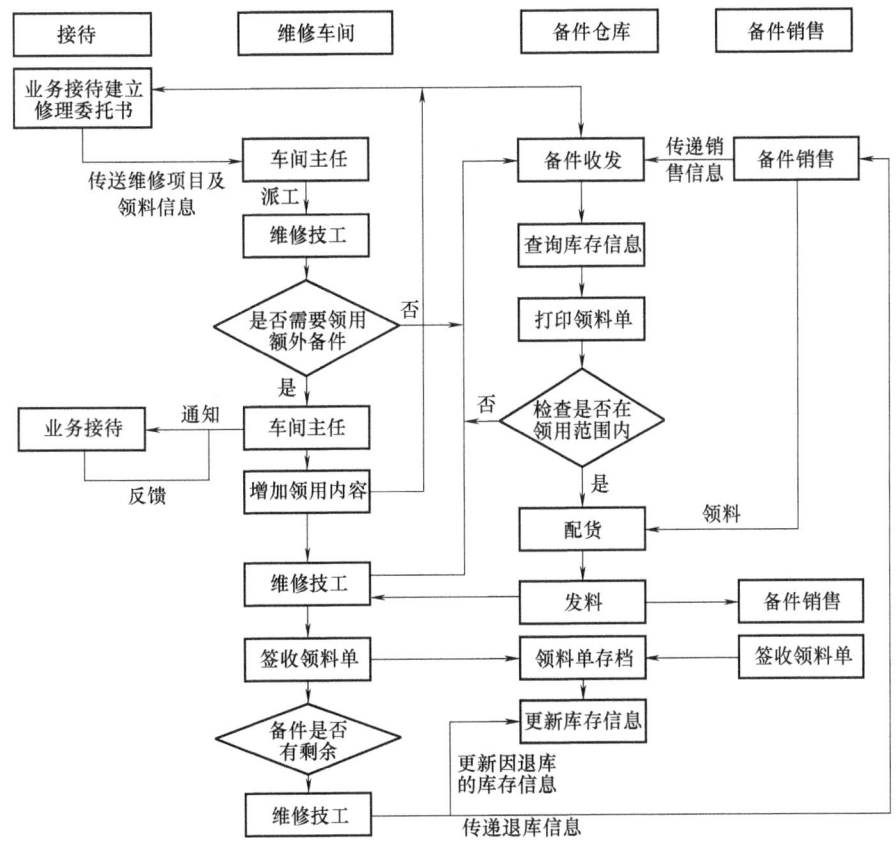

图4-31 维修备件出库流程

（1）领料单核对　备件发料工作由备件收发员负责，其工作是通过计算机进行控制和管理，接收指令生成领料单（由工单号检索生成并统一编号），备件收发员要仔细核对领用内容，包括车辆信息、备件号、领用数量及领用人等。

（2）配货　根据领料单，按备件号从正确的库位上取得正确的备件。

（3）发料　发料前必须再次审核所要发的备件号及数量是否准确，确保正确，给予发料。

（4）备件出库注意事项

1）严禁将有瑕疵的备件发出。

2）严格按照领料单的内容发料，拒绝发出所列范围外的备件。

3）领料人必须在领料单上签收。

4）领料单应在规定期限内完好保存。

五、备件销售管理

大多数汽车备件经营企业的销售方式主要是门市销售，无论是批发还是零售，门市销售都是最基本、最直接的流通渠道。门市销售部门一般称为门市部、营业部或商店，有的也称为销售部、销售中心或销售公司。因此备件销售管理的重点是门市销售的管理，主要包括以下工作。

1. 门市销售的柜组分工

门市销售内部各柜组的分工，一般有按品种系列分柜组和按车型分柜组两种方式。

（1）按品种系列分柜组　经营的所有备件，不分车型，而是按部、系、品名分柜组经营。例如经营发动机备件的，称为发动机柜组；经营工具的，称为工具柜组；经营通用电气的，称为通用电气柜组。这种柜组分工方式的优点如下：

1）比较适合专业化分工的要求。汽车备件的分类是按照备件在一辆整车的几个构成部分来划分的，如发动机系统、离合器变速器系统、传动轴系统等，能够结合商品的本质特点。再如金属机械备件归为一类、日化杂件归为一类、电器产品归为一类等，也有利于经营人员深入了解商品的性能特点、材质、工艺等商品知识。

2）汽车备件品种繁多，对于经营人员来说，掌握自己经营的那部分备件品种的商品知识，比掌握某一车型全部备件的商品知识要容易得多，这样能较快地掌握所经营品种的品名、质量、价格及通用互换常识。尤其是进口维修备件的经营，由于车型繁杂，而每种车型的保有量又不太多，按品种系列分柜组比较好。

3）某些备件的通用互换比较复杂，哪些品种可以与国产车型的备件通用，往往需要用户提供，有的则需要从实物的对比中得出结论。如果不按品种系列，而按车型经营，遇到上述情况，就有许多不便。

（2）按车型分柜组　按不同车型分柜组，如分成标致、日产、现代、奥迪、解放柜组等。每个柜组经营一个或多个车型的全部品种。这种柜组分工方式的优点如下：

1）一些专业运输单位及工矿企业拥有的车型种类不多，大多数中小型企业及个体用户也只拥有一种或几种车型，同时有些汽车备件用户又以中小型用户为主。这些运输单位、工矿企业和中小型汽车备件用户的备件采购计划，往往是按车型划分的，这样只需一份采购单便可在一个柜组，甚至只在一个柜组的一至二个柜台便可全部备齐，解决所有需要。

2）按车型划分还可与整车厂编印的备件目录相一致，当向整车厂提出要货时，经营企业可以很便利地编制以车型划分的进货计划。

3）按车型分柜组，也有利于进行经济核算和管理，而孤立地经营不同车型的部分品种，难以考核经济效益。按车型分工经营，根据社会车型保有量统计数据，把进货、销量、库存、资金占用、费用、资金周转几项经济指标落实到柜组，有利于企业管理的规范化。

按车型分柜组也有缺点,由于每个柜组经营品种繁多,并且需要经营人员熟悉所经营车型的每种商品的性能、特点、材质、价格及产地等,这对经营人员而言不是一件容易的事,而且当一种备件可以通用几个车型时,往往容易造成重复进货和重复经营,因此,这种分组柜的方法对经营人员的要求非常高。

柜组分工方式可根据企业的具体条件确定。一个较大的汽车备件经营企业,往往在一个地区设立几个门市部,或跨地区、跨市设立门市部。在门市内部,相互间的分工至关重要,有的按车型分工,如经营东风、解放、福特、日产、标致等备件;有的不分车型,按品种系列综合经营;也有的二者兼有,既以综合经营为基础,各自又有几个特色车型。

2. 门市橱窗陈列和柜台货架的摆放

对汽车备件门市部来讲,陈列商品十分重要。通过陈列样品,可以加深顾客对备件的了解,以便选购。尤其是对一些新产品和通用产品,更能通过样品陈列起到极大的宣传作用。

(1) 商品陈列的方式 商品陈列的方式有橱窗商品陈列,柜台、货架商品陈列,架顶陈列,壁挂陈列和平地陈列等。

1) 橱窗商品陈列,是利用商店临街的橱窗专门展示样品,是商业广告的一种主要形式。橱窗陈列商品一要有代表性,体现出企业的特色,如主营汽车轮胎的商店,要将不同规格、不同形状的轮胎巧妙地摆出来;二要美观大方,引人注目。

2) 柜台、货架商品陈列,也称商品摆布,这种方式的特点是更换频繁,还可达到既陈列又销售的目的。柜台、货架商品陈列是经营人员的经常性工作,也是商店中最主要的陈列方式。汽车备件中的小件商品,如火花塞、皮碗、修理包、各类油封等,适合此类陈列方式。

3) 架顶陈列是在货架的顶部陈列商品,特点是占用上部空间位置,架顶商品陈列的视野范围较高,顾客容易看到,这种方式一般适合机油、美容清洗剂等商品的陈列。

4) 壁挂陈列一般是在墙壁上设置悬挂陈列架来陈列商品,适用于重量较轻的备件,如轮辋、传动带等。

5) 平地陈列是将一些大而笨重、无法摆上货架或柜台的商品,在营业场地的地面上陈列,如蓄电池、发动机总成、离合器总成等。

(2) 商品陈列注意事项

1) 易于顾客辨认,满足顾客要求。要将商品摆得成行成列、整齐、有条理、多而不乱。

2) 库有柜有、明码标价。陈列的商品要明码标价,有货有价。商品随销随补,不断档、不空架,把所有待销售的商品展示在顾客面前。

3) 定位定量摆放。摆放商品要定位定量,不要随便移动,以利于经营人员取放、盘点,提高工作效率。

4) 分类、分等摆放。应按商品的品种、系列、质量等级等有规律地摆放,以便顾客挑选。

5) 关联商品摆放。把使用上有联系的商品,摆放在一起陈列,这样能引起顾客的联想,具有销售上的连带效应。

3. 营业前的准备

1）整理好店容和卫生，以及个人仪容仪表。

2）检查柜台、柜顶、壁挂、平地商品摆放，检查商品摆放的位置、数量，平地摆放的商品要留出通道，让顾客感觉整个营业场地醒目、整齐、有序。

3）备好售货用的账目、票据、零钞和收款登记账簿。

4）营业前全员上岗。

4. 门市销售应注意的问题

（1）与客户加强联系　当前汽车备件市场供大于求，市场竞争十分激烈，门市销售除了日常的接待客户外，还应通过走访、邀请、电话、信函等交流手段加强与客户的联系，对购货比较集中的单位，如公交公司、搬运或储运公司、出租车公司、工程车队、汽车运输公司、部队后勤保障部门、修理厂等，更应加强联系，要熟悉其主管人员、主办人员，以及车数、车型保有情况，建立用户档案，根据汽车备件的消耗规律判断其进货计划，使销售工作更为顺利。

（2）对客户货款结算应持谨慎态度，避免拖欠和造成重大损失　货款结算方式有现金支付、转账支票、托收承付、担保延期付款等方式，但从安全稳妥的角度出发，除关系密切、信誉好的客户外，宁可薄利，也应及时回笼货款。

（3）研究制定合理的销售价格体系　根据市场需求变化、进货成本，在不违背国家有关规定的前提下，灵活定价，在销售中有效发挥价格的杠杆作用。根据市场行情变化，一方面适当调高畅销品、名优产品的价格，如果是代理销售生产厂家产品的企业则应征求厂家意见；另一方面适当调低滞销商品的价格，在必要情况下，如为加速资金周转等可亏本或保本出售；对享受批发价商品要根据购买数量、成本进行核算，薄利多销，在整个销售中有赔有赚，以盈补亏。通过价格策略的灵活应用可以抵消呆滞积压备件造成的经济损失，给企业的发展注入活力，但应防止采取低价倾销的不正当竞争行为。

（4）对优质服务要有全面认识　门市销售不只是面带微笑、热情待客，更重要的是练好"内功"和提高销售人员的专业性。一方面，必须练好"内功"，因为每个客户，特别是大客户购买备件时，总是希望在一个公司能满足其所需的全部备件，且质好价宜，因此，门市销售就必须在品种、质量、价格上下功夫。另一方面，需加强销售人员的专业技能。销售人员必须根据汽车备件车型多、品种繁、专用性强的特点，不但要懂得所经销备件的通用互换情况，而且还要了解同一车型、不同代产品的备件。不然，就会造成本来可以通用互换的不同车型的备件，不能实现销售，降低了客户满足率，同时还会造成因不知道同一车型、不同代产品能通用备件的知识所带来的销售错误。因此销售人员必须学会识别各种备件的适用车型、名称、规格、用途，掌握汽车备件基本知识。只有这样销售人员才能为客户提供满意的咨询导向和售后服务，与客户建立起牢固的合作关系。

（5）进销关系要理顺　进货与销货不能脱节，必须按汽车备件消耗规律、门市销售情况、库存数量及各品种销售趋势安排进货，一旦预见将会发生品种短缺，立即联系进货，保证常规易损易耗备件的充足供应，最大限度满足客户需求。汽车备件销售行业未来的发展趋势是门市销售记账实现办公现代化，利用计算机准确快捷地统计出各品种销售情况，这样可更好地理顺进销关系，提高工作效率。

（6）对门市销售业务要考核经济效益和社会效益　企业一般对考核经济效益比较重视，

第四章 备件管理

主要考核指标是"纯利润",而对社会效益的考核主要是通过备件商品供应率(即客户购品满足率)指标进行,但企业不太重视这个指标的考核。备件商品供应率是一项反映企业在当地市场上销售品种对客户的满足程度,尤其是对本企业所经营的、当地保有量大的车型备件的满足程度。考核办法是,在一段时间内抽取有代表性的老客户采购单,把采购单上的品种总数作为分母,把本企业所能满足的品种总数作为分子,得出数据再乘以100%。这个百分数越大说明本企业的品种覆盖率越高,社会效益越好,同时也扩大了销售,促进了经济效益的提高。

(7)接待并处理好用户退换货业务 用户退换商品一般有两种情况:一是因商品质量不合乎要求而退换;二是由于所购商品不适合应用而退换。不论对于哪一种情况,都应给予妥善处理。对第一种情况,首先必须验明是否确属本企业售出的商品,并经证明质量状况是否符合标准,然后由商店按规定处理;对第二种情况,也要首先验明是否确属本企业售出的商品,再查验商品有无损坏,并在规定退换期内,报请商店负责人按规定退换。对于不符合退换规定的,应耐心解释。

(8)完整地向客户介绍汽车备件及其质量保修规定 客户在购买汽车备件时,有时并不十分清楚所购备件在使用时的注意事项,经营人员应详细向客户介绍该备件的功能、性能特点及使用方法。有时还须示范或让客户亲自试用,有条件的话,可向客户分发产品使用说明书。客户购买汽车备件,一般对汽车备件质量有一定要求,因此,经营人员应对汽车备件的产地、质量、特点等有较深的了解,积极如实地向客户介绍。同时,对有些备件还应介绍其质量保修规定,这也是客户十分关心的问题,如保修年限、承保范围、费用分担等,并向客户发送质量保修卡。

第四节 汽车维修备件的管理及售后

一、维修备件的管理

1. 维修备件的出库管理

汽车售后服务企业维修备件的出库主要分为客户付费维修领料、厂家保修索赔维修领料、保险理赔维修领料三种情况。一般维修备件的出库流程如图4-32所示。领料申请表见表4-7,备件出库单见表4-8。

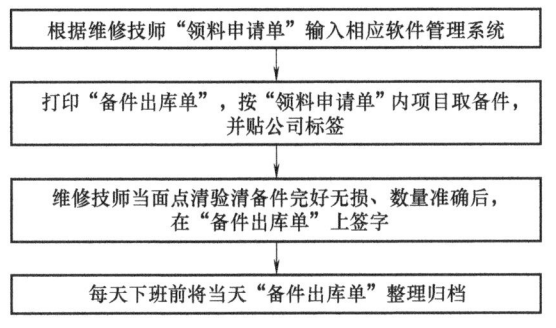

图 4-32 维修备件出库流程

表 4-7　领料申请表

领料申请单						
申请部门：					日期：	
序号	物品名称	数量	单位	单价	合计金额	备注
1						
2						
3						
4						
5						
合计金额（大写）：		万 仟 百 拾 元 角 分 （ 　 ）				
审核意见：						
					主管签字：	
审批人：		发料人：			领料人：	

表 4-8　备件出库单

								编号：	
								年　月　日	
车型	图号	备件名称	单位	数量	单价	金额	备注		
				合　计					
开票员		库管员		财务		用户			

注：本单一式四联，依次分别交开票员、库管员、财务室、用户。

办理维修备件出库手续时应注意以下事项：

1）客户付费维修领料时，备件出库应按服务顾问（Service Advisor，SA）签字确认的内容打印"备件出库单"。

2）厂家保修索赔维修领料时，备件出库应按索赔员签字确认的内容打印"备件出库单"。使用厂家无偿提供的用于召回维修的备件时，应在该备件专项进销存账目中办理出库，不得与仓库账目混淆。

3）保险理赔维修领料时，单台维修车辆备件总需求金额不大于 1000 元的，由前台主管确认，超出 1000 元的由售后服务经理确认。备件出库应按上述责任人签字确认的内容打印"备件出库单"。

4）在备件对外销售时，备件销售员打印"备件销售单"，客户凭"备件销售单"到前台结算付款。备件出库应按经结算员确认收到款项的"备件销售单"打印"备件出库单"进行发货。

5）打印"备件出库单"前，必须认真核对，确认相关库位码、备件编码、名称、适用车型等信息与需求备件完全一致，杜绝出库备件名实不符。

6）对于应该交旧领新的备件，仓库管理员（库管员）在确认旧件已回收后，根据"备件出库单"上的内容进行发货。

第四章 备件管理

7）发货时必须先通过系统打印"备件出库单",再由发货人和领料人共同验货、清点,确认名实相符、数量正确、质量合格后在"备件出库单"上签字确认。不允许先发出备件,事后补办领料手续。

8）出库物资必须准确计量。包装量大于单次使用需求量的材料,应按实际需求量拆零出库,并做到拆零计量准确、成本核算到单台维修车辆,不得按包装量整批出库。

9）仓库管理员发货时,应根据入库日期按照先进先出原则进行操作。

10）备件出库后因误领、误发等原因需要退回仓库时,经验收确认没有损坏,可办理领用退库,并应及时录入系统,打印"退库单",由领料退库人收货签字确认后,单据交结算员做结算相关处理。

11）每收发一项备件都必须及时准确录入售后服务系统,及时在进销存卡上准确记录收发时间和数量;进销存卡必须对应仓位、备件名称、备件编码,不可乱放乱记。

2. 备件借用及调拨业务

备件借用及调拨业务的具体实施细则如下:

1）本单位维修车间因外出救援或判断疑难故障而借用备件时,借件人应填写"备件借用申请表"（表4-9）,经服务经理签字确认后方可借用,并确保于当日整洁、完好地归还。

表4-9 备件借用申请表

年　　月　　日

施工单号		车型		车牌号	
车主		联系电话		用件地点	

备件借用及原因:

序号	备件编码	备件名称	单位	数量	成本价	备注
1						
2						
3						
4						

车间主管意见:

日期:

售后服务经理审批:

日期:

借出时间	借出状态	归还时间	归还状态
库管员:	库管员:	库管员:	库管员:
借件人:	借件人:	借件人:	借件人:

填写说明:

1. 本表用于车间向备件仓库借用备件的审批和记录。

2. 车辆维修中出现因技术手段不足,经车间主管确认必须通过借用备件做故障判断,或外出救援必须携带备件现场排除故障时,使用本表。

3. 本表由借件人填写,必须如实填写相关信息,库管员确认备件名称、编码的正确性,经车间主管签署意见后,报服务经理审批。

4. 借出、归还备件时,借件人和库管员必须当面确认备件完好状态和时间,并在表中填写、签名。

5. 本表由库管员保管,如有丢失,由库管员承担全部责任。

2）库管员应主动跟进，及时收回借出的备件，备件主管必须在每天下班前，检查所借出的备件是否收回。

3）借件当天备件丢失的，由借件人全额赔偿。备件次日以后发现丢失的由备件主管和库管员共同全额赔偿。

4）集团公司内部各不同品牌经营单位之间调拨备件时，需要填写"备件内部调拨申请单"（表4-10），经售后服务部审批后，以该备件销售价（最终用户价）的九折进行调拨；集团公司内部同品牌经营单位间调拨备件，由双方直接联系，不必通过售后服务部审批。

表4-10 备件内部调拨申请单

编号： 年 月 第 次

调入单位				调出单位		
施工单号		车型		车架号		
车主		车牌		联系电话		
备件资料						
序号	备件编码	备件名称	数量	单位	调拨单价	金额
1						
2						
3						
4						

合计金额：

申请人		备件主管		服务经理	
日　期		日　期		日　期	

调出单位意见：

备件主管：
日　　期：

售后服务部审批：

签　　名：
日　　期：

填写说明：

1. 本单是由经营单位在集团公司内部调拨备件时填写的备件内部调拨审批单据。

2. 本单必须填写清楚调入、调出单位的名称，同时写清楚需要本备件的维修车辆施工单号、车牌号码、车型、车架号。

3. 本单必须有本单位财务主管签名。

4. 调出单位意见由调出方备件主管查询库存情况后填写是否同意调拨并签字确认。

5）仓库处理集团公司内部调拨备件，必须录入售后服务系统，调出单位按出库录入，调入单位按入库录入。必须在办理调拨出库的一周内将出库单上交给财务会计，由会计与对方单位核对无误后办理开发票手续。

6）借入备件，仓库必须及时以借用入库方式录入系统，归还该备件时以借用退库方式在系统中做出库处理，打印的"退库单"必须于当日上缴本单位财务，并确保与借用入库时上缴的借件凭证对应。

7）借入、借出备件，必须严格履行报批手续、规范装订、妥善保管凭证，设置备查账及时有效跟进督促归还，否则，由此造成的损失，由备件主管、库管员共同全额赔偿。

二、维修备件的盘点

1. 盘点的定义、内容、目的

（1）盘点的定义　汽车备件的盘点是指仓库定期对库存备件的数量进行核对，清点实际库存数，核对账目。

（2）盘点的内容　盘点的内容主要包括备件数量和质量、储存期限、储存条件、库存安全状况、核对账务等，并应做好相应的盘点记录。

（3）盘点的目的

1）及时掌握库存备件的变化情况，避免备件的短缺丢失或超储积压。

2）查明实际库存量与账目、标签卡上的数字是否相符。

3）及时掌握库存的数量、品质，为采购计划的制订、管理及相关工作人员的考核提供充分依据。

4）及时发现备件存放位置与数目存在的潜在错误，以便进行更正。

5）及时发现库存备件是否到期限，是否存在变质、失效、破损和滞销等情况。

2. 盘点作业步骤

盘点作业步骤如图 4-33 所示。

3. 盘点的方法

盘点方法主要有动态盘点、定期盘点、重点盘点和循环盘点四种，具体操作规则见表 4-11。

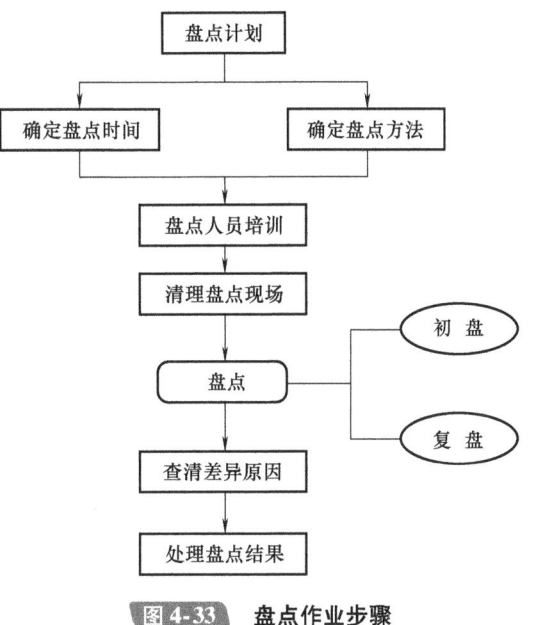

图 4-33　盘点作业步骤

表 4-11　各种盘点方法的操作规则

序号	方法名称	操作规程	优点
1	动态盘点	备件出库、入库时进行盘点，及时与对应的账目、标签卡记录核对	盘点工作量小，及时掌握准确的库存量，及时发现错误
2	定期盘点	定期（周、月、季、年末）全面清点所有存货	便于及时处理超储呆滞存货
3	重点盘点	对周转率高、易损耗、价值高的备件重点盘库	盘点工作量较小，可控制重点备件的动态，有效防止差错
4	循环盘点	按入库的先后或所管物资的轻重缓急做出盘点计划，每天盘点一定类型的备件	节省工作量，全部盘点完一轮后，再开始下一轮

4. 盘点单

盘点单又称盘点卡，是定期或不定期地对仓库各个库位进行清点，并记录账面数量与实际清点数量差异的单据。盘点单的一般格式见表 4-12。

表4-12 盘点单的一般格式

物料盘点单		No.	
品类代号		简称	
料号			
品名			
规格			
计量		应有预盘量	
预盘	日期	盘点人	
	实盘量	盘盈（亏）量	
复盘	日期	盘点人	
	实盘量	盘盈（亏）量	
存料状态	□良　品 G □不良品 B □呆　料 D	备注	

盘点单绝大多数设计为三联式，第一联挂料架上（结算完成后再取消），第二联由复盘人撕下交予盘点主持人，第三联由预盘主办人撕下交盘点主持人，以明责任，兼作回馈信息。此为最佳顺序。

盘点单一般分为三部分：

第一部分是总字段，主要包括"No.""料号""品名""规格""计量""应有预盘量"。其中最需要注意的是"No."，一般是在盘点前就已印妥，而且顺序联号控制，由盘点主持人管控。因为基本上盘点一定要把散存于储位区的料品，一一回笼到同一储位（区），所以一个料项一张盘点单是合理的。

第二部分是"预盘"有关字段，由预盘主办人填入，包括"实盘量"及"盘盈（亏）量"，加上盘点人的签名（含日期时间）。

第三部分是"复盘"有关字段，由复盘者填入，包括"实盘量"及"盘盈（亏）量"，加上盘点人的签名。

5. 盘点结果处理

为了通过盘点使账面数与实物数保持一致，需要对盘点盈亏和报废品一并进行调整。除了数量上的盈亏，有些商品还会通过盘点进行价格的调整，这些差异的处理，可以经主管审核后，用更正表（表4-13）进行更正。

表4-13 盘点更正表

货品编号	货品名称	单位	账面资料			盘点实存			数量盈亏			价格增减			差异因素	负责人	备注
			数量	单价	金额	数量	单价	金额	数量	单价	金额	数量	单价	金额			

三、备件售后服务

1. 售后服务的作用

无论对于汽车备件经营企业还是客户,售后服务都很重要。汽车备件经营企业也意识到汽车备件卖出去以后不是销售的结束,而是占领市场的开始,因此必须做好售后服务,做好售后服务可以带来以下好处:

1)汽车备件经营企业为客户提供及时、周到、可靠的服务,可以保证客户所购汽车备件的正常使用,最大限度地发挥汽车备件的使用价值。

2)争取客户,增强企业的竞争力。除了产品性能、质量、价格之外,优质的售后服务可以增加客户对产品的好感,增加产品的正面口碑,提高企业的声誉,迎来更多的客户,从而增强企业的竞争能力。

3)收集客户和市场的反馈信息,为企业正确决策提供依据。售后服务不仅可以使企业掌握客户的信息资料,还可以广泛收集客户意见和市场需求信息,为企业经营决策提供依据,使企业能按照客户意见和市场需求的变化进行决策,从而提高决策的科学性、正确性,减少风险和失误。

总之,良好的售后服务,不仅可以巩固已争取到的客户,还可以通过这些客户的宣传,树立良好的企业形象,争取到新的客户,开拓新的市场。

2. 售后服务的内容

售后服务是指经营企业在备件售卖给客户之后还继续为其提供的各项服务,售后服务主要包括下列内容。

(1)建立客户档案 客户的档案管理是对客户的有关材料以及其他技术资料加以收集、整理、保管和对变动情况进行记载的一项专门工作。建立客户档案直接关系到售后服务工作的正确组织和实施。档案管理必须做到以下 4 点:

1)档案内容必须完整、准确。

2)档案内容的变动必须及时更新。

3)档案的查阅、改动必须遵循有关规章制度。

4)要确保某些档案及资料的保密性。

客户档案可采用卡片的形式进行记载,卡片的主要内容包括:客户名称、详细地址、邮政编码、联系电话、法定代表人姓名、注册资金、生产经营范围、经营状况、信用状况、供销联系人、银行账号、何时与其建立交易关系、历年交易记录、联系记录、备件消耗、备件来源情况等。

(2)对客户进行分类 以客户档案为基础对客户进行调查分析,最后对客户进行分类,一般可以把顾客分成以下 3 类。

A 类客户:资信状况好、经营作风好、经济实力强、长期往来成交次数多、成交额较大、关系比较牢固的基本往来户。

B 类客户:资信状况好、经济实力不太强,但也能进行一般的交易,完成一定购买额的一般往来户。

C 类客户:资信状况一般、业务成交量较少,可作为普通联系户。

对于不同类别的客户,要采取不同的经营策略,优先与 A 类客户成交,在资源分配和定价上适当优惠；对 B 类客户要"保持"和"培养"；对 C 类客户则应积极争取，加强联系。

（3）保持与客户的联系　建立客户档案和客户分类的目的在于及时与客户联系，了解客户的需求，并对客户的需要做出回复。备件经营企业应经常查阅最近的客户档案，主动与客户联系，了解客户汽车备件的使用情况以及存在的问题。在与客户进行联系时应遵循以下准则：

1）了解客户的需求。应了解客户在汽车备件使用中有什么问题，或者客户还有哪些需求。

2）专心听取客户的要求并做出答复。

3）多提问，确保完全理解客户的需求。

4）总结客户的需求。在完全理解客户的需求之后，还要归纳并填写"汽车备件客户满意度调查表"。

5）对于 A、B 两类客户，可定期或不定期召开用户座谈会或邀请他们参加本企业的一些庆典或文化娱乐活动，与他们加深感情沟通。

（4）送货上门和质量"三包"　由于送货服务最大程度方便了顾客，目前在汽车备件经营行业应用较为普遍。另外，对售出的备件实行质量"三包"（包退、包换、包修），不仅维护了客户的权益、降低了客户的风险，而且也提高了企业的信誉，刺激了企业的经营，因此，备件质量三包也受到备件经营企业积极的支持。

（5）了解备件使用信息　备件经营企业应积极主动与汽车修理企业及汽车运输公司、租赁公司、出租公司的修理厂等大客户加强联系，了解他们的营业状况和车辆状况等，寻找和分析客户的备件消耗规律，找出备件需求规律性，以便及时协助客户合理储备备件。了解客户对备件的使用信息主要从以下方面着手。

1）了解客户车辆状况。主要了解客户拥有的车型、车数、购买时间和使用状况。

2）找出客户备件消耗的规律。汽车的使用寿命周期由初期使用、正常使用、大中修理、后期使用和逐渐报废这样一个全过程组成，对于专业运输企业和工矿企业所使用的专业运输车辆，备件消耗在这个过程中存在以下规律：

① 初期——正常运行期。保养用备件处于正常消耗阶段。

② 二期——使用故障期。在此期间事故件消耗上升。

③ 三期——中修期。在此期间，以磨损消耗的备件为主，如发动机高速运动部位的零部件。

④ 四期——大修期。在此期间，仍然以磨损消耗的备件为主，如发动机、离合器、变速器等部位的零部件。

⑤ 五期——混合期。在此期间，主要是定期保养用备件和磨损消耗的备件，以及由于大、中修质量影响造成返修所消耗的备件。

⑥ 六期——二次大修期。在此期间，除消耗第一次大修用备件外，底盘要全部检修，更换部分零部件。这部分零部件一般不属于正常磨损，而是由于检查、调整不及时造成的，主要是滚动轴承损坏导致齿轮损坏。因此，必须在第一次大修时对底盘各部分总成进行全面检查和调整。

⑦ 后期——逐渐报废期。在此期间备件消耗下降，备件储备处于紧缩阶段。

第四章 备件管理

根据以上分析，可以看出备件消耗具有以不同使用时期的不同消耗为重点的动态增减规律，它反映了备件消耗规律的普遍性，是一种函数关系，是符合车辆使用寿命周期规律的。备件储备定额应与上述函数关系建立对应关系，加上一定的安全储备量，这就是动态储备定额。按这个定额储备备件，就能满足车辆在不同使用时期备件消耗的需要。这样既保证了维修车辆备件消耗的需要，又相对节省了储备资金，同时避免备件积压和报废损失。

3）协助客户合理储备备件。

① 备件储备要建立在消耗的基础上，以耗定存，加强备件的消耗规律分析，为制订维修备件储存计划提供依据。

② 根据车辆技术性能和使用条件，制订车辆在整个使用寿命周期内备件消耗分期计划，确定不同时期备件消耗重点，进而确定库存量和库存结构。

③ 认清总成和零件的存量关系，使存量合理化。总成可以分为大总成、小总成和事故总成，它们应分别采取不同方法储备。

大总成：如发动机、变速器等，这类总成损坏率小，主要部件损坏时才需更换，储备不应过多，甚至可以在需要时，临时采购。由于大总成价格较高，储备少可以节省储备资金。

小总成：如供油泵、发电机等，它们占用全车总成的 2/3 左右，这类总成一般易损，修理时占用工时较长，影响车辆完好率。对于小总成的维修一般是以更换为主，原因是有些小总成比它的成套零件价格便宜；有故障的小总成往往只是内部若干易损的零件出问题，全部备齐也不经济；随着当前人们对时间观念的增强，更换小总成可以节约时间；更换下的小总成进行修复后可作为以后再次损坏时的备用品。因此，备件企业可以根据实际使用情况，多备小总成，在摸清小总成内部损坏零件的规律后有目的地储备零件。

事故总成：如车架、保险杠、前后桥等，这类总成多由事故造成损坏，故不应提前储备，在接到事故车辆后，及时向预先约定的关系单位购买，较为经济。

④ 对保有量极少的车型，如油罐车和牵引车等，备件储备要采取特殊管理方法，以防急需时因备件待料而影响生产，因此必须想方设法保证备件供应。备件经营企业除加强与有车单位的横向联系外，对易损备件要储备充足，保证正常维修需要；对集中在发动机、离合器、变速器等部位的大、中修备件，可考虑备用总成供修理时更换，并且换下的旧总成可在充足时间内修理，如有未储备的备件也可以有足够的采购时间，修复后的旧总成还可做备用，这样可减少备件的储备量；对于底盘备件可在第一次大修时检修调整，有目的地进行储备。

第五章

索 赔 管 理

第一节 汽车产品的质量担保

众所周知,所有的商品都有质保期,也称为商品的质量担保期。汽车也一样,所有的汽车生产企业一般都会给出行驶时间和行驶里程两个质量担保期的限定条件,而且还要以先达到者为准。为了保护家用汽车产品消费者的合法权益,明确家用汽车产品修理、更换、退货责任,根据有关法律法规,国家质检总局网站于2013年1月15日发布了《家用汽车产品修理、更换、退货责任规定》(以下简称《规定》),明确了家用汽车产品修理、更换、退货(以下简称"三包")责任由销售者依法承担。同时,明确了生产者、销售者和修理者的义务。该《规定》自2013年10月1日起施行。

一、汽车 "三包" 的相关规定

《规定》明确了在我国境内生产、销售的家用汽车产品"三包"责任由销售者依法承担。销售者依照规定承担"三包"责任后,属于生产者的责任或属于其他经营者的责任的,销售者有权向生产者、其他经营者追偿。鼓励家用汽车产品经营者做出更有利于维护消费者合法权益的严于《规定》的"三包"责任承诺,承诺一经做出,应当依法履行。家用汽车产品经营者不得故意拖延或无正当理由拒绝消费者提出的符合《规定》的"三包"责任要求。

《规定》明确了"三包"责任。家用汽车产品包修期限不低于3年或行驶里程6万公里,以先到者为准;家用汽车产品"三包"有效期限不低于2年或行驶里程5万公里,以先到者为准。家用汽车产品的包修期和"三包"有效期自销售者开具购车发票之日起计算;以下5种质量问题可退换车:

1)从销售者开具购车发票60天内或行驶里程在3000公里之内,出现转向系统失效、制动系统失效、车身开裂、燃油泄漏。

2)在"三包"有效期内,严重的安全性能故障累计做2次修理仍然没有排除故障,或者出现新的严重安全性能故障。

3)在"三包"有效期内,发动机变速器累计更换2次,或者它们的同一主要零件累计

更换 2 次仍然不能正常使用。

4）在"三包"有效期内,转向系统、制动系统、悬架系统、前后桥、车身当中的同一主要零件累计更换 2 次仍然不能正常使用。

5）在"三包"有效期内,因产品质量问题修理时间累计超过 35 日的,或者因同一产品质量问题累计修理超过 5 次的,消费者可以凭"三包"凭证、购车发票,由销售者负责更换。

《规定》指出,生产者应当严格执行出厂检验制度,未经检验合格的家用汽车产品,不得出厂销售;销售者应当建立并执行进货检查验收制度,验明家用汽车产品合格证等相关证明和其他标志。销售者销售家用汽车产品,应当符合向消费者交付合格的家用汽车产品及发票等要求;修理者应当建立并执行修理记录存档制度。书面修理记录应当一式两份,一份存档,一份提供给消费者。

《规定》对退换的车辆还做了如下规定:

(1) 退换车按二手车销售 汽车"三包"实施后,一旦消费者退换车成功,商家是否能将退换后的车修复后再卖?

对此,质检总局相关负责人解释:对于"三包退换车",可以在修复之后按二手车销售。再次销售时应当向购买者明示该车为"三包退换车",并且应当说清退换的原因。其"三包"责任可以由双方协商后在购车合同中确定。

(2) 退换车信息在"三包"网站上可查 在美国,消费者退换的瑕疵车被称为"柠檬车",再次出售时所有权证书上必须标记"柠檬法买回"标记,而且流通过程永远带有这一标记。

中国汽车"三包"后产生的"柠檬车",会不会逐渐隐藏身份信息当作普通二手车售卖?

国家质检总局缺陷产品管理中心负责人表示,"三包"信息的公开透明,是保护消费者的最佳途径。我国已建立汽车"三包"备案信息管理系统,车企需要备案的信息有生产者基本信息、车型信息、约定的销售和修理网点信息、产品使用说明书、"三包"凭证、维修保养手册、车辆识别代号(VIN)编制规则等。

更重要的是,各级质监部门、消费者权益保护组织参与处理的汽车"三包"争议信息、仲裁和诉讼信息、汽车产品更换或退货信息、汽车产品质量担保相关统计信息等,也将在备案信息系统中发布,消费者可以通过汽车"三包"网查询,这样退换车的真实身份将难以被隐藏。

2013 年 8 月 9 日,中国汽车"三包"网已投入试运行,向消费者提供汽车"三包"政策法规和知识查询的同时,会陆续发布汽车厂商的"三包"备案信息。

此外,关于退换车产生的税费问题,国家税务总局已发布《关于车辆购置税税收政策及征收管理有关问题的补充通知》,因质量问题退车的,已缴税款每满 1 年扣减 10% 计算退税额,未满 1 年的按已缴税款全额退税。北京汽车股份有限公司(以下简称北京汽车)为例说明汽车"三包"服务退换车流程,如图 5-1 所示。

二、整车的质量担保要求

以上汽大众为例:

1)从本公司正常售出的家用产品新车的包修期限为 3 年或行驶里程 10 万公里,以先到

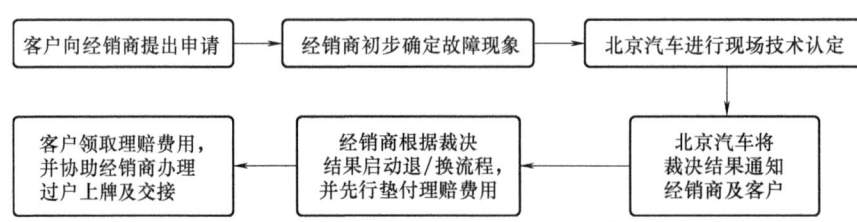

图 5-1　北京汽车"三包"服务退换车流程

者为准；"三包"有效期为 2 年或行驶里程 5 万公里，以先到者为准。

2）整车的质量担保期是从汽车购买之日算起，汽车购买日以购车发票上的日期为起始时间。

3）"三包"凭证必须经经销商正确填写相关信息并签章后生效。

4）对于出租营运用途的新购汽车的质量担保期为 12 个月或 10 万公里（以先达到者为准）。

5）除了出租营运用途外的所有其他用途的新购汽车，质量担保期为 3 年或 10 万公里（以先达到者为准）。

6）在质量担保期内，如果用户变更了所购买的轿车的用途，所购买的轿车仍然享受原来的质量担保期，质量担保的期限和里程不做变更。

7）如果处于质量担保期内的汽车出现了质量问题，由相应品牌经销商予以免费修理。质量担保期内，生产质量问题经本公司确认技术上无法修理时，予以更换车辆。如果用户购买的车辆符合国家《家用汽车产品修理、更换、退货责任规定》的条件，则车辆质量担保期限及质量担保内容和范围按该规定执行。

三、汽车备件的质量担保要求

汽车备件的质量担保期从经销商购买并在经销商处安装之日算起：原装备件的质量担保期为 12 个月或 10 万公里（以先达到者为准）。各个汽车生产企业还会根据车辆的实际情况做出特殊的规定。下面我们以捷达车为例（不同品牌规定不同），了解一下汽车特殊件和易损件的质量担保期（以先达到者为准）。

1）捷达车特殊件的质量担保期见表 5-1。

表 5-1　捷达车特殊件的质量担保期

部 件 名 称	时间/里程
控制臂球头销	12 个月/6 万公里
前后减振器	12 个月/6 万公里
等速万向节	12 个月/6 万公里
喇叭	12 个月/6 万公里
蓄电池	12 个月/10 万公里
氧传感器	12 个月/7 万公里
防尘套（横拉杆、万向节）	12 个月/6 万公里
三元催化转换器	24 个月/5 万公里

2）捷达车易损件的质量担保期见表5-2。

表5-2 捷达车易损件的质量担保期

部 件 名 称	时间/里程
灯泡	6个月/5000公里
轮胎	6个月/5000公里
火花塞	6个月/5000公里
全车玻璃件	6个月/5000公里
前制动摩擦衬片、后制动蹄片	6个月/5000公里
风窗刮水器片	1个月/行驶里程超过1000公里

四、汽车质保规定及程序

汽车生产企业对其生产的产品制定的"质保政策"是根据《产品质量法》等相关法律编制的。它用于帮助汽车生产企业的经销商向车主提供保修服务。确保车主对企业和经销商提供的服务感到满意并维护汽车生产企业的声誉和良好形象，也有助于获得忠诚的顾客群体。

1. 汽车质量保修起始日期

为了能够实现保修索赔，正确记录保修起始日期至关重要。对于执行车辆维修工作的任何服务中心来说，这个保修起始日期都必须是易于确定的。所有项目的保修起始日期均以汽车生产企业的授权经销商给客户开具的车辆及零件销售发票日期为准。

（1）新车质量保修起始日期　对于直接销售给客户的车辆，开具销售发票的日期就是该车享受质保期的起始日期。通常情况下，这个日期为汽车生产企业的授权经销商将车辆交付首位车主之日。

（2）零件质量保修起始日期　由经销商维修而安装的零件，开具维修发票的日期就是该零件的质保起始日期；如果零件由经销商直接销售给客户而不负责安装，则开具该零件销售发票的日期为质保起始日期。

2. 保养规定

为了保证车辆正常运行，汽车生产企业会根据车辆的设计要求制定出汽车保养规定，在客户购车后，汽车生产企业的特约经销商需要告知客户，车辆定期保养时间和里程，第一次走合保养（首保）一般在购车后60天或行程（2000±500）公里（以先到者为准），客户必须持购车发票和车辆行驶证，到服务中心进行走合保养，建立客户档案，取得保修资格。在此之后，车辆一般每行驶（5000±500）公里必须进行一次例行保养，也有一些汽车品牌车型定期保养里程规定在10000公里乃至更长，如东风雪铁龙C5的保养里程为15000公里。为了激励客户加强对爱车的维护保养，保证汽车的正常使用性能，汽车生产厂家都把例行保养作为继续享受保修资格的条件。

如果车辆在质量保修期内出现质量问题，客户必须持行驶证和维修手册等到服务中心处办理保修手续。

3. 服务中心提供汽车保修服务的约束条件

（1）维修授权　为了给庞大的客户群体提供保修服务，汽车生产企业一般是通过特约服务授权，建立自己的特约服务中心网络系统，为客户提供特约维修服务。在特约服务授权中，汽车生产企业规定了服务中心的保修范围或保修项目，除企业规定的所需授权批准的项目以外，特约服务中心可直接进行维修作业，但所有索赔零件需要运送回汽车生产企业售后服务部门，所有维修项目也必须提交相关文档服务中心才可获得索赔返款。

例如，有的汽车生产企业就规定如下项目必须获得售后服务部门的预先授权，特约服务中心方可执行保修服务：保修项目超过一定金额（不含工时费）的保修、五大总成件（变速器、发动机、空调压缩机、动力转向泵、起动机）的保修和事故的保修。经销商有责任取得并保存预先批准文件，而预先批准是指为纠正产品缺陷而进行修理工作所必须取得的授权。

（2）有效提交索赔文件　在汽车保质期内，当客户的汽车发生故障后，由汽车生产厂家的授权特约服务中心提供免费维修，维修完成后由服务中心向厂家售后服务部门进行索赔，索赔工作由特约服务中心的索赔员完成。保修工作结束并确认维修质量后，索赔员应在服务中心的 DMS 系统上准确完整地填写所有申请赔付文件并提交给汽车生产企业的售后服务部门。保修索赔申请必须在修理工作完成后规定时限内提交。如果未在规定时限内提交索赔文件，汽车生产企业的售后服务部门可能会拒绝特约服务中心的索赔申请。

如果经销商对汽车生产企业的售后服务部门做出索赔拒绝答复有异议，可在接到拒绝通知的规定时限内，以书面或规定的其他形式提出复议，并提供详细的说明和有关的证明。汽车生产企业也必须在规定时限内做出复议反馈。

（3）不恰当索赔的后果　为了特约服务中心之间的公平竞争，汽车生产企业一般会规定特约服务中心不能通过广告、电话或邮件联系等方法诱导客户来店接受保修服务，并严禁诱导客户修改保修条件。如果特约服务中心诱导客户进行保修服务，可能会受到汽车生产企业追回维修费用、中止索赔权甚至终结授权维修合同的严重处罚和后果。

（4）库存零件要求　为了提高服务中心的服务水平，减少因备件提供不及时对客户造成的影响，汽车生产企业会要求经销商必须保有足够数量的纯正零件库存。

对所有要求返还的索赔零件按照原样，附有完整资料包装好，放在专门的旧件库房存放，并按照每月一次或两次运送回汽车生产企业。需要注意的是，向厂家返还的有些零部件可能涉及车祸、财产损失或人身伤害而引发的法律行为的处理，特约服务中心必须对这些零部件保存到法律程序有了结果且厂家另有通知为止。

4. 保修索赔费用的赔付

特约服务中心向汽车生产企业申请保修索赔费用的赔付，主要包括两个内容：工时费索赔和零件索赔，从汽车生产企业的角度就是工时费赔付和零件赔付。

工时费赔付是汽车生产企业特约服务中心为保修期内客户提供的所有诊断、修理、调整及更换等保修服务所花的保修工时费的赔付，一般汽车生产企业会根据产品特性编制"维修工时标准手册"，并按照标准工时对应的工时费率表对特约服务中心的保修工时计算工时费用，最后再支付给特约服务中心。

为了保证特约服务中心备件的合理利润，对保修服务所使用的零件，汽车生产企业在向特约服务中心赔付时会按合理利润率给零件赔付，赔付的金额就是厂家提供给服务中心的备件进价再加上合理利润的金额。

保修索赔费用的结算一般为一月一次，结算截止日期因厂家规定而异。汽车生产企业售后服务部门对所有收到索赔文档的保修服务索赔赔付申请及时给予审核，而汽车生产企业财

第五章 索赔管理

务部则结算出经销商当月的索赔额并将索赔款返给特约服务中心，超过结算日收到的索赔文档将顺延至下月结算。

5. 缺陷汽车的召回

为了消除缺陷汽车产品对使用者及公众人身、财产安全造成的不合理危险，维护公共安全、公众利益和社会经济秩序，加强对缺陷汽车产品召回事项的管理，根据《产品质量法》等国家法律制定了《缺陷汽车产品召回管理条例》，并于2013年1月1日正式实施。

（1）汽车召回定义　汽车召回是指按照《缺陷汽车产品召回管理条例》要求的程序，由缺陷汽车产品制造商进行的消除其产品可能引起人身伤害、财产损失的缺陷的过程，包括制造商以有效方式通知销售商、修理商、车主等有关方面关于缺陷的具体情况及消除缺陷的方法等事项，并由制造商组织销售商、修理商等通过修理、更换、收回等具体措施有效消除其汽车产品缺陷的过程。

（2）汽车产品召回要求

1）国家法规要求如果制造商确认其汽车产品存在缺陷，则应当在5个工作日内以书面形式向主管部门报告；制造商在提交上述报告的同时，应当在10个工作日内以有效方式通知销售商停止销售所涉及的缺陷汽车产品，并将报告内容通告销售商。境外制造商应在10个工作日内以有效方式通知进口商停止进口缺陷汽车产品，并将报告内容报送商务部并通告进口商。

2）制造商应当在接到批准通知之日起1个月内，依据批准的召回计划制订缺陷汽车产品召回通知书（图5-2），向销售商、租赁商、修理商和车主发出召回通知书，并报主管部门备案。召回通知书应当在主管部门指定的报刊上连续刊登3期，召回期间在主管部门指定的网站上持续发布。

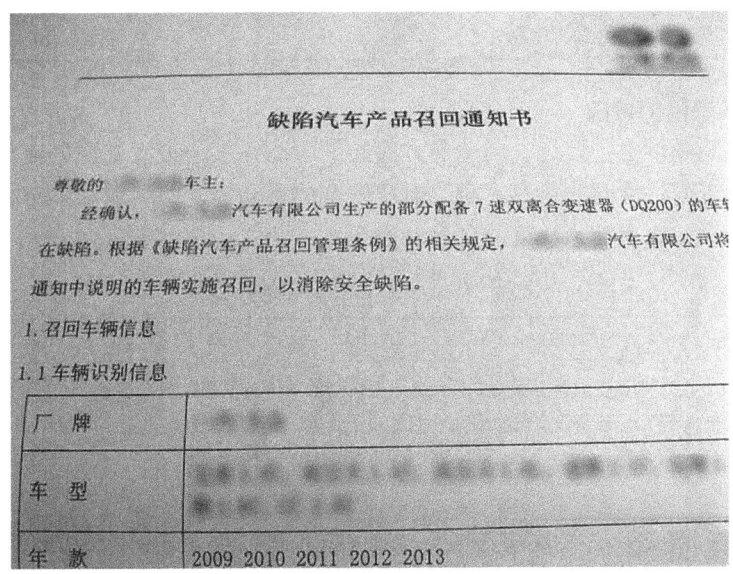

图5-2　缺陷汽车产品召回通知书

3）制造商应自发出召回通知书之日起，每3个月向主管部门提交符合本规定要求的召回阶段性进展情况的报告；主管部门可根据召回的实际效果，决定制造商是否应采取更为有

效的召回措施。制造商按计划完成召回后,应在 1 个月内向主管部门提交召回总结报告。

4)国家主管部门应对制造商提交的召回总结报告进行审查,并在 15 个工作日内书面通知制造商审查结论。审查结论应向社会公布。主管部门认为制造商所进行的召回未能取得预期的效果,可责令制造商采取补救措施,再次进行召回。

如果制造商对审查结论有异议,可依法申请行政复议或提起行政诉讼。在行政复议或行政诉讼期间,主管部门的决定暂不执行。

五、相关术语及产品缺陷分类

1. 相关术语

与汽车产品"三包"有关的术语较多,在此就相关术语进行相应介绍(表 5-3)。

表 5-3 与汽车产品"三包"有关术语

术 语	含 义
产品	产品是指能够提供给市场,被人们使用和消费,并能满足人们某种需求的任何东西,包括有形的物品、无形的服务、组织、观念或它们的组合。产品一般可以分为三个层次,即核心产品、形式产品、延伸产品
汽车产品缺陷	缺陷是指由于设计、制造等方面的原因而在某一批次、型号或类别的汽车产品中普遍存在的具有同一性的缺陷,具体包括汽车产品存在危及人身、财产安全的不合理危险,以及不符合有关汽车安全的国家标准、行业标准两种情形
功能缺陷	功能缺陷是指不符合工艺及制造规范的状况,某一部件或总成不工作或有实际损坏,产品或产品的某一部分不能按设计要求起作用
功能异常	功能异常是指部件、系统或功能不能按照合同要求运行,对于产品来说属于正常状况,但与类似产品相比存在着实质性差别

2. 汽车产品缺陷的分类

汽车产品缺陷是指由于设计、制造等方面的原因而在某一批次、型号或类别的汽车产品中普遍存在的具有同一性质的危及人身、财产安全的不合理危险,或者不符合有关汽车安全的国家标准的情形。汽车产品缺陷的分类见表 5-4。

表 5-4 汽车产品缺陷的分类

序号	缺陷分类	说明内容
1	设计上的缺陷	产品在设计上存在着不安全、不合理的因素。例如,结构设置不合理,设计选用的材料不适当,以及没有设计附加应有的安全装置。由于制造的疏忽造成车辆明显或隐性的功能不良或故障
2	制造上的缺陷	产品在加工、制作、装配等制造过程中,不符合设计规范,或者不符合加工、工艺要求,没有完善的控制和检验手段,致使产品存在不安全的因素。由于设计上的缺陷引起车辆产品出现批量或单一的异常故障发生
3	告知上的缺陷（也称指示缺陷或说明缺陷）	由于产品本身的特性而具有一定合理的危险性

第五章 索赔管理

第二节 索赔规定及审计

汽车质量保修是指修正在质保期内所有与材料质量和工艺质量有关的车辆缺陷,其中维修所需更换的零件将采用汽车生产企业提供的全新装车零件。在汽车生产企业的规定及客户的权益范围内,因质量保修所产生的工时费、材料费和拖车费等相关费用,由特约服务中心先行提供后,再向汽车生产企业售后服务部门申报索赔。

一、可以赔付范围

1. 质量保修范围

汽车生产企业向在保修期内的车辆用户承诺,不低于国家法规要求的整车 2 年或 4 万公里,在中国大陆境内使用的车辆因材料或工艺缺陷出现故障的零件,可以在汽车生产企业的特约服务中心免费享受维修、更换或调整服务(维修方式由汽车生产企业选择),但需要符合下列条件:

1)零件的故障不是由于车主过错造成的。
2)按照汽车生产企业规定的使用方法、推荐方式及额定使用参数对车辆进行正确保养、使用或驾驶。
3)按照汽车生产企业规定的方式和推荐的做法正确、定期和按时对车辆进行维护。在发现需要进行保修服务后,客户应尽快将车送到汽车生产企业特约服务中心进行维修。一般情况下,送车费用由客户自行负担。
4)除非由汽车生产企业或在汽车生产企业指导下进行的改装,否则对于车辆改装部位的故障,或者由于改装或使用改装装置而造成故障的车辆,汽车生产企业将不予保修。

2. 特殊零件质保原则

因汽车设计和制造过程的复杂性,会有一部分零部件由于使用频次、材料寿命等多方原因而达不到整车的质保期水平,因此,各个汽车生产企业对一些特殊零件制定了单独的质保期,如蓄电池、轮胎等。

(1)蓄电池 蓄电池在材料、制造加工和装配过程中的缺陷属于保修范围。安装在新车上的蓄电池保修期一般为 1 年(不限里程)。作为维修更换和单独销售的蓄电池,保修期与零件本身的保修期相同。由于蓄电池在未工作期间存在亏电或冻坏等情况,不属于保修索赔范围。因此,特约服务中心和客户在存放车辆时应经常给蓄电池充电,一般每月一次。另外,在天冷的情况下也应经常给蓄电池充电,避免蓄电池冻坏。

(2)轮胎 安装在新车上的轮胎的保修期一般为 1 年(不限里程)。作为维修更换和单独销售的轮胎,其保修期与零件本身的保修期相同。轮胎的正常磨损不属于保修索赔范围。

3. 免费更换发动机机油和机油滤清器的原则

对于按照车主手册规定定期到汽车生产企业特约服务中心进行保养的车辆,汽车生产企业为质保期内的新车提供 1~5 次或终身的发动机机油和机油滤清器的免费更换服务。免费服务只能在汽车生产企业的特约售后服务中心进行。

进行免费换油服务时,客户有义务出示免费保养卡等手续,特约服务中心负责结算的人

员需要按规定填写免费保养卡等手续单证，并在免费保养卡上盖章，让客户签名。特约服务中心进行索赔时需要将此表连同相关索赔文件一同寄往汽车生产企业的售后服务部门，由售后服务部门统一结算。

4. 紧急救援原则

紧急救援和拖车适用于当车辆在保修范围内因缺陷无法安全驾驶，或者继续驾驶可能产生另外的损坏和故障时的情况。如果需要紧急拖车，则需要取得汽车生产企业售后服务部门或服务区域经理的预先批准，把车辆从故障地点运送到最近的特约服务中心的拖车费用由汽车生产企业负责，但由于拖车作业不当导致的损坏不属于汽车生产企业的保修范围，由拖车操作不当的一方负责。如果可能，也可派遣维修技师到现场进行维修。

维修中心人员在授权拖车之前必须核实该车是否在保修范围内。若超出保修范围，汽车生产企业售后服务部门将不支付拖车费用。

5. 外包维修原则

因特约服务中心没有能力或缺少专用设备进行维修时，经汽车生产企业的客户服务部门预先批准，汽车生产企业可对授权服务中心外包修理费用给予赔付。

外包修理的项目包括电子仪表、时钟、收音机组件、底盘、散热器及换热器等。一般汽车生产企业可能会给授权服务中心赔付适宜的外包修理费用。在赔付申请中，特约服务中心需要说明修理工作的性质，解释不能进行相应维修的原因，并提供外包维修的合法、详细的发票原件。

外包维修（如除锈、正确安装新的汽车生产企业的纯正零件）不影响新车的保修规定，新车在材料及制造工艺方面的缺陷继续由汽车生产企业提供保修，但由于在外包维修中安装了非汽车生产企业的零件而导致的汽车故障不属于汽车生产企业新车的保修范围。

6. 特别优惠项目原则

为了最大限度地满足客户需求和提高客户满意度，在某种特殊情况下，汽车生产企业售后服务部门或其他相关部门可能会要求特约服务中心为超出保修期的或不属于新车保修范围的车辆故障进行维修，产生的费用由汽车生产企业承担，这就是为客户提供的特别优惠项目的服务，但特别优惠服务将根据车辆的年限和里程数进行个案处理。一般特别优惠项目不能和其他正常的保修条件（如新车保修期、零件保修期）和企业策划的促销优惠活动同时使用。特别优惠项目通常将由汽车生产企业的客户服务区域经理或售后服务部负责进行，所有涉及特别优惠的维修都必须获得汽车生产厂家服务区域经理或售后服务部的批准。

二、不能赔付范围

新车享有在限定范围内的保修服务。如果出现下列情形或状况，则保修期内的维修得不到赔付。

1. 因不可抗拒原因、改装、错误使用等造成的损坏

1）因为被盗、故意破坏或骚乱而造成的损坏。
2）火灾（图5-3）和爆炸造成的损坏。
3）在过深的水域驾驶导致发动机进水。
4）车辆使用不当造成的损坏，如骑路肩行驶、超载、飘车或将车作为固定动力源等。
5）未经汽车生产企业允许对车辆的车身、底盘或其他部件进行的改造或改装。

6）未经汽车生产企业许可安装非企业纯正零件。
7）修改车辆的原有设计和排气系统，或者修改影响该系统的其他零部件。
8）拆装、改装里程表或使之在某段时间内不起作用而导致无法判断真实的里程数。
9）使用污染的或不合适的油液。
10）客户在车上使用化学制剂或化学制剂意外溅洒。

图5-3　汽车火灾损坏

2. 由非授权特约服务中心进行维修或保养

1）在保修期内，在非汽车生产企业的特约售后服务中心进行车辆维修或保养不能获得赔付。

2）如有特殊情况需事先报请汽车生产企业的服务区域经理，在获得批准后方可在非汽车生产企业的服务中心进行维修。

3. 因误用或滥用而造成的音响零部件的损坏

1）由于液体造成的损坏，如客户溅洒的饮料。
2）由于部件内部有异物（硬币、纸屑等）。
3）因使用破损或质量不好的光盘导致的故障。
4）因用力抽出卡住的光盘而造成的损坏。
5）由于其他不当的处理（如使用不当的工具、运输集装箱、包装材料）而造成的损坏。

4. 因使用不当或不良环境造成的损坏

新车保修范围不包括因使用不当，或者车辆暴露于某种环境条件下造成的涂漆饰件及其他表面零件的表面锈蚀和变质。

1）由硬物造成的划痕、凹坑、凹陷（如在漆面或玻璃上的）。
2）切割、灼伤、刺痕或撕裂。
3）矿物盐迹或树液印迹。
4）鸟或昆虫的粪斑。
5）闪电、冰雹（图5-4）和风暴造成的损坏。

6）地震、雨水或洪水。

5. 不恰当的保养导致的损坏

1）新车保修范围不包括由于客户或经销商因保养失误而造成的损坏，如果是经销商保养失误而造成的损坏，则由经销商自行负责。

2）不恰当的车辆保养，或者使用错误的零件、燃料、机油、润滑液及油液。

3）客户有责任提供正确保养车辆的证据，并保存好所有单据以备查验。

6. 日常维护和易耗件

车主应支付由于正常磨损而进行的车辆保养和零件更换所需的零件和人工费，此类维修不包含在新车有限保修之中。

图5-4　冰雹造成的车辆损坏

1）火花塞、机油更换、机油滤清器、空气滤清器、燃油滤清器、轮胎调换、清洁/抛光及发动机调试等。

2）添加机油、润滑液和其他油液（制冷液除外）等。

3）易耗件：刮水器片、制动器摩擦衬片/衬垫、离合器衬片、灯泡、车身玻璃、减振器、安全带、转向和悬架部件及风扇传动带等。

7. 新车有限保修不包含的项目及状况

1）车辆安装了非汽车企业纯正零件而造成的车辆零件的损害。

2）车辆如果曾经被标上或打有以下烙印："拆除""火灾""洪水""废旧品""翻修""改造""回收"，则新车有限保修无效。

3）被保险公司确定为"全损"的车辆，则不在新车有限保修内。

4）谎报或更改车辆的里程数或维修日期，使其在保修期内的。

8. 相关损坏

在保修过程中，可能存在符合保修条款的某个零件出现故障并损坏另一个有不同时间或里程限制的零件的情况，对后面这个零件的损坏称为相关损坏。要确定相关损坏维修是否需要赔付，应先检查导致相关损坏的前一个零件的保修范围。

1）如果导致故障的零件在保修范围之内，但损害了另一个已超出保修范围的零件时，整个维修项目的赔付都应以引起损坏的零件的保修条款为准。

2）如果导致故障的零件已超出了保修范围，而受损的零件在保修范围之内，则整个维修不能赔付。

9. 不能赔付的相关经济损失

汽车生产企业提供的保修索赔一般不包括车主因不能使用车辆而支付的其他费用，包括住宿、租车、其他差旅费和工资损失等。

三、车辆保修资格的更改

特殊情况下，针对车主滥用或误用车辆的情况，特约服务中心有权向汽车生产企业申请取消对该车整车或特定部件的保修。该措施可保护服务中心及汽车生产企业的利益免受车主

滥用或误用车辆的侵害。车辆保修资格更改申请也适用于因事故或自然灾害造成的车辆损坏超出修理能力的情况。

四、赔付政策及保修费用的组成

质量保修服务过程中所发生的一切费用，先由特约服务中心垫付，然后向汽车生产企业客户服务部申报结算，由汽车生产企业统一支付。保修费用的组成包括特约服务中心给客户提供保修服务时所产生的一切费用：保养费、保修工时费、保修材料费、出差服务费、拖车费用、外包维修费用、索赔零件回收运输费和特殊费用。

1. 保养费

保养费是特约服务中心按照车主手册中的规定，对定期来店进行车辆的发动机机油、机油滤清器、燃油滤清器更换和检查底盘等相关保养作业所产生的费用。

2. 保修工时费

$$保修工时费 = 工时定额 \times 工时单价$$

工时定额：汽车生产企业根据车型设计和零部件的装配情况，测算零部件的拆装工作时间，编制"维修工时标准手册"（以下简称"标准手册"），特约服务中心在计算保修工时时应严格按"标准手册"中规定的定额执行，不能随意增加。

（1）结算中的工时定额的申报方法

1）"标准手册"中一般单位默认为件，如果单位为"车组/组"，则表明该项作业项目涉及零件必须成组更换，或者更换单件以上时，工时不累加。

2）检修更换时，必须注明故障原因，如果没有任何原因陈述，汽车生产企业可能不会给特约服务中心结算工时。

3）有些汽车生产企业规定需要进行调整的作业项目有时间和里程数的限定，并且同一车辆不允许进行重复的调整修理项目。

（2）工时费赔付政策　汽车生产企业对工时费赔付政策中关于赔付准备工时、实际工时、诊断工时和仅有人工工时费等情况的一些相关规定，具体如下：

1）准备工时。为了进行保修期内的维修，用于拆装汽车生产企业原厂零件的实际工时是可赔付的。对车辆进行外包维修的，为了获得工时赔付，特约服务中心除了必须取得汽车生产企业的区域服务经理的批准外，还必须做好以下事情：特约服务中心应该记录拆卸部件所用的时间，并将此作为实际维修工时的一部分，如果经销商不能拆卸该部件，接受外包的维修点必须提供拆卸汽车生产企业的零件所需时间的详细记录。接受外包的维修点应分别记录维修实际工时，如果维修合理，按照实际费用付款。

2）实际工时。当正常作业项目出现缺省或进行特殊维修作业时，可使用实际工时作为保修工时的计算依据，使用实际工时必须经过汽车生产企业授权，并由汽车生产企业售后服务部门的授权人员在 DMS 系统里指定工时数并追加方可完成结算。

3）诊断工时。服务人员用在以下情况中诊断故障的工时是不能赔付的：通过客户拨打技术服务热线电话的方式进行故障诊断的工时和获取预先批准（获得授权）的工时是不予赔付的。另外，通过感官（视觉、触觉、嗅觉、听觉）就能够轻易判断故障的诊断工时也不赔付。

4）仅有人工工时费。在仅有人工工时费的修理项目中，又分为能赔付和不能赔付两种情况：

① 不能赔付的人工工时费。

a. 交车前的检查、调校、调整和清洁。

b. 除非汽车生产企业有其他说明，否则安装附带随车散件的人工费不能赔付。汽车生产企业一般会要求销售商在交车前给予免费安装随车散件，如添加各种油液［燃油、润滑液和其他油液（不包括制冷液）］、轮胎充气及修补油漆脱落、刮痕或小污点等。

② 可以赔付的人工工时费。除了在汽车生产企业的运营管理手册或汽车生产企业公告中另有规定的，所有其他仅需要人工工时费的维修是可以赔付的。

5）非授权经销商所做维修的人工费。非授权经销商所做维修的人工费可以获得赔付的情况有以下两种：特约服务中心必须取得汽车生产企业客户区域经理的预先批准后将保修工作外包给另外的专业店铺所产生的人工费可获得赔付；另外，如果汽车生产企业在当地没有授权的特约服务中心而委托当地非授权经销商所进行的紧急维修所产生的人工工时费也可赔付。

6）工时费赔付。工时费的赔付标准是以汽车生产企业售后服务部门制定的维修标准工时手册中的标准工时乘以维修标准工时费。假设汽车生产企业向授权经销商偿付的基础工时价为人民币 80 元/工时，维修压缩机的标准工时为 1.5 小时，那么，汽车生产企业向特约服务中心赔付的工时费是 80 元/工时×1.5 小时 = 120 元。

汽车生产企业给特约服务中心赔付的人工工时费是按照上面的计算方式计算的，但当特约服务中心给客户提供的非保修服务的维修工作时，人工工时费的计算依据的是零售工时标准和工时价的乘数，这两个指标是由汽车生产企业给予指定或指导，如果特约服务中心要求更改则必须符合以下要求。

如果经销商要求调整零售工时标准，必须提供以下证明：更改后的零售工时标准应与实际的商业运作一致，并且能使特约服务中心更好地适应所在区域维修服务的市场竞争，而合理的零售工时标准的制定原则是出售的零售工时不低于标准保修工时。

汽车生产企业有权根据业务变化和市场情况对特约服务中心的基础工时标准做出调整，以确保保修工时价格在市场上有竞争力，保修工时价格的调整以书面形式通知所有的特约服务中心。

7）重复工时。重复工时是不能获得赔付的。重复工时是指两个作业中包含相同的维修步骤的工时，汽车生产企业不会赔付重复工时，因此，重复工时量必须从第二个作业中扣除，第二个作业剩下的工时量按实际时间进行索赔。

3. 保修材料费

在汽车行业内，特约服务中心在汽车生产企业的备件部门及其分公司（代理商处）所采购的维修备件，其索赔结算价格在备件调拨价的基础上给予加价，行业内一般加价空间为 15%~30%，以确保特约服务中心合理的备件经营利润。而为了便于结算，汽车生产企业对零部件要统一进行编号和命名，编制备件价目表，供特约服务中心使用。

（1）材料费索赔的计算方式　汽车生产企业为了保证自己一定的利益，会在单个备件（如车架、AT 变速器等）索赔结算价格与备件调拨价（指特约服务中心在汽车生产企业的备件部门采购备件的价格）的差额超过一定金额时按固定金额计算。例如，假设 AT 变速器的调拨价格为 15000 元，加价率为 15%，索赔价格应该为 17250 元，但是索赔价格与备件调

拨价的差额超过了1000元，则差额按1000元计算，那么AT变速器的实际索赔价格为16000元。

汽车生产企业规定：经授权批准以后才能更换的零部件和修理项目，需要特约服务中心在汽车生产企业的DMS维修服务管理系统里进行申报，由汽车生产企业客户服务部门给予授权批准后方能更换，否则可能会导致不予结算的后果。

（2）零件的结算原则　某些零件只能以最小包装订购，该包装中包含了多个该项零件。该项零件的赔付根据完成维修的实际用量来进行。例如，如果维修技师完成对汽车空调的维修使用了一个包装中的3个O形环（标准的包装中有6个O形环），赔付的数量应为3个。

为了减少汽车生产企业的生产成本，保证其特约服务中心的维修质量，汽车生产企业会根据需要提供02/03零件，服务中心在维修作业时应首先选用02/03零件，不允许随意更换总成。特殊情况下确需更换总成，必须经汽车生产企业的客户服务部门授权处理后方可实施，否则汽车生产企业可能不予"质量保修"结算。

4. 出差服务费

根据就近原则，汽车生产企业给各特约服务中心划定了业务区域，而特约服务中心提供上门服务的范围不能超出自己的业务区域。特约服务中心派人抢修车辆所发生的交通费依据其他交通工具票据（汽车票、火车票、船票）的复印件实报实销。在索赔时同相关索赔申请文件一起寄送到汽车生产企业售后服务部门给予报销，报销时一般交通费进行实报实销，住宿费和伙食补贴标准由生产企业进行规定。

5. 拖车费用

汽车生产企业会对停驶在售后服务中心以外的故障车辆进行救急，当故障无法就地排除而需要将故障车辆拖回特约服务中心的，所需的合理拖车费用会给予赔付，但是拖车范围不能超过特约服务中心的业务区域。

特约服务中心在申请拖车费用时，必须出示具有车型、车辆识别码、车牌号、拖车地点和拖车公里数的发票原件，发票原件必须与保修索赔申请表一并提交给汽车生产企业申请索赔。赔付后，汽车生产企业将发票原件退还给特约服务中心并存入其维修文件中。

6. 外包维修费用

外包维修费用包括人工费和零件费两项。

（1）外包人工费

1）当外包维修有对应的汽车生产企业维修标准工时的，可以索赔标准操作工时或实际外包工时数量。

2）如果是按实际的外包工时数量来索赔，外包工时的数量不能超过特约服务中心经过核准的保修工时标准的标准数量。实际工时必须单独列出，如果费用是合理的，将以实际费用为基础进行赔付。

（2）外包零件费

1）外包维修必须使用汽车生产企业的纯正零件，零件费用参照本章的零件赔付政策。

2）对于没有汽车生产企业的纯正零件而必须进行的紧急维修，特约服务中心需要获得汽车生产企业的区域服务经理的预先批准，具体费用由汽车生产企业售后服务部门按个案处理。

7. 索赔零件回收运输费用

汽车生产企业规定有些保修索赔必须返回旧件（即发生故障后从车上被换下来的零件），对必须返回生产企业的旧件产生的运输费和其他费用，汽车生产厂家一般有如下规定：

1）回收的质量保修索赔零件，允许使用铁路运输和公路运输。除汽车生产企业特殊要求外，回收索赔零件不允许采用空运。

2）特约服务中心在质量保修索赔零件发运时，必须按相关运输规定办理保价。

3）特约服务中心必须在索赔零件运输发票原件或复印件上加盖发票专用章或财务专用章作为附件向汽车生产企业售后服务部门申报结算，结算以后该笔费用进入"三包"费，由服务中心一并开具增值税发票向汽车生产企业售后服务部门报销。

4）特约服务中心在质量保修索赔零件发运时因运输所产生的延伸服务费、代办费和保价费不予报销。

8. 特殊费用

特殊费用是指在售后服务工作中，为了维护汽车生产企业的利益所采取的处理方法已经超出正常的保修规定所发生的费用。特殊费用包括超出保修规定的修理费、对客户的赔偿费或补偿费、要求特约服务中心完成某项工作任务的补贴费，以及涉及客户投诉所发生的咨询、劳务、餐饮、交通、住宿、通信等费用（注：交通、住宿、通信必须提供相应的原始发票）。

1）车辆召回费用。在公布召回之前，就已进行了部分或全部召回维修，车主和特约服务中心都可以在下列情况下获得全额退赔：

① 车主或特约服务中心已经支付的维修费。

② 退款在召回规定时间内的。

③ 申请退款时客户必须提供发票原件。

2）特殊费用的审核流程。特约服务中心将相关单据及相关附件寄达汽车生产企业售后服务部门，由企业售后服务部门完善相关的签批手续后通知特约服务中心在 DMS 系统里做特殊费用申报单，在月底结算时，将特殊费用单据的原件寄回汽车生产企业进行结算。

五、维修授权

在以下情况下必须采取维修授权方式，特约服务中心方可进行维修，否则汽车生产企业可能不予结算。

1）售前所有零部件的更换和处理，必须报经汽车生产企业售后服务部门或区域服务经理同意，其授权的特约服务中心通过汽车生产企业的 DMS 维修服务管理系统进行售前授权申请，汽车生产企业的区域服务经理或技术服务工程师给予授权后，特约服务中心才能进行修理操作。

2）重要零部件或批量性问题的维修处理，必须报经汽车生产企业售后服务部门同意，其授权的特约服务中心通过 DMS 维修服务管理系统进行授权申请，汽车生产企业的售后服务部门的技术服务工程师给予授权后，特约服务中心才能进行修理操作。重大情况发生时，特约服务中心还必须及时向汽车生产企业的售后服务部门发电子邮件上传详细资料，电话联系售后服务部门的相关人员和区域服务经理并取得口头授权后方可修理操作，书面授权手续随后应该通过 DMS 系统及时补办。

第五章 索赔管理

3）重要零部件维修授权是指发动机总成、变速器总成、曲轴箱、缸盖、压缩机、ABS 液压装置、ABS 控制模块、电子控制单元、电子节气门总成、三元催化转化器总成及部分线束、安全气囊模块、CD/DVD 机总成、燃油泵及油量传感器总成、车体总成、局部喷漆及全车喷漆、助力转向机构（转向泵、ECU）、烧车及因机械故障引起翻车和撞车等重大故障、任何形式的批量性质量故障的修理，必须先取得汽车生产企业的授权，特约服务中心方可修理的情况。而生产企业不同，授权的零部件会有所不同。

六、审计

为加强特约服务中心的索赔管理，提高索赔工作的质量，确保索赔业务正常有序进行，帮助特约服务中心加强内部控制与管理，指导服务中心进行有序的索赔流程管理，合理降低索赔成本，汽车生产企业会不定时地对特约服务中心进行索赔审计。汽车生产企业通过定期回访、非定期稽核、现场稽核的方式对特约服务中心索赔业务的准确性、真实性进行规范和审计，被审计的特约服务中心必须及时提供索赔档案以便检查核实，在未被审计期间应保管好索赔零件档案。由此，特约服务中心必须建立和保管好索赔档案，表5-5 为某汽车生产企业对特约服务中心索赔档案管理的要求。

表5-5 某汽车生产企业对特约服务中心索赔档案管理的要求

索赔档案资料要求	各类索赔单据（客户签字、特约服务中心公章）；维修派工单（客户签字）；备件领料单；外出维修手工登记单（若外出产生拖车费及住宿费用，需附原件发票或复印件）；其他汽车生产企业要求保留的所有单据
索赔档案保管要求	走保及一般维修：索赔单据（走保）、维修派工单、备件领料单按一次一档的要求根据维修时间的先后顺序存放；外出维修：外出维修索赔单据、手工外出单据、拖车费及住宿费发票原件或复印件；若将车辆拖回维修需有派工单，若发生维修换件需有备件领料单，按一次一档的要求根据维修时间的先后顺序存放
索赔档案保管时间	发生的索赔维修，建立索赔档案，保管期限为5年

另外，汽车生产企业还制定有索赔档案检查制度，在特约服务中心获得索赔返款后的一定时限内，汽车生产企业售后服务部门将定期及不定期对服务中心索赔档案管理进行检查，要求特约服务中心将被抽查到的索赔单据及其他所有附件寄送到企业售后服务部门进行审核或由售后服务部的相关人员到现场进行检查。检查人员对所有索赔返款进行逐项的复审，通常对某类索赔选取一个样本（一般为10%）进行复审。

所有支持文档应被核对无误，并且对于异常情况，汽车生产企业售后服务部门的保修专员会要求索赔维修复查。在审计结束的时候，汽车生产企业售后服务部门负责保修管理工作的人员应向特约服务中心的管理层做出审计报告。

如果发现违规行为，汽车生产企业有权要求退回相应的费用。特约服务中心在保修索赔过程中的不恰当和故意欺诈行为将会导致特约服务授权的终止。

第三节 汽车生产企业对索赔管理的要求

为了加强特约服务中心的维修质量管理、加大对配套供应商的索赔力度、提供企业汽车产品的质量分析依据和改进本企业的产品本质,汽车生产企业会要求其特约服务中心将汽车质保内更换下来的索赔零件按照 DMS 的要求进行操作,并进行旧件回收,其旧件索赔返回流程如图 5-5 所示。

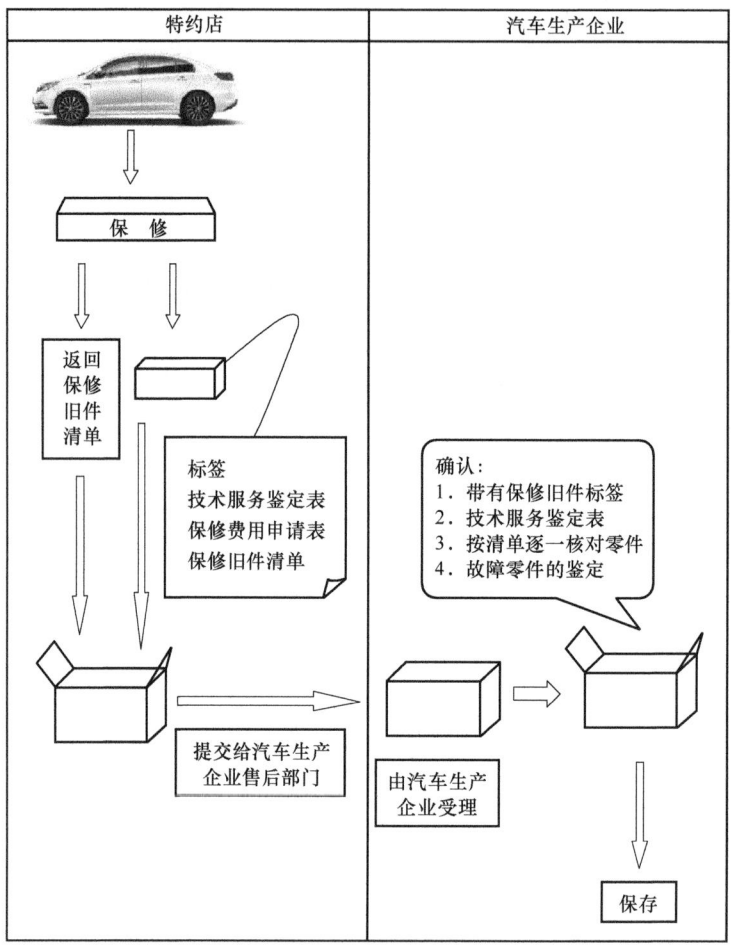

图 5-5 索赔零件返回流程

一、索赔零件管理的要求

1. 索赔零件的回收

汽车保修服务中,对按规定更换下来的零部件(称作索赔零件或旧件),特约服务中心应按维修管理系统的要求进行回收,并摆放在专门设置的索赔零件库房内,如图 5-6 所示。索赔零件应及时返回汽车生产企业售后服务部门。

2. 索赔零件返回的要求

所有被返还的索赔零件应按照原样,附有完整的资料,由特约服务中心定期寄到汽车生产企业售后服务部门。作为汽车生产企业,一般要求特约服务中心在进行维修索赔时必须在规定时限内将索赔零件寄回,如果索赔零件在规定期限内没有寄回,则该项维修索赔款将会被追回。

第五章 索赔管理

3. 索赔零件清单的要求

汽车生产企业的 DMS 维修服务管理系统中会自动生成特约服务中心当月的索赔零件清单，要求特约服务中心对索赔零件实物逐一核对正确无误，然后将索赔零件装箱，在清单上签字盖章，用防水袋封装后装入当月的索赔零件包装箱中，并在包装箱外注明"内装清单"（图 5-7），与索赔零件一同发至汽车生产企业售后服务部门。

图 5-6　索赔零件库房

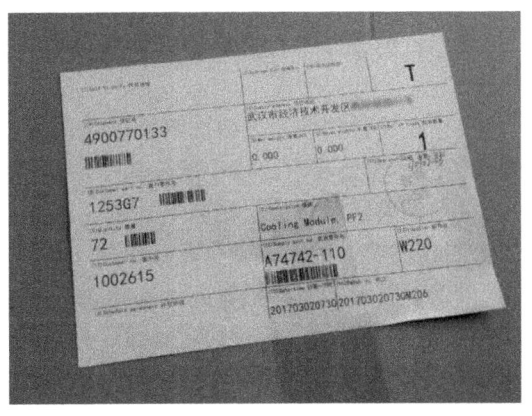

图 5-7　索赔零件包装

如果在索赔零件清单中有回收项目，但实际开箱时未发现对应的索赔零件，汽车生产企业售后服务部门则按无索赔零件处理，并追回已经索赔的零件款。

4. 索赔零件标签的要求

特约服务中心必须使用汽车生产企业售后服务部提供的索赔零件标签。凡未按规定打印索赔零件标签的回收索赔零件，汽车生产企业售后服务部门一般不会验收，会按照无索赔零件处理。

（1）索赔零件标签的填写及挂法　特约服务中心为客户进行维修服务后应按照汽车生产企业售后服务部门提供的统一表格即时打印索赔零件标签，并按一件一签套牢在每一索赔零件上。索赔零件标签上必须填写计算机结算管理系统自动生成的"索赔零件清单"中每一索赔零件的型号（填写在索赔零件标签的左上角）、发动机号、车辆识别代号（VIN 码）、行驶里程、客户名称、购车日期、维修日期、特约服务中心的代码、特约服务中心名称和故障现象，如图 5-8 所示。凡未清楚打印正确型号的索赔零件，视为无索赔零件处理。

（2）实际故障打印　索赔零件标签上的故障现象必须按索赔零件实际故障打印，与汽车生产企业的 DMS 中故障码有矛盾的，以实际故障为准。

5. 特殊原因索赔

因特殊原因由汽车生产企业售后服务部门授权批准的作业项目（如事故车辆维修

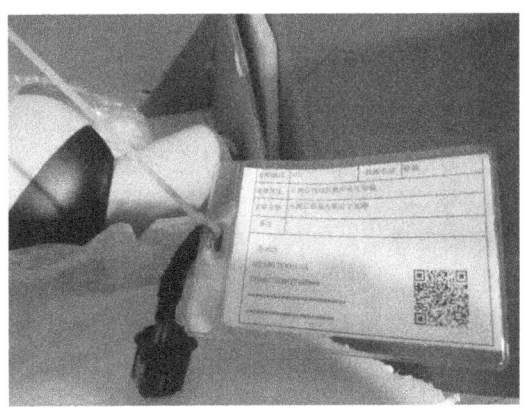

图 5-8　索赔零件标签

等）而返回的损坏零件不属于产品质量问题的，要求服务中心在返回索赔零件时，必须同时打印一份有授权人签署意见的维修单（结算专用），维修单与索赔零件装箱单同时返回。

二、索赔零件包装的要求

1. 包装的要求

1）特约服务中心返回的索赔零件必须清洁干净，包装好后方可发运。

2）特约服务中心必须将索赔零件清单用防水袋封装后放入索赔零件包装箱内可靠的位置。

3）在每件包装箱外表面都必须注明特约服务中心名称、该批索赔零件的总件数和每件编号，因不符合要求而发生的损失一般由特约服务中心承担。

4）如果回收顶篷，则剪下顶篷左前角 300mm×300mm 带企业标识的一小块回收即可；如果回收玻璃，则回收带企业标识的一小块玻璃即可。

5）对底盘、发动机零部件和电器件一般要求分类分别装箱运输，避免造成损坏。另外，每箱一般不允许超过规定重量，超过规定重量的特约服务中心可能会受到处罚。如果不按规定装箱造成零件损坏致使回收后的索赔零件无法进行质量鉴定的，汽车生产企业会按无索赔零件处理，这对特约服务中心很不利。

2. 举例

每个生产企业对索赔零件的运输包装大同小异，某公司对索赔零件的运输包装要求见表 5-6。

表 5-6 某公司索赔零件的运输包装要求

第一层：单件分包	灯具、后视镜等易碎品和 ECU、传感器等精密电子元件，必须单件包装。对备件有单件外包装的产品，其索赔零件必须利用原备件外包装物进行分包；没有的，应采用报纸、塑料袋等进行分包。其他重物、大物等无法进行分包的，在装箱时应进行有效隔离
第二层：包装箱为纸箱或木箱	每箱重量不能超过 50 千克，易碎品和精密电子元件可混合装箱，但不能和重物混装；装箱时各索赔零件之间必须有效隔离，确保不产生挤压
第三层：编织袋	包装箱外套编织袋，并用打包带固定
备注：凡不按上述规定进行包装，造成损失的，由特约服务中心自行承担	

三、索赔零件的发运

1）特约服务中心必须及时将经检查核对后的索赔零件，按照规定发往汽车生产企业售后服务部门，并且提货单不得寄给任何个人。

2）在填写发运单时，一般要求收货单位不得填写个人，如因填写不准，发生收货困难，影响保修索赔零件回收和保修费用结算的，责任由发货单位承担。

3）索赔零件发运提货单一般要求用特快专递寄到汽车企业售后服务部门，特约服务中心必须在发运单和提货单上注明特约服务中心名称、联系人和联系电话，还要求提货单（或领货凭证）上的发货日期及货单号码必须清楚，以便汽车生产企业售后服务部门在到货时核对查找。

4）返回的索赔零件主要采用铁路快件、公路的运输方式。

5）如果采用汽车发运或代理发运的特约服务中心想更改运输方式和运输单位，汽车生产企业一般要求特约服务中心要先行告知，并且不管采用哪种方式运输，汽车生产企业一般只采取库房验收方式收货，因此，要求特约服务中心要将索赔零件寄到库房。

6）在运输过程中发生的货损，由特约服务中心自行负责索赔和承担产生的一切损失。

7）如果因特约服务中心的原因造成提运索赔零件时间延误而被货运单位罚款的，汽车生产企业一般不会给特约服务中心报销运费，而且可能会从特约服务中心"三包"结算费用中扣除罚款金额。

四、索赔零件的验收管理

汽车生产企业在验收索赔零件时做了许多规定，主要涉及以下方面：

1）索赔零件无标签或标签打印不规范的，视为无索赔零件回收。

2）索赔零件标签与索赔零件清单填写不一致的，视为无索赔零件回收。

3）对于索赔零件中未按规定自行拆装、缺件，或者电器零件被剥线、插接件破坏，仪表、ECU 壳体损坏等索赔零件，视为无索赔零件回收。

4）对于回收索赔零件中发现的非汽车生产企业核定的配套供应商提供的零部件，按无索赔零件回收处理。

5）索赔零件回收中有未经批准的市场采购零部件，与汽车生产企业装车提供的零部件批号不对的，按无索赔零件处理。

6）对于同一总成件混装不同配套供应商产品的索赔零件，或者总成件缺件、少件的索赔零件视为无索赔零件回收。

7）未经汽车生产企业拆分的零件，特约服务中心擅自拆分更换，视为无索赔零件处理。

8）故障现象不明，或者故障类别与索赔零件实际故障明显不符的，视为无索赔零件回收。

9）一般汽车生产企业实行双向索赔管理，公司不定期对索赔零件施行全部或部分复查鉴定，如果因特约服务中心判断失误而造成汽车生产企业不能将该索赔零件向配套供应商进行索赔的，汽车生产企业售后服务部将根据鉴定后提供的名单，在责任特约服务中心申报的保修费用中扣除工时费和材料费。

10）如果因使用排除法检查排除故障而有被更换下来的无故障零件，特约服务中心必须将其还原到原车上。

第四节　索赔的财务结算流程与制度

一、质量保修费用结算申报单的填报

特约服务中心为消费者做了质保以后，需要在汽车生产企业提供的 DMS 里向厂家进行结算，厂家将与结算有关的所有文件都放在 DMS 里，特约服务中心可以直接下载。

要进行索赔结算，特约服务中心必须提供索赔申请单，而"索赔申请单"也是在 DMS 里生成的，该单据是反映保修全过程的综合凭证，是特约服务中心与汽车生产企业售后服务

部门结算的重要依据，必须真实、准确地记录客户反映的质量问题，"索赔申请单"必须有客户签字和特约服务中心盖章。索赔申请单上的车型、车辆识别代码、发动机号等数据，以及行驶里程、客户信息等基本数据，要真实填报，否则会造成不能索赔的后果。

索赔申请单上除了要记录保修车辆和客户的基本信息、客户签字和特约服务中心盖章以外，还需要特约服务中心根据客户反映的情况正确填写检查结论、修理项目、作业代码、配套代码等项目，以便确定索赔的理由是充分而正确的，项目填写要严格按厂家的《汽车生产企业的质量保修规定》执行，而在"详细记录检查结论修理过程"栏内，特约服务中心需要按汽车生产企业的相关维修要求，准确选取故障部位、故障代码、客户的问题，维修部位如果不在DMS提供的部位码表中，则需要特约服务中心参照相关部位的代码进行申报。

索赔零件输入零部件编号，名称输入要按厂家提供的价格目录表进行核对，要根据车型和配置正确选取零部件。

对其他信息：客户单位、客户姓名、送修人姓名、通信地址、邮编、联系电话等，必须准确录入，以便以后加强和客户的联系，进行调查、回访和开展活动。

二、索赔结算

索赔结算分为售前维修服务费索赔结算与质保费用索赔结算两类。

1. 售前维修服务费索赔结算

（1）售前维修　售前维修是指未销售到客户手中的商品车辆，包括未启票、中转库房库存或特约服务中心库存的商品车辆未达到零卖状态而进行的修复。

（2）售前车辆维修管理　中转库房、特约服务中心在接商品车时应对车辆进行全面验收，确认车辆是否完好，完好的车辆按正常手续办理入库。若属质量问题，应明确责任单位，由承运方、特约服务中心进行鉴定并在汽车生产企业商品车辆验收检查表上注明质量问题和修理费用，由责任单位签字认可后向所在汽车生产企业区域服务经理申请授权，在指定的特约服务中心进行修理。未经汽车生产企业区域服务经理同意的售前维修，一般不予结算。

中转库房、特约服务中心在接车时应对随车附件、随车工具和随车技术文件当面交接清楚，交接过程中发现损坏、丢失则由责任者负责，遗失补办按规定交纳现金购买。

特约服务中心在接车规定时限后提出的售前质量问题维修，汽车生产企业售后服务部原则上不予受理，属人为因素造成的质量问题由车辆保管单位负责维修。

售前维修项目经汽车生产企业区域服务经理审核批准，给予授权以后，特约服务中心方能将问题车辆送到指定的特约服务中心进行售前维修。售前维修项目必须由特约服务中心真实准确地录入DMS，如果特约服务中心有弄虚作假的行为，将会受到汽车生产企业的严惩。

（3）对车辆售前维修的要求　车辆售前维修有两种情况，一种情况是运输责任问题引起的维修，另一种是商品车的质量问题引起的维修，两种情况的售前维修在索赔规定上存在区别。

对于运输责任问题，应由接车单位、承运单位、特约服务中心确认初步处理意见，在送车交接单上注明损伤部位和维修费用，向汽车生产企业区域服务经理申报，区域服务经理根

第五章 索赔管理

据责任单位提供的质损车辆照片确定处理方案。送车交接单上"扣款记载"栏的"运输责任"项目中必须写明运输责任方应付的维修金额,并由接车单位、承运单位、特约服务中心三方签字确认。最终的维修费用超出确认的维修金额的费用由特约服务中心承担。特约服务中心应每月将清晰的送车交接单复印件寄送至汽车生产企业售后服务部门,所发生的维修费用由汽车生产企业财务部门在承运单位的运输费用中扣除,不允许接车单位收取承运单位运输人员的现金,如果"送车交接单"上无修理费用金额、无承运人签字确认,所产生的维修费用,一般不予报销。

产品质量问题应由特约服务中心在 DMS 系统中填写"汽车生产企业售前售中维修申报表",确认维修方案,由汽车生产企业驻地区域服务经理或售后服务部门技术人员授权,交指定的特约服务中心修理。

特约服务中心应定期将运输责任问题和产品质量问题的维修项目录入 DMS 维修服务管理系统,若属于运输责任,在"故障现象描述"栏注明,由区域服务经理授权后生成索赔单方能在汽车生产企业进行结算。

(4) 售前维修结算的有关规定 一些汽车生产企业还对售前维修索赔结算有其他具体的规定,一般如下:

1)特约服务中心在保修中如果使用了由汽车生产企业免费提供的备件,应在申报单上注明,汽车生产企业只结算工时费。

2)特约服务中心外出施展救急服务时若有个别缺件需外购的,需要经汽车生产企业售后服务部门同意,索赔结算时可凭有效发票向汽车生产企业结算,在发票上注明批准人并加盖公章。

3)特约服务中心发生的"三包"结算单,无论金额多少,一般规定必须按月结算,按维修时间先后顺序报审。维修更换的故障件,按当月旧件清单明细上的故障件发回汽车生产企业。有的汽车生产企业规定,如果连续三次未收到发回的旧件,维修系统将自动锁定停止结算该特约服务中心的维修索赔。

4)对于处理的市场问题,汽车生产企业要求特约服务中心提供工单、协议和报告等资料的原件,原件上必须加盖特约服务中心的公章及汽车生产企业相关领导的批示。

5)特约服务中心必须提供收受索赔现款的客户本人签字的原始收条。

6)因为客户退车所发生的退车费用,特约服务中心应出具国家税务机关认可的票据原件,普通收据和复印件等不予结算。

7)特约服务中心外出救急所发生的如住宿费、路桥费等费用,其相关票据必须为国家税管机关认可的票据原件,不能以其他票据或复印件代替。

8)旧件的发运发票必须是国家税务机关认可的运费发票(包括原件或复印件)并加盖特约服务中心财务专用章或发票专用章,发货人必须为特约服务中心,收货人必须为汽车生产企业,不能以其他发票或收据代替。

9)维修单的打印必须字迹清楚、明晰,在加盖特约服务中心业务章时不能盖在有金额或数据的地方,以免影响结算人员结算。

2. 质保费用索赔结算

(1) 结算费用的报审凭证 在质保维修中,特约服务中心向汽车生产企业申请索赔结算时主要涉及走保费、工时及材料费、差旅费和旧件回收托运费几类,不同类的结算费用要

求的结算凭证是有差别的,某公司对质保索赔结算的报审凭证要求见表5-7。

表5-7 某汽车生产企业对质保索赔结算的报审凭证要求

结算费用类别	结算报审凭证要求
走保费	凭DMS维修服务管理系统生成,以及客户签字并加盖特约服务中心公章的其他维修单结算
工时费、材料费	凭DMS维修服务管理系统生成的"索赔申请单(结算专用)"结算,并有客户签字及加盖特约服务中心的公章
出差服务费	凭"外出维修单"和按规定并符合财务要求的有效票据,以及由DMS维修服务管理系统生成的外出维修单及"外出维修单(结算专用)"结算
旧件回收托运费	凭符合财务规定及要求的发票复印件,计入"三包"费中开具增值税发票,由汽车生产企业报销

(2)质保结算的有关规定 汽车生产企业一般对特约服务中心在索赔结算质保维修业务方面,都会进行一些相关的管理规定,主要涉及以下方面:

1)材料费确认采取先结算后审核旧件的方式,一般厂家要规定"三包"单在旧件未返回的最多审核期限,若特约服务中心在规定时限内未返回旧件,则以后的"三包"单将不能结算,这个过程由DMS自动控制结算时间,出现超期限返回旧件的情况,结算员也不能审核和结算。

2)汽车生产企业售后服务部门在审核旧件的同时会生成"三包"旧件索赔扣款,由系统生成的扣款在次月"三包"费中扣除,特约服务中心在售后DMS维修服务管理系统中选择售后报表,按照提示即可完成"三包"结算审核情况及审去费用的查询。

3)发生审去费用的,在"三包"审核明细表里可直接选择审去单据的数量值,系统就会按时间顺序自动发出发生审去费用的"三包"结算单。

(3)填写"索赔结算单"的注意事项 "索赔结算单"是特约服务中心向汽车生产企业进行索赔结算的重要文件,在填写过程中一定要按汽车生产企业售后服务部门的要求填写,填写不正确或不清楚可能导致索赔结算无法受理的后果,填写该表要注意:

1)不能漏填和错填。
2)故障原因要描述清楚。
3)换件原因要符合保修规定。
4)故障鉴定要准确和符合规定。
5)按规定的零部件价格和工时标准填报。
6)客户在维修单(结算专用)上签字确认维修项目,特约服务中心要签字并盖章确认。
7)按规定退回旧件并附"旧件清单"。
8)经批准的质保维修应填写批准人或授权人的名字。
9)"索赔申请单"按时间先后顺序报审,即后一次不再审核前一次截止时间以前的单据。
10)客户的地址、单位、联系人、邮编要清楚,保证信件能到达,提供的客户电话要正确。

除此之外,有的汽车生产企业还规定"索赔申请单"要填配套企业的标识代码及作业代码，超出结算周期向服务部提出结算申请的不予结算，未认真整理相关单据出现缺失和客户问题填报出错的都不能获得结算。

三、服务中心"三包"结算业务流程

在特约服务关系中，特约服务中心的"三包"结算业务流程大同小异，表 5-8 为某汽车品牌的特约服务中心"三包"结算业务流程。

表 5-8 某汽车品牌的特约服务中心"三包"结算业务流程

流　程	关联部门/岗位	关键要素
车辆进站报修	客户	
接待、鉴定、登记	接待人员	
保养或保修？否→"三包"外维修	接待人员	
是否需授权？是→授权项目审批	"三包"结算员	在 DMS 维修服务管理系统上及时、准确、规范地填写，确保"三包"档案完整
"三包"保养、保修作业（需授权）	维修人员	
录入"三包"索赔信息、打印	结算员	
填写旧件标签并悬挂	结算员	
整理"三包"单据，按"三包"档案库的要求存放	结算员	
"三包"单据审核	"三包"结算室	
转"三包"审核流程		

特约服务中心的"三包"结算流程涉及以下步骤：

1）客户车辆进站。

2）接待人员接待客户，对车辆进行初步诊断，并做好相关的登记工作。

3）接待人员确定客户车辆是否属于"三包"内的保养或保修。

4）如果客户车辆属"三包"外，直接进行保养或保修；如果客户车辆属"三包"内，则按以下流程进行：

① 接待人员确定是否需要进行授权。

② 由维修人员对车辆进行维修作业。

③ 由"三包"索赔结算员在 DMS 维修服务管理系统中录入"三包"索赔信息，打印相关票据，请客户确认。

④ "三包"索赔结算员及时、准确、规范地填写旧件标签并悬挂。

⑤ "三包"索赔结算员整理"三包"单据，按"三包"档案库的要求存放，确保单据完整。

⑥ "三包"结算室对相应的"三包"单据进行审核。

⑦ 特殊问题处理工单应先寄往服务营销室待审批工作完善后,通知特约服务中心再做特殊费用申请单。

四、汽车生产企业 "三包" 审核流程

与特约服务中心相对应,汽车生产企业针对特约服务中心的索赔结算申请,也有专门的"三包"索赔结算审核流程,表5-9 为某汽车生产企业"三包"索赔结算审核流程。

表5-9 某汽车生产企业"三包"索赔结算审核流程

流程	关联部门/岗位	关键要素
"三包"审核		
结算员对DMS中录入"三包"单据并上报	特约服务中心结算员	
结算员对DMS中上报的"三包"单据进行适时审核	汽车生产企业服务部结算员	当天
结算员每月月初自行生成开票通知单	特约服务中心结算员	每天
结算员在DMS中录入相关发票信息	特约服务中心结算员	每月一次
财务人员开具增值税发票及相关附件并寄出	特约服务中心财务人员	一个月内
结算员收到发票后填写生产费用报销单	汽车生产企业服务部结算员	每月10日前
财务人员进行第一次验票并付款	汽车生产企业财务人员	每月25日前
财务人员进行第二次验票并付款	汽车生产企业财务人员	
结束		

"三包"索赔结算审核流程主要涉及:

1) 特约服务中心结算员将每天的"三包"单据录入 DMS 中并上报。

2) 汽车生产企业结算员每天对 DMS 中上报的"三包"单据进行适时审核,对问题"三包"单据进行扣款等相应处理。

3) 特约服务中心结算员每月月初将上月审核通过的"三包"费用进行汇总并自行生成开票通知单,一般每月一次。

4) 特约服务中心结算员及时在 DMS 维修服务管理系统中录入相关的发票信息。

5) 特约服务中心财务人员开具增值税发票及相关附件并及时寄给厂家。

6) 汽车生产企业结算员收到发票后填写生产费用报销单并交由汽车生产企业财务人员。

7) 汽车生产企业财务人员在每月规定的时限内完成验票和付款。

注意,由于汽车生产企业的政策和相关规定不同,一般情况下,特约服务中心的"三包"单据结算周期为 1 个月,因影响因素和环节较多,实际结算时间视具体情况而定。

第六章

客户关系经营与管理

第一节 客户关系管理（CRM）系统

客户关系管理（CRM）系统是利用信息科学技术，实现市场营销、销售、服务等活动自动化，使企业能更高效地为客户提供满意、周到的服务，以提高客户满意度、忠诚度为目的的一种管理经营方式。客户关系管理既是一种管理理念，又是一种软件技术。以客户为中心的管理理念是 CRM 系统实施的基础。汽车 CRM 系统功能导航图如图 6-1 所示。

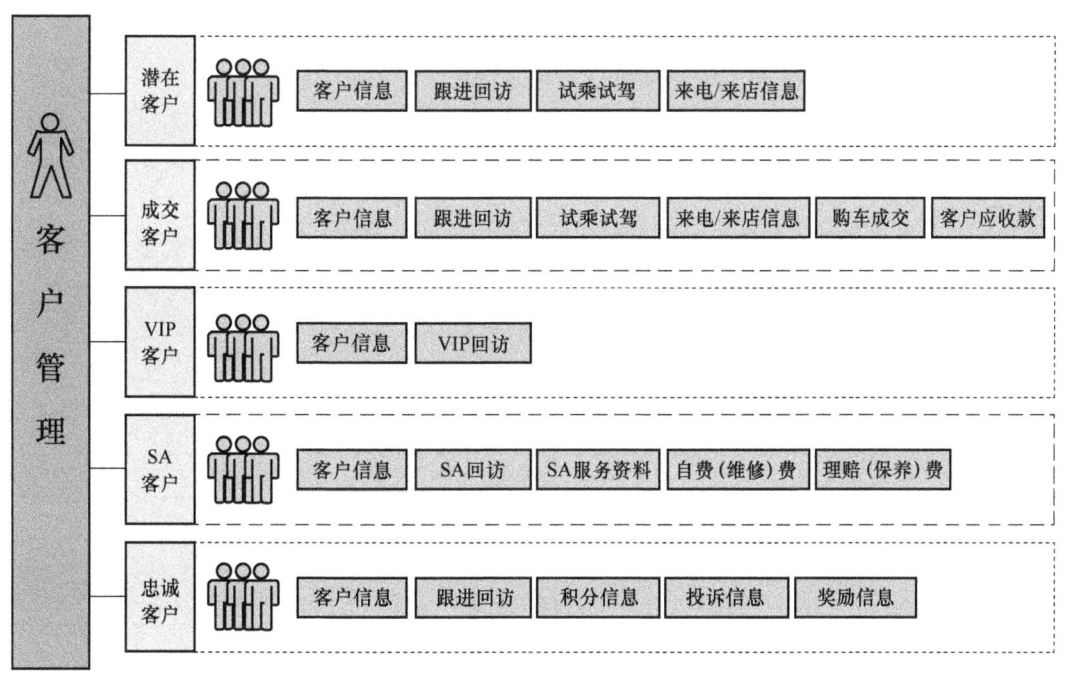

图 6-1　汽车 CRM 系统功能导航图

在 CRM 系统实施的不同阶段，目标重点可能会有一定的差异或偏向，如在 CRM 系统实施初期，很多汽车企业导入经销商管理系统（DMS）来规范销售流程，通过专业的标准操作管理，友好、流程化的操作界面，帮助与客户进行更好的沟通，提高销售成交率，提升公司形象及客户满意度。但是在 CRM 系统实施几年后，企业已有相当的客户信息积累量，此时，企业的重点可能就是考虑如何利用这些信息来挖掘更具价值的客户信息来帮助进行市场营销决策。因此，每个阶段 CRM 系统实施的意义和重点各不一样，我们要把握各阶段的工作重点分阶段实施，这样才能够有效利用企业有限的资源达到服务营销的目的。

一、4S 店的 CRM 系统

4S 店的 CRM 系统是针对汽车经销商而开发的客户关系管理系统，旨在改善企业与客户之间的关系，提高客户忠诚度和满意度。CRM 系统是将先进的营销服务管理理念与信息化手段结合的一种以客户为中心的运营模式。它可以优化企业对客户的响应，实现商业过程自动化并改进其业务流程。通过加强企业与客户的互动能力，改善营销与服务工作的效率，提高企业的客户关系管理能力，从而提升企业的赢利能力。

汽车 4S 店按原有的业务流程为中心的 DMS，其信息系统模块如图 6-2 所示。

客户关系管理是一套先进的管理模式，其实施要取得成功，必须有强大的技术和工具支持，如图 6-3 所示。CRM 系统软件是实施客户关系管理必不可少的一套技术和工具集成支持平台。它通过网络、通信、计算机等信息技术来实现企业前台、后台不同职能部门的无缝连接，协助管理者更好地完成客户关系管理的两项基本任务：识别和保持有价值客户。

二、CRM 系统的功能和模块

1. CRM 系统的功能

如图 6-4 所示，CRM 系统的功能可以归纳为以下三个方面：

1）对销售、营销和客户服务三部分业务流程的信息化。

2）与客户进行沟通所需要的手段（如电话、传真、网络、电子邮件等）的集成和自动化处理。

3）对上面两部分功能所积累的信息进行加工处理，产生客户智能，为企业的战略战术的决策做支持。

2. CRM 系统的主要模块

CRM 系统的主要模块见表 6-1。

表 6-1 CRM 的主要模块

主 要 模 块	该模块所能实现的主要功能
销售模块	销售、现场销售管理、现场销售/掌上工具、电话销售、销售佣金
营销模块	营销、针对电信行业的营销部件、营销资料管理、预算；回应管理等
客户服务模块	服务、合同、客户关怀、移动现场服务
呼叫中心模块	主要包括呼入呼出电话处理、呼叫中心运营管理、开放连接服务、语音集成服务、报表统计分析、管理分析工具、代理执行服务、自动拨号服务、市场活动支持服务、呼入呼出调度管理、多渠道接入服务等
电子商务模块	电子商店、电子营销、电子支付、电子货币与支付、电子支持

第六章 客户关系经营与管理

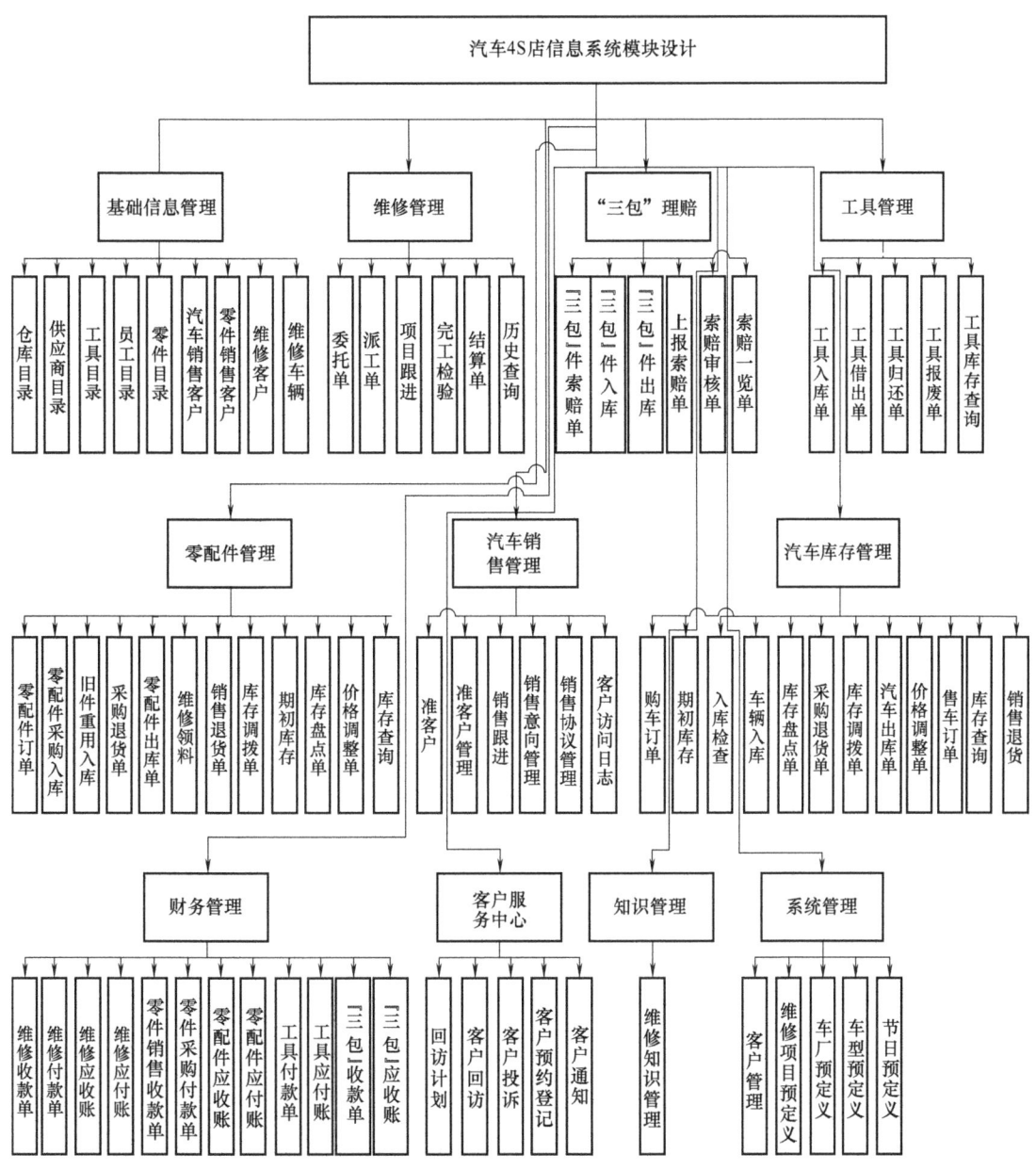

图 6-2 汽车 4S 店信息系统模块

（1）销售模块 销售是销售模块的基础，用来帮助决策者管理销售业务，主要功能是额度管理、销售力量管理和地域管理。

1）现场销售管理。现场销售管理为现场销售人员设计，主要功能包括联系人和客户管理、机会管理、日程安排、佣金预测、报价、报告和分析。

2）现场销售/掌上工具。现场销售/掌上工具是销售模块的新成员。该组件包含许多与现场销售组件相同的特性，不同的是，该组件使用的是掌上型计算设备。

3）电话销售。电话销售可以进行报价生成、订单创建、联系人和客户管理等工作；还

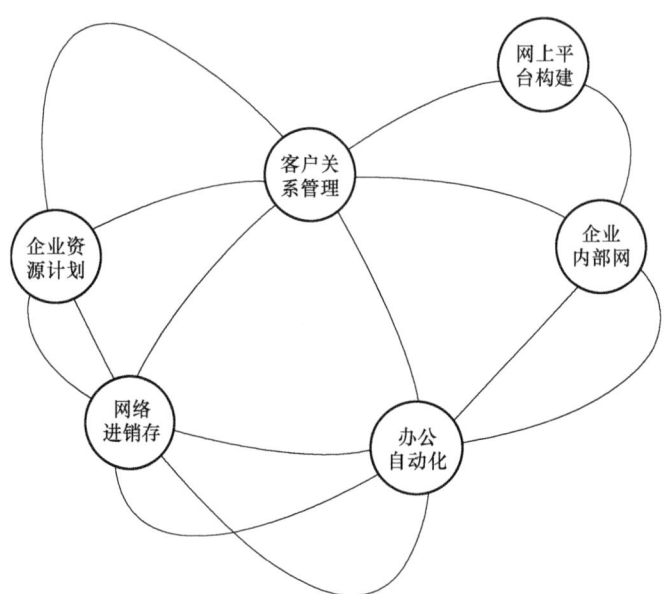

图 6-3　CRM 系统技术原理图

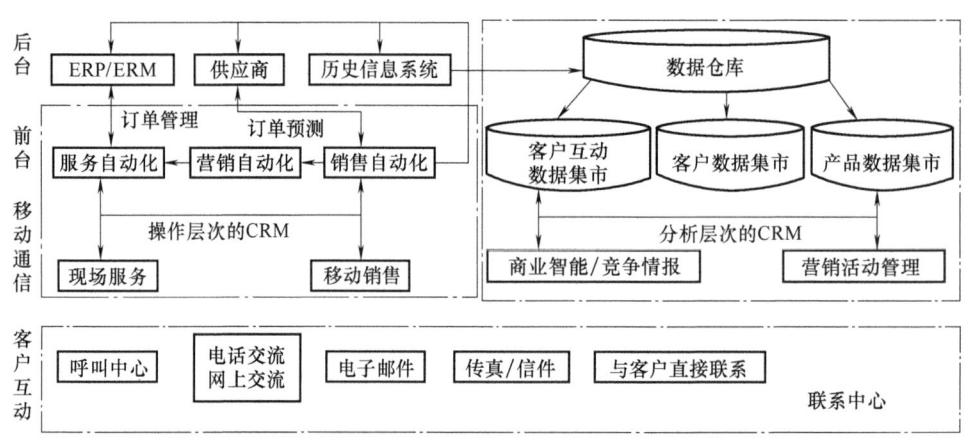

图 6-4　CRM 系统的功能

有一些针对电话商务的功能,如电话路由、呼入电话屏幕提示、潜在客户管理及回应管理。

4)销售佣金。允许销售经理创建和管理销售队伍的奖励和佣金计划,并帮助销售代表形象地了解各自的销售业绩。

(2)营销模块　营销模块对直接市场营销活动加以计划、执行、监视和分析。

1)营销。营销使得营销部门实时地跟踪活动的效果,执行和管理多样的、多渠道的营销活动。

2)针对电信行业的营销部件。在上面的基本营销功能基础上,针对电信行业 B2C 的实际情况增加了一些附加特色。

3)其他功能。可帮助营销部门管理其营销资料;列表生成与管理;授权和许可;预算;回应管理。

(3) 客户服务模块　客户服务模块的目标是提高那些与客户支持、现场服务和仓库修理相关的业务流程的自动化并加以优化服务。

1) 服务。可完成现场服务分配、现有客户管理、客户产品全生命周期管理、服务技术人员档案、地域管理等。通过与企业资源计划（ERP）的集成，可进行集中式的雇员定义、订单管理、后勤、部件管理、采购、质量管理、成本跟踪、发票、会计等。

2) 合同。此部件主要用来创建和管理客户服务合同，从而保证客户获得的服务的水平和质量与其所花的钱相当。它可以使得企业跟踪保修单和合同的续订日期，利用事件功能表安排预防性的维护活动。

3) 客户关怀。客户关怀是客户与供应商联系的通路。此模块允许客户记录并自己解决问题，如联系人管理、客户动态档案、任务管理、基于规则解决重要问题等。

4) 移动现场服务。移动现场服务使得服务工程师能实时地获得关于服务、产品和客户的信息。同时，他们还可使用该组件与派遣总部进行联系。

(4) 呼叫中心模块　呼叫中心模块的目标是利用电话来促进销售、营销和服务电话管理员，主要包括呼入呼出电话处理、互联网回呼、呼叫中心运营管理、图形用户界面软件电话、应用系统弹出屏幕、友好电话转移、路由选择等。

1) 开放连接服务。开放连接服务支持绝大多数的自动排队机。

2) 语音集成服务。语音集成服务支持大部分交互式语音应答系统。

3) 报表统计分析。报表统计分析提供了很多图形化分析报表，可进行呼叫时长分析、等候时长分析、呼入呼叫汇总分析、座席负载率分析、呼叫接失率分析、呼叫传送率分析、座席绩效对比分析等。

4) 管理分析工具。进行实时的性能指数和趋势分析，将呼叫中心和座席的实际表现与设定的目标相比较，确定需要改进的区域。

5) 代理执行服务。支持传真、打印机、电话和电子邮件等，自动将客户所需的信息和资料发给客户。可选用不同配置使发给客户的资料有针对性。

6) 自动拨号服务。管理所有的预拨电话，仅接通的电话才转到座席人员那里，节省了拨号时间。

7) 市场活动支持服务。管理电话营销、电话销售、电话服务等。

8) 呼入呼出调度管理。根据来电的数量和座席的服务水平为座席分配不同的呼入呼出电话，提高了客户服务水平和座席人员的生产率。

9) 多渠道接入服务。提供与互联网和其他渠道的连接服务，充分利用话务员的工作间隙，收发电子邮件等。

(5) 电子商务模块

1) 电子商店。电子商店使得企业能建立和维护基于互联网的店面，从而在网络上销售产品和服务。

2) 电子营销。电子营销与电子商店相联合，允许企业能够创建个性化的促销和产品建议，并通过网络向客户发出。

3) 电子支付。电子支付是电子商务的业务处理模块，它使得企业能配置自己的支付处理方法。

4) 电子货币与支付。利用电子货币与支付模块后，客户可在网上浏览和支付账单。

5）电子支持。电子支持允许客户提出和浏览服务请求、查询常见问题、检查订单状态。电子支持部件与呼叫中心联系在一起，并具有电话回拨功能。

三、CRM 系统在汽车行业中的应用

汽车行业 CRM 系统的应用集成了汽车制造、销售和服务体验上的每一个关键元素。随着汽车购买周期的缩短，汽车行业 CRM 系统帮助汽车生产企业通过简化客户订单和信息服务体验来吸引客户；精简从销售到售后服务的流程；巩固与经销商之间的伙伴关系，培养更多的忠诚客户，促进重复购买率。

因此，汽车行业 CRM 系统与其他行业相比，还应该完善特有的模块，如与 JIT（准时生产）的 ERP 系统及其他系统的集成、运费追踪、服务和销售提醒、数据的共享等特殊模块，使其更能够适应汽车行业的这种大规模的敏捷性和柔性化的工业制造和营销模式的发展。

下面简单了解一下国内汽车行业的 CRM 应用情况：2000 年 9 月，随着通用全球 CRM 系统的部署，上海通用汽车 CRM 系统开始正式上线使用，选择的是 Siebel 公司的产品；2001 年年初，上汽大众正式启用 CRM 系统；2003 年 1 月，随着新雅阁下线，广州本田 CRM 系统正式开始运行；2003 年 9 月 3 日，上海通用经销商的 CRM 系统第一阶段内容全面开始实施；2003 年 11 月，一汽大众经销商 CRM 的第一阶段内容全面开始实施，系统为润霖汽车的 DS—CRM。东风汽车公司、固特异等配套厂商、发动机厂商等都正在进行 CRM 系统培训和 CRM 系统选型。从以上事例可以看出，作为必要的营销服务工具，力推 CRM 系统应用必将成为国内汽车厂商发展的必然趋势。

下面就用友软件开发的一款 U8 客户关系管理系统为例，简单地介绍一下汽车企业适用的 CRM 系统应具有的主要功能。

1. 系统功能

系统功能包括系统管理/基础设置、客户管理、销售自动化、市场管理等，客户关系管理系统功能流程如图 6-5 所示。

（1）系统管理/基础设置　系统管理/基础设置是系统正常运行的前提。系统管理主要包括权限管理、工作流、预警平台和短信邮件中心。基础档案主要包括企业门户基础信息和 CRM 业务设置。在 CRM 业务设置中，设置企业的销售模式和销售阶段、设置客户价值评估模型、设置企业常见活动类型，分别在商机分析、销售漏斗、客户金字塔和活动管理中使用。

（2）客户管理　客户管理帮助企业建立客户档案，根据多种分类条件和客户状态对客户进行差异化管理，客户管理是 CRM 系统的基础核心功能。CRM 系统将客户看作一种重要的企业资源，帮助企业根据自己的组织架构和人员配置，将客户资源合理地分配给业务员。

CRM 系统将联系人看作另外一种重要的企业资源，帮助企业建立联系人档案，建立联系人之间的汇报关系，提供联系人全貌视图、联系人上报关系视图，同时提供向联系人发送电子邮件和短消息功能。

CRM 系统将客户的全部信息组织在一个界面上，方便用户查看客户的全部交往历史。CRM 系统还可以处理客户投诉业务，帮助企业管理客户的抱怨，包括投诉的录入、分配、处理和验证。

（3）销售自动化　销售自动化模块包括商机管理、活动管理、费用管理和业务员管理

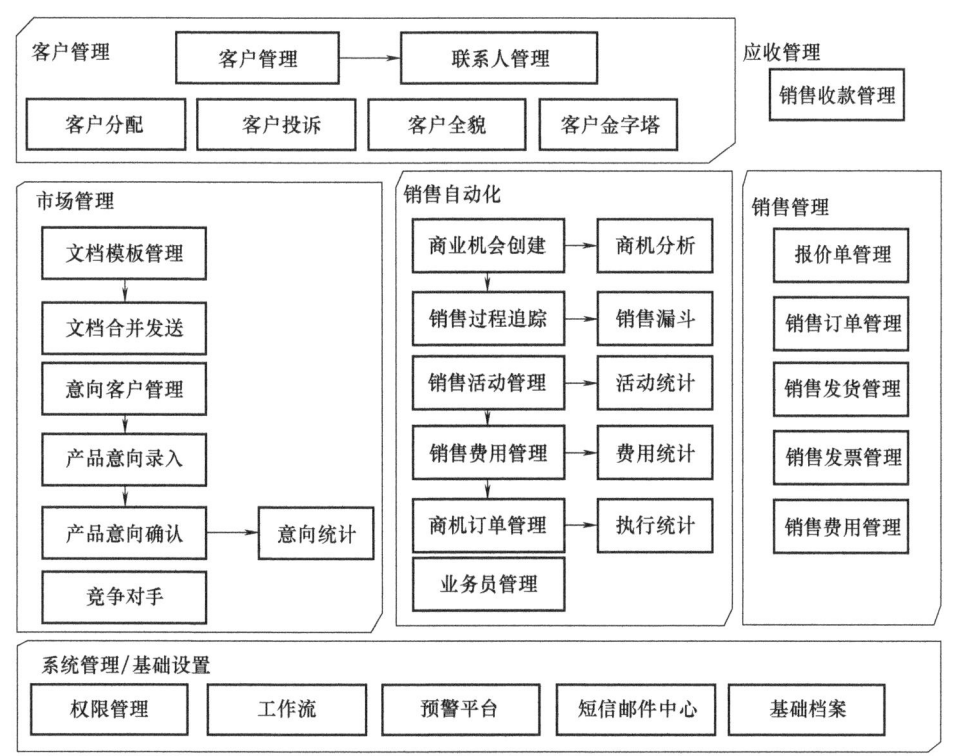

图6-5 客户关系管理系统功能流程

四大子模块。

商机管理模块尤其适合长销售过程的企业采用。CRM系统支持用户根据自身的销售模式和销售行为自定义销售阶段，系统提供商机销售阶段的跟踪管理。商机成功以后，可以在CRM系统中录入销售订单，并在销售系统中跟踪处理销售订单。系统以商机为主线，将商机后续业务组织在一个界面上，帮助用户全面了解商机执行情况，主要包括执行统计、订单明细、发货明细、开票明细、收款明细和进程报告。商机失败以后，记录失败原因和获胜竞争对手，系统提供失败原因分析和商机竞争分析。系统可以管理商机环节产生的各种信息，包括商机团队、商机活动、商机费用、商机竞争对手、商机评估和商机文档。

活动管理提供活动安排、活动提醒、活动逾期报警和活动回写功能，帮助业务人员和管理人员合理安排时间资源，提高工作效率。费用管理用于管理售前阶段发生的各种费用支出。根据费用主体的不同，可以区分为商机费用、活动费用、客户费用和业务员费用。

业务员管理通过将业务员负责的客户、商机、订单、发票等信息组织在一个界面上，帮助管理人员迅速了解业务员的全貌。

（4）市场管理 CRM市场管理包括意向管理、销售文档管理和竞争对手管理。

意向管理用于管理目标客户对企业产品或服务的意向，包括建立意向客户档案，记录、管理意向客户产品需求。通过意向管理，可以帮助市场人员了解客户需求、管理目标客户，帮助销售人员挖掘购买商机，帮助产品设计人员准确理解客户需求，改进产品的功能。

意向管理另外的一个重要功能是帮助企业管理老客户的产品反馈，了解老客户对产品的需求或建议。

销售文档是用友 CRM 的一个核心应用,主要为企业的销售业务人员提供一种销售工具,帮助他们向客户、联系人、意向客户或意向客户联系人群发销售文档。系统支持通过邮件、电子邮件和短信三种方式发送销售文档。市场管理提供竞争对手基本资料的管理,便于分析企业和竞争对手的商机竞争情况。

(5) 应收管理 应收管理主要是指销售收款管理。销售漏斗的使用者主要是负责销售的销售管理人员,他们通过销售漏斗快速了解销售状况,从而制订销售策略和管理决策。

客户价值金字塔是一种评估客户价值的有效工具,它通过金字塔的图形,形象地反映不同价值等级的客户,以及客户的历史价值变化趋势。系统为用户提供收入、利润、累计商机金额、累计欠款金额、累计费用金额和客户忠诚度六种价值指标,分析客户金字塔。

2. 系统功能流程

着重介绍 CRM 系统关键模块的流程关系,说明客户管理、销售自动化和市场管理三个业务模块的典型流程。

(1) 客户管理 如图 6-6 所示,客户管理包括客户管理、联系人管理和客户投诉管理三个功能。意向客户管理属于市场管理功能,意向客户经确认后,可以转入客户档案。

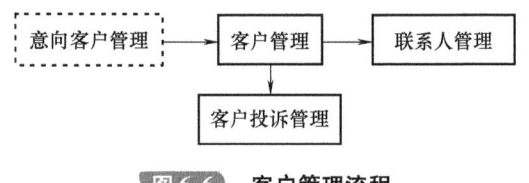

图 6-6 客户管理流程

(2) 销售自动化 如图 6-7 所示,销售自动化包括商机管理、活动管理、费用管理和业务员管理四个功能。

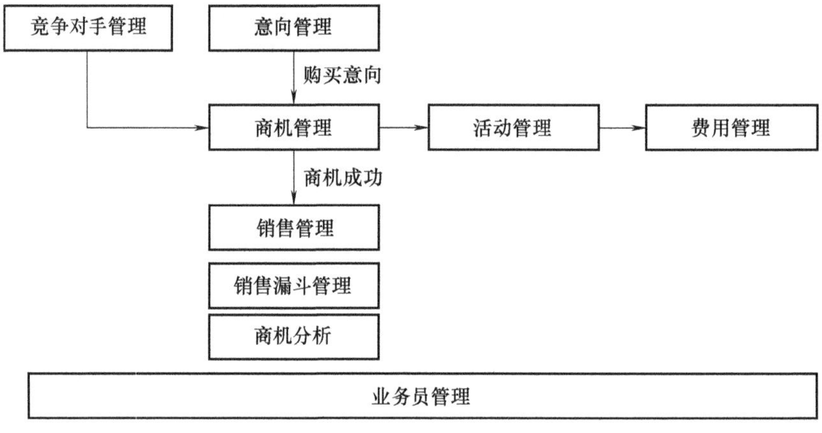

图 6-7 销售自动化流程

意向管理属于市场管理功能。若是产品购买意向,可以升迁为商机,进入商机管理流程。

商机管理中,提供商机竞争对手的管理。其中,竞争对手的维护在市场管理模块中完成。

商机管理流程结束以后,若商机成功,录入商机订单,进入订单管理流程。订单管理流程在销售管理系统中完成。

销售漏斗管理和商机分析是统计分析模块中的功能,是商机管理的有机组成部分。业务员管理提供业务员工作状况的完整视图。

（3）市场管理　市场管理包括意向管理、销售文档管理和竞争对手管理三个功能。

意向管理为用户提供管理意向客户和产品意向两个功能。其中，意向客户如果符合潜在客户特征，可以转入客户档案；产品意向如果是购买意向，可以升迁商机。

销售文档管理是相对独立的一个功能，主要完成向客户、联系人、意向客户和意向客户联系人批量发送销售文档的功能。

竞争对手管理帮助用户建立竞争对手档案。竞争对手将在商机管理中使用。

通过以上用友软件开发的 U8 客户关系管理系统，能够使我们充分认识到 CRM 系统在汽车营销管理中的主要应用功能，对其实际操作有了充分的认识和了解。

第二节　客户满意度管理

服务营销是指一种以客户价值为导向的营销策略，通过客户满意和忠诚来促进价值的交换，最终实现营销绩效的增长和企业的持续发展。它整合了原有的 4P 营销要素，并增加了以提高客户满意度为目的的员工、服务过程和服务环境要素。而客户关系管理正是实现这一营销组合策略的重要手段。

一、客户满意度的意义

服务型企业每天经营中的最重要的两件事情：创造新客户和留住旧客户。但创造新客户的成本往往比留住旧客户的成本要高很多，创造新客户与维持旧客户的比较如图 6-8 所示。某一调查机构研究分析两者的经济意义如图 6-9 所示。

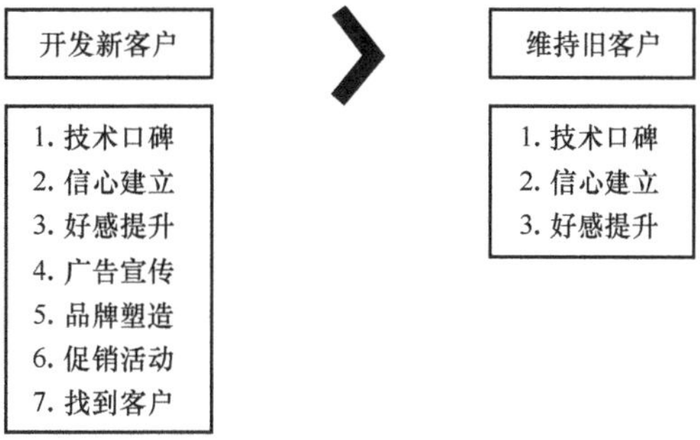

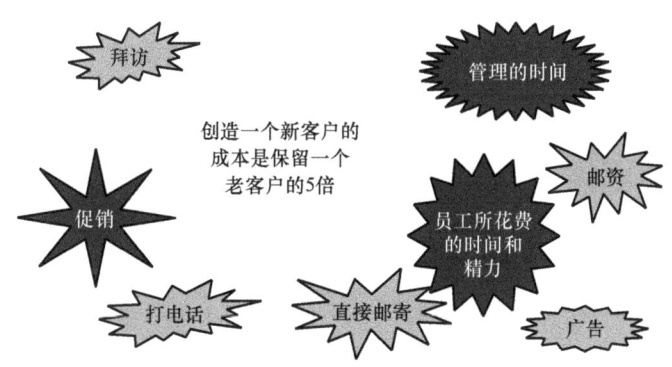

图 6-8　创造新客户与维持旧客户的成本比较

图 6-9　创造新客户与维持旧客户的经济意义

1. 客户满意度的含义

客户满意是指客户对其需求或期望已被满足的程度的感受。客户在购买和使用汽车产品时，总是希望把如货币、时间、精神和体力的成本降到最低限度，而同时又期望从中获得更多的实际利益，以使自身的需要得到最大限度的满足。因此，客户在选购汽车产品和服务时，往往从价值与成本两个方面进行比较和衡量，从所有待选的汽车产品中选择出价值最高、成本

最低，即"自我利益"最大的车型作为优选对象，以满足自己对其产品和服务的需求。

客户满意度也叫客户满意指数，是一个相对的概念，是客户期望值与客户体验的匹配程度。换言之，就是客户通过对一种产品或服务可感知的效果，与其期望值相比较后得出的指数。

$$客户满意度 = 实际效果 - 客户期望$$

客户满意度 >0 时，表示客户对服务满意。

客户满意度 =0 时，表示客户对服务感觉一般。

客户满意度 <0 时，表示客户对服务不满意（图6-10）。

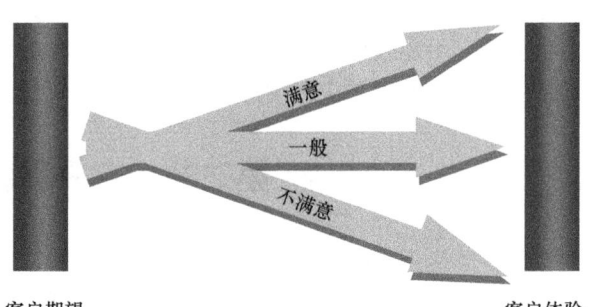

图6-10 客户满意度

2. 影响客户满意度的因素

对于服务行业，影响客户满意度的因素如图6-11所示。真正的客户服务满意度，是客户个人对于服务的需求和自己以往享受服务的经历，再加上自己周围的对于某个企业服务的口碑，构成了客户对于服务的期望值。衡量客户服务质量的五个要素见表6-2。

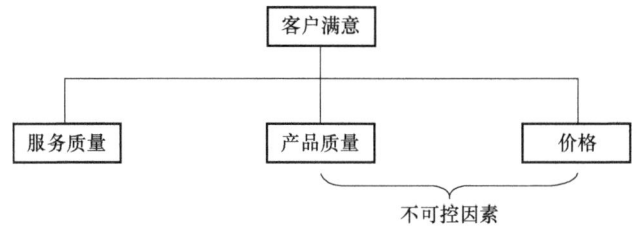

图6-11 影响客户满意度的因素

表6-2 衡量客户服务质量的五个要素

服务质量要素	说　明
信赖度	是否能够准确可靠地履行自己对客户所做出的承诺，当真正做到这点的时候，就会拥有良好的口碑，赢得客户的信赖
专业度	企业的服务人员所具备的专业知识、技能和职业素质，包括提供优质服务的能力、对客户的礼貌和尊敬、与客户有效沟通的技巧
有形度	有形的服务设施、环境、服务人员的仪表及对客户的帮助和关怀的有形表现
同情度	服务人员能够随时设身处地地为客户着想，真正同情理解客户的处境，了解客户的需求
反应度	服务人员对于客户的需求给予及时回应并能迅速提供服务的愿望。当服务出现问题时，马上回应、迅速解决问题，给服务质量带来积极的影响。对于客户，需要的是积极主动的服务态度

客户满意是一个人通过对一个产品的可感知的效果（或结果）与其所期望值相比较后，所形成的愉悦或失望的感觉状态。客户满意或不满意的感觉及其程度的影响因素见表6-3。

第六章 客户关系经营与管理

表 6-3 客户满意或不满意的感觉及其程度的影响因素

影响因素	说　明
产品和服务让渡价值的高低（让渡价值是指总价值与总成本之间的差额）	客户对产品或服务的满意会受到产品或服务的让渡价值高低的重大影响。如果客户得到的让渡价值高于他的期望值，他就倾向于满意，差额越大越满意；反之，如果客户得到的让渡价值低于他的期望值，他就倾向于不满意，差额越大就越不满意
客户的情感	客户的情感可以影响其对产品和服务满意的感知。这些情感可能是稳定的、事先存在的，如情绪状态和对生活的态度等。非常愉快的时刻、健康的身心和积极的思考方式，都会对所体验到的服务的感觉有正面的影响。反之，当客户正处在一种恶劣和情绪当中，消沉的情感将被他带入对服务的反应，并导致他对任何小小的问题都不放过或感觉失望。服务过程本身引起的一些特定情感也会影响客户对服务的满意。例如，中高档轿车的销售过程中，客户在看车、试车和与销售代表沟通过程中所表现出来的对事业成功、较高的地位或较好的生活水平的满足感，是一种正向的情感。这种正向情感是销售成功的润滑剂。从让渡价值的角度来看，这类消费者对形象价值的认定水平比一般消费者要高出许多，才会有这样的结果
对服务成功或失败的归因	归因是指一个事件感觉上的原因。当客户被一种结果（服务比预期好得太多或坏得太多）震惊时，他们总是试图寻找原因，而他们对原因的评定能够影响其满意度。例如，一辆车虽然修复，但是没有能在客户期望的时间内修好，客户认为的原因（这有时和实际的原因是不一致的）将会影响到他的满意度。如果客户认为原因是维修站没有尽力，因为这笔生意赚钱不多，那么他就会不满意甚至很不满意；如果客户认为原因是自己没有将车况描述清楚，而且新车备件确实紧张的话，他的不满程度就会轻一些，甚至认为维修站是完全可以原谅的。相反，对于一次超乎想象得好的服务，如果客户将原因归为"维修站的分内事"或"现在的服务质量普遍提高了"，那么这项好服务并不会为提升这位客户的满意度做出什么贡献；如果客户将原因归为"他们因为特别重视我才这样做的"或"这个品牌是因为特别讲究与客户的感情才这样做的"，那么这项好服务将大大提升客户对维修站的满意度，并进而将这种高度满意扩张到对品牌的信任
对平等或公正的感知	客户的满意还会受到对平等或公正的感知的影响。客户会问自己：我与其他的客户相比是不是被平等对待了？别的客户得到比我更好的待遇、更合理的价格、更优质的服务了吗？我为这项服务或产品花的钱合理吗？以我所花费的金钱和精力，我所得到的比别人多还是少？公正的感觉是消费者对产品和服务满意感知的中心

3. 客户满意级度

客户满意级度是指客户在消费相应的产品或服务之后，所产生的满足状态的等次。客户满意级度可分为七个级度：很不满意、不满意、不太满意、一般、较满意、满意和很满意，见表 6-4。

表 6-4 客户满意级度

级　度	指　征	分　述
很不满意	愤慨、恼怒、投诉、反宣传	客户在消费了某种商品或服务之后感到愤慨、恼羞成怒难以容忍，不仅企图找机会投诉，而且还会利用一切机会进行反宣传以发泄心中的不快

(续)

级度	指征	分述
不满意	气愤、烦恼	客户在购买或消费某种商品或服务后感到气愤、烦恼，在这种状态下，客户尚可勉强忍受，希望通过一定方式进行弥补，在适当的时候，也会进行反宣传，提醒自己的亲朋不要去购买同样的商品或服务
不太满意	抱怨、遗憾	客户在购买或消费某种商品或服务后产生抱怨、遗憾的情绪，在这种状态下，客户虽心存不满，但想到现实就这个样子，别要求过高，于是也就认了
一般	无明显正、负情绪	客户在消费某种商品或服务过程中所形成的没有明显情绪的状态，也就是对此既说不上好，也说不上差，还算过得去
较满意	好感、肯定、赞许	客户在消费某种商品或服务后产生好感、肯定和赞许，在这种状态下，客户内心还算满意，但与更高要求相比还差之甚远，而与一些更差的情况相比，又令人欣慰
满意	称心、赞扬、愉快	客户在消费了某种商品或服务后产生称心、赞扬和愉快的情绪，在这种状态下，客户不仅对自己的选择予以肯定，还会乐于向亲朋推荐，自己的期望与现实基本相符，找不出大的遗憾所在
很满意	激动、满足、感谢	客户在消费某种商品或服务之后处于激动、满足、感谢的状态，在这种状态下，客户的期望不仅完全达到，没有任何遗憾，而且可能还大大超出了自己的期望。这时客户不仅为自己的选择而自豪，还会利用一切机会向亲朋宣传、介绍推荐，希望他人都来消费

4. 汽车售后服务中客户服务的策略

汽车售后服务中影响客户满意的因素如图 6-12 所示。影响客户满意因素的策略见表 6-5。

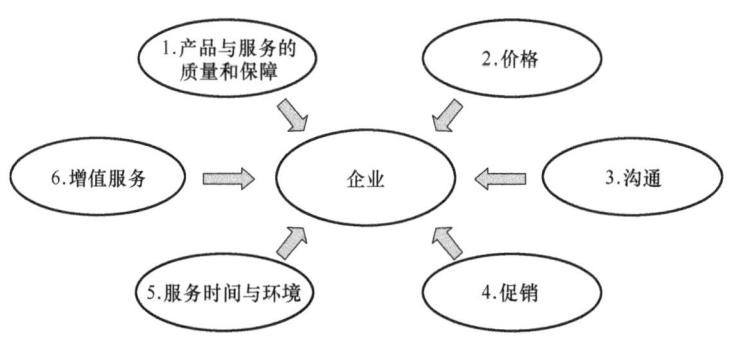

图 6-12　客户服务中影响客户满意的因素

表 6-5　影响客户满意因素的策略

因素	常规性策略	差异性策略
1. 产品与服务的质量和保障	（1）专业的维修服务：常规性诊断、常规性维修质量保证、制造厂维修手册的资料沟通、结算及时准确、产品质量过关 （2）专业的接待程度：热情、有礼貌，适当的仪容仪表	（1）专业的维修服务：专家现场诊断、使用专业诊断仪器来演示问题所在、超长时间的质量保证承诺、提供信用卡刷卡服务、有选择性产品联盟合作法提供更好的保障和保证 （2）专业的接待态度：分工种统一着装、行动干脆利落、态度真诚谦逊

第六章 客户关系经营与管理

(续)

因　素	常规性策略	差异性策略
2. 价格	（1）低价竞争 （2）以成本为基础的加价法 （3）按车型区别定价	（1）不同时间和季节 （2）不同客户类型 （3）有针对性的服务或产品套餐
3. 沟通	不定期的跟踪服务	（1）定期的跟进和提示服务 （2）24小时技术咨询 （3）24小时投诉热线 （4）专人接待联谊会
4. 促销	（1）不定期免费检测 （2）季节商品优惠	（1）会员制 （2）定期性的免费检测 （3）年费制 （4）联合促销
5. 服务时间与环境	维修时间：8：30~20：00 维修工期控制，时间快捷 整洁良好的环境	（1）时间：错时服务、超时服务、时间的承诺 （2）环境：保持良好而时尚的环境、满足5S要求、单独的客户休息场所、客户的娱乐设施、免费商品和服务的提供
6. 增值服务	（1）代办年检、季检、保险、证件过期手续 （3）免费施救 （4）送车上门	（1）醉酒代驾 （2）刷卡服务 （3）提醒服务 （4）会员服务 （5）提供代驾车辆 （6）提供接送服务

二、客户满意度的提升

某一调研机构的数据分析，失去客户的原因及比例见表6-6。调研机构的数据分析说明，流失客户的大部分原因是服务人员对客户的需求不重视，没有用心服务客户，客户觉得没有受到尊重。

表6-6　失去客户的原因及比例

失去的客户的百分比	原　因
1%	死亡
3%	搬走了
4%	自然地改变了喜好
5%	在朋友的推荐下换了公司
9%	在别处买到更便宜的产品
10%	对产品不满意
68%	与他打交道的人对他的需求漠不关心

1. 了解客户的需要

（1）关心和诚心　客户都希望所有和他们接触的人，都能对他们的问题和疑问表示关心，即应在客户的立场上想问题。

(2)聆听客户心声　客户讲话时不要听一两句就插嘴,客户希望服务人员能提供舒适的环境和聆听他们的想法。

(3)熟练、负责认真地处理事情　客户希望服务人员聆听他们的想法,而且更希望服务人员办理任何事都很负责任,希望提供亲切的回答和满足自己的需求。

(4)快速性和完美性　服务人员能快速地处理客户提出的问题,能证明自己对客户有多关心,而且完美地处理客户不满的事情是最基本的要求。

2. 满足客户的需求

满足客户需求的步骤见表6-7。

表6-7 满足客户需求的步骤

步　骤	方　法
确认每个人的要求不同	用不同的方法服务于不同的客户
设法让承诺快速实现	先做客户马上需要办的小事
符合基本的期待	公司已有的基本服务先满足,以及设法满足客户随口提起希望的事
让客户安心消费	带着微笑先讲清楚服务及费用,当客户不确定时要及时说明或做出心理弥补

3. 让客户满意的处理方式

要让客户满意,关键要站在客户的立场思考问题,表6-8是让客户满意的处理方式。

表6-8 让客户满意的处理方式

项　目	内　容	处理方式
问题记录,重复确认需求	客户叙述问题	注意听,详细记,一定要确认
	重复确认需求	让客户看记录,确认资料无误
	在规定处签名	确认责任及叙述内容
对于问题要共同确认记录结果	一起确认叙述的问题	客户确认认知的问题点
	叙述的问题确认后立即处理	说明原因后立即处理
	客户说有但师无法确认的问题	由其他人处理,设法用其他方式解释
	客户说有但属于正常问题的处理	正常问题可说,没把握不要说
遇到预约的客户	叫出客户的名字	别叫错人
	有所不同	快速检查车辆外观,并挂上预约牌由专人处理
	快速处理	立刻移动到车位开工
	确认内容	就是要再确认一次
追加工作的技巧	认真执行初检	进厂后10～15分钟完成
	准备追加证据	准备追加证据
	准备追加话术	先想好要讲什么
	预估费用、时间	预估用料和费用、时间
	安全性不高	可以下次完成
	安全性高	建议处理
	若是答应处理而客户不愿处理	(1)还是要感谢客户的选择 (2)将检查的结果及我方建议写在备注栏上 (3)把客户的意见也记录在工单上

第六章 客户关系经营与管理

(续)

项 目	内 容	处 理 方 式
交车前的资料确认	物归原位	物品、电子钟、座椅
	共同确认问题	交修项目
	外观检查状况	刮伤，责任
	内外清洁感受	干净，注意污染
	费用确认说明	高单价，免费项目
	给予专业建议	指导如何使用
	提醒下次事项	预约，待料
	目送车主离开	送到上车

4. 超越客户的期望

超越客户期望的方法见表6-9。

表6-9 超越客户期望的方法

方 法	说 明
了解客户的期待	注意不经意的言语 掌握客户过去的需求 找出以往最在意或曾不满意的事
先立即满足客户的需要	知道有能力做的先去做
关心客户随行的人	注意客户的家人或朋友的感受及需求 关心随行人的安全及基本服务 不要忘了潜在客户
注意客户的反应	所有人都要注意客户目前的需求 立即派人前往处理目前最需要做的事
随时问候并关心客户	记录目前客户的位置及姓名 随时点头微笑面对客户
设法超越预计的时间	接待人员注意维修进度与预期的差异 向每个客户至少汇报一次维修进度
需求无法满足时的道歉	感谢，道歉，说明 必要时上级领导需主动出面
让客户有惊喜的服务	由领导向客户进行说明，主动的服务将是最好的礼物

第三节 提高客户满意度的措施

一、一次修复率（FFV）对客户满意度的影响

对于汽车生产企业的经销商来说，一次修复率（FFV）是指经销商在一段时间内，客户车

辆首次进厂即得到满意的维修服务的车辆数（a）与进厂维修总量（b）的百分比：FFV = $a/b \times 100\%$。

返修是指客户因为相同的原因到经销商处重复报修。它对客户满意度和售后服务质量有着显著的影响，返修率（FNV）= 1 − FFV。

返修既包括由于维修技术原因而导致未能排除故障造成的维修，又包括整个服务接待过程不当引起的客户抱怨，甚至可能是汽车生产企业某个环节造成客户返厂进行的检测维修。因此，要想降低返修率提高一次修复率，需要在生产质量、服务技术及售后服务整个环节上进行优化和提高。

客户满意度与一次修复率（FFV）成正比，与返修率（FNV）成反比。

1. 通过提高一次修复率（降低返修率）提高客户满意度

提高客户满意度和售后服务质量是售后服务工作的最高目标和追求，这里既涉及前面讲到的维护良好的客户关系问题，又涉及维修技术、车间管理等因素体现出的具体的服务质量问题。对于这些问题，需要采取集中且有针对性的方式，才能实现客户满意这一目标。

为了实现客户满意，必须降低返修率也就是提高一次修复率，进而提高客户满意度。如图 6-13 所示，一次修复的车辆，客户中有 78% 表示满意，而当出现返修后，客户中仅有 42% 表示满意，其中差额的 36% 因为车辆返修表示不满意。若在返修的过程中再出现解决不了的问题而二次返修，那么就会产生更大比例的抱怨。

一次返修就会导致客户满意度显著下降，更可怕的是返修往往会出现两次甚至三次，或者同类原因得不到妥善解决，会造成返修在一段时间内反复出现。

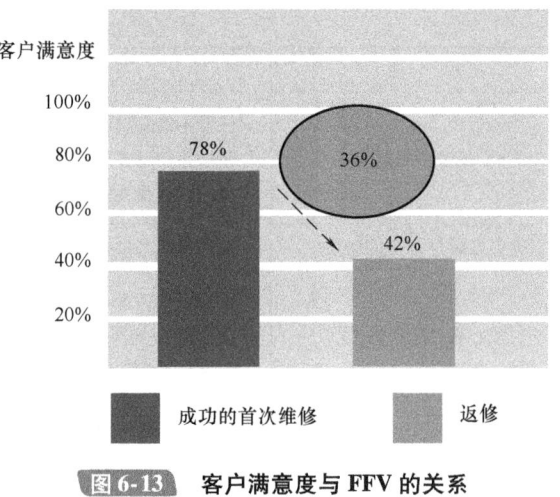

图 6-13　客户满意度与 FFV 的关系

因此，对于客户满意度来说，需特别注意返修这个问题。显著并持久地降低返修率，是提高客户满意度的有效途径。

提高客户满意度既是汽车生产企业关注的重点，也是特许经销商持续优化和改进的方向。从哪些环节入手才能降低返修率提高一次修复率呢？这就需要汽车生产企业和特许经销商能够正确了解各自市场的特点，有必要对市场进行充分调研，还可以借助客户满意度调研（CSS）结果和销售与服务回访的样本数据进行统计分析，然后有针对性地调整正在实施和将要实施的措施，以及在局部组织机构中更有力地实施这些措施，才能提高一次修复率，进而提高客户满意度，但这需要一个持续优化与完善的过程，切不可急于求成。

2. 提高一次修复率（降低返修率 FNV）的方法

一次修复分析的目的是运用一定的方法找出出现返修的原因，并给出相关的服务环节，并制订可实施的措施来提高一次修复率。为了提高一次修复率，就需要对返修进行分析。返修分析可分为两种方法：一是维修过程细节分析法；二是客户对话抽样调查法。维修过程细节分析法可详细研究哪些原因造成返修，具体分析合作配套厂、生产厂、经销商环节。客户

第六章 客户关系经营与管理

对话抽样调查法，可以了解经销商范围内哪些环节可以影响返修率，并了解各个经销商的潜在优化需求。但分析结果是否有效，与所选样本有很大关系。利用某汽车生产企业客户满意度调研（CSS）数据对各经销商返修率及客户满意度的数据进行分析，可以得出经销商方面的返修原因，见表6-10。

表6-10 经销商方面的返修原因

序 号	经销商方面的返修原因
1	没有具体描述、了解客户保修内容
2	没有将报修内容完整、正确地传递给相关部门和人员
3	没有使用文献资料
4	没有使用技术问题解决方案
5	没有进行引导性故障查询
6	没有正确诊断出故障原因
7	没有及时订购原装零部件
8	维修错误
9	维修站装备不足
10	保修内容不同

返修的原因虽然千差万别，但从整体上可以分为汽车生产企业的原因和非汽车生产企业的原因两大类。其中，汽车生产企业的原因又可分为协作配套的零件制造商、进口商及汽车生产企业的区域、合作配套厂等原因，但这些与经销商销售服务环节及客户使用环节都无关，所以定义为汽车生产企业方面的原因，这就需要从汽车生产企业环节加以整改提高，而除此之外的原因可以从销售服务环节加以改善。

对造成客户抱怨的车辆返修的具体原因如何界定呢？有的汽车生产企业和经销商各有一套客户满意度调研系统（CSS），就会得出各自的结论，有时还是相互矛盾的。因此，数据的分析比较是一个比较重要的过程，可以进一步甄别返修的真正原因。比较抽样过程以底盘编号为基础。对每个底盘编号在经销商和汽车生产企业的客户满意度调研（CSS）的抽样调查进行比较，查看汽车生产企业与经销商的调查结果分类法是否一致。如果不一致，分析团队要重新分析细节以求找出真正的返修原因。这种情况下，分析团队最好直接与经销商或客户联系，弄清返修的真正原因，用来制订行之有效的解决措施。

如果汽车生产企业与经销商的分类法一致性很高（>90%），那么可以认为双方调研结果的回答正确，并且可以作为制订解决方案的措施；如果一致性很低，则分析团队需了解各种情况，直到统一为止。

二、客户回访流程及要点

1. 客户销售回访

（1）目的

1）通过回访了解客户对销售服务的感受，询问客户有何疑问并给予解答。

2）加强和客户的联系，使客户感受到企业服务的持续性。

3)跟踪客户购车后的使用情况,及时解决客户反映的问题。

(2)要求

1)按要求填写经销商客户关系中心月度报表。

2)3周内要求提醒新购车客户走合保养(可采取电话、短信形式)。

3)按销售回访流程和设计的销售回访模板的内容,对客户进行回访。

(3)语言模板 销售回访模板应根据内部与外部调查中问题出现的频率及严重性进行设置。模板应具有针对性、通用性、实用性、灵活性等特点。模板可以设置多个,如VIP客户销售回访模板、企业客户销售回访模板、一般客户销售回访模板等。回访的话术如下:

您好!××先生/女士,我是××销售店客户中心的客户专员×××。×天前您在我公司购买了一辆××车,我想对您进行一个简单的电话回访,可能需要占用您几分钟时间。

请问您对我们的销售工作和产品还有什么建议和意见吗?

感谢您对我们品牌的支持,如果您有任何需要,欢迎拨打我们的服务热线。再见!

在征得客户同意的情况下进行回访。回访模板见表6-11。

表6-11 回访模板

客户名称:		联系方式:		购车时间:	
客户车型:		销售顾问:			
1. 环境(接待大厅、停车场、洗手间等)的整洁程度如何?					
答案:	□满意	□一般	□不满意		
2. 销售顾问对所销售的××汽车的熟悉程度如何?					
答案:	□满意	□一般	□不满意		
3. 对销售顾问的服务质量是否满意?					
答案:	□满意	□一般	□不满意		
4. 销售顾问的承诺是否全部兑现?处理书面文件及过程是否满意?					
答案:	□满意	□一般	□不满意		
5. 销售顾问是否向您介绍过保修时间和维修站的地址?					
答案:	□满意	□一般	□不满意		
6. 交车后,我公司的销售顾问是否对您进行了回访?					
答案:	□满意	□一般	□不满意		
7. 您对整个购车过程的满意度如何?					
答案:	□满意	□一般	□不满意		
本次回访结果:	□满意	□一般	□不满意		
其他满意内容:					
其他不满意内容:					
备注:					
回访员:			回访时间:		

(4)客户销售回访的流程 客户销售回访的流程如图6-14所示。

第六章 客户关系经营与管理

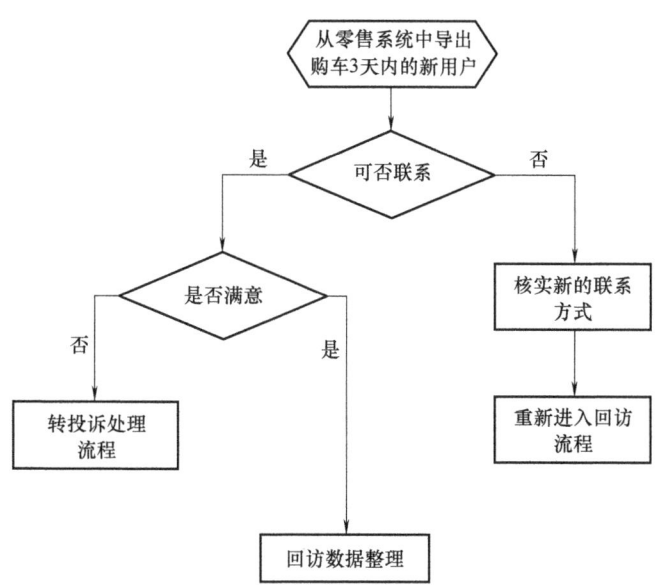

图 6-14 客户销售回访的流程

2. 交车后跟踪

（1）跟踪回访的时间段　交车后 2 小时关怀回访；3 天内进行售后第一次跟踪，对客户表示关心，并了解车辆的使用情况；7 天关怀回访；有问题及时联系服务部门，并跟踪问题的进展情况，与客户保持联系。

（2）要求　按要求编制标准的销售回访模板；须达到购车客户回访率100%；购车客户回访满意率不低于××（根据各公司的情况来定）；销售回访必须使用统一表格维护；销售回访数据每周、每月都要进行统计分析，编制回访统计分析表。

客户销售回访记录统计表见表 6-12。

表 6-12 客户销售回访记录统计表

单位：

序号	客户姓名	车型	VIN	里程	电话号码	回访日期	回访明细							总体评价	反映问题及建议	备注
							1	2	3	4	5	6	7			
1																
2																
3																
4																
5																
6																
7																
8																
9																

（续）

序号	客户姓名	车型	VIN	里程	电话号码	回访日期	回访明细							总体评价	反映问题及建议	备注
							1	2	3	4	5	6	7			
10																
合计																

最满意的项目：

最不满意的项目：

抱怨事项：

备注：1. 填报内容必须准确。

2. 不允许缺项。

3. 未能联系到客户，在"备注"栏填写"联系不上"或"电话有误"。

回访明细内填写回访结果，3 为满意，2 为一般，1 为不满意。

制表：

3. 客户维修回访

（1）目的　通过回访了解车辆的使用情况，确认故障是否彻底排除。详细解答客户的提问，提醒车辆下次保养的时间。延续客户关怀，创造更多的销售和服务机会。按要求填写经销商客户关系中心月度报表。

（2）要求　回访应做到时效性，要求客户服务于离站三天之内进行。回访时间的选择应恰当，以提高回访的成功率。回访的客户资料一定要求准确，切忌张冠李戴。回访时要求态度要诚恳，倾听客户描述要耐心，切忌打断客户说话。回访时切忌中途换人通话，这样对客户是很不礼貌的。回访客户所使用的电话语言应规范，在征得同意的情况下方能继续开展回访。客户反馈信息一定要记录准确，并将客户的抱怨及时传递给有关人员，以便同事及时纠正错误和及时给客户回复。回访信息要求在内部及时反馈，并对客户抱怨和要求采取应有的处理措施。回访询问没到站接受服务的原因，如果是本站服务的原因，尽量与客户沟通，希望客户能够给予本站继续为他服务和改正不足的机会。

（3）语言模板

1）接通电话的语言规范：您好！××先生/女士，我是××品牌技术服务中心的回访员。我想对您进行一个简单的电话回访，可能需要占用您几分钟时间。

2）不接受回访的规范用语：打扰了，如果您有需要，请与我们联系，我们的电话是……。接受电话回访的规范用语：请问您对我们的服务满意吗？

3）客户抱怨的规范用语：很抱歉；对不起；对我同事的行为向您道歉；请讲；您说；我在认真记录；让我的同事打电话向您道歉好吗？对待客户的抱怨，严禁以真的吗、不可能、你确定吗等语言应答。

4）征求客户意见的规范用语：您认为我们的服务工作还存在哪些不足，能为我们指出吗？您的意见对我们改进服务很重要；谢谢您的忠告；谢谢您的宝贵意见；我会及时将您反映的情况转告我的同事。最好在结束后向客户复述一下客户反馈的情况，以示客户回访的认真和真诚的态度。

5）在回访结束之前应向客户致谢，对有抱怨的客户应表示歉意。规范用语：对您一如既往的支持深表感谢；谢谢您对我们的支持；您的忠告我一定转告我的同事。

（4）维修回访的流程　维修回访的流程如图 6-15 所示。

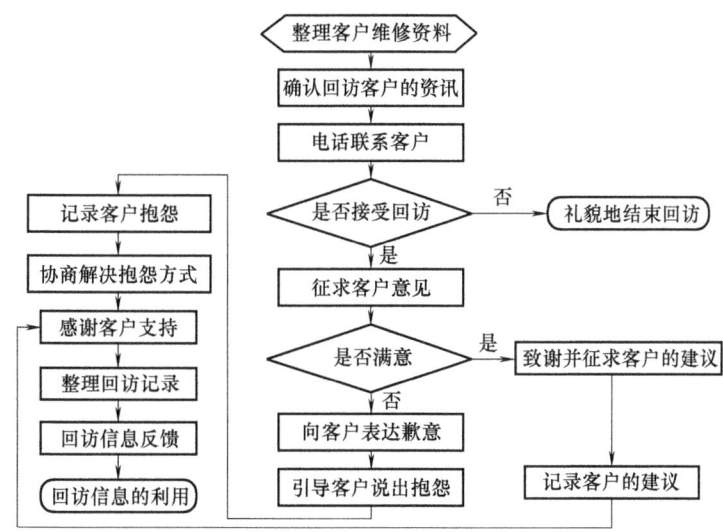

图 6-15　维修回访的流程

（5）维修回访模板

经销商维修回访模板应根据内部与外部调查中问题出现的频率及严重性进行设置。模板应具有针对性、通用性、实用性、灵活性等特点。模板可以设置多个，如 VIP 客户维修回访模板、企业客户维修回访模板、大修客户维修回访模板、客户维修回访记录表（表 6-13）等。

表 6-13　客户维修回访记录表

编号：

基础数据					
客户姓名			汽车型号		
车牌号		联系电话		完工时间	

您好！××先生/女士，我是××品牌技术服务中心，请问您现在可以接受我们回访吗？
不接受：谢谢，如果您有需要，请与我们联系，我们的电话是……
接受：请问您对我们上次的维修服务满意吗？
1.（满意）非常感谢。您可以指出我们服务还应该改进的地方吗？
2.（不满意）很抱歉，能否请教您为什么不满意吗？我想做一下记录，以便改进工作，为您提供更好的服务。
结束语：非常感谢您的支持，再见！

服务项目			
不满意的项目	1. 服务环节：		说明：根据客户描述的不满意内容，参照品牌售后 CSI 电话访问调查报告中五大环节对应的评价问题进行归类、打"√"；若无法归类，则记录在"其他"项目内。
	2. 质量环节：		
	3. 收费环节：		
	4. 及时性环节：		
	5. 环境环节：		
	6. 其他：		

(续)

客户抱怨记录				
原因分析				
解决办法				
措施实施				
解决后客户回访				
说明	1. 对于项目为"其他"的抱怨，要求记录具体项。 2. 若对服务环节的接待态度不满意，要求注明人员：服务顾问、结算人员、接线人员等。			

要点：

1）编制标准维修回访模板。

2）维修客户回访率100%。

3）维修客户回访整体满意率不低于××（根据各服务中心情况来定，以下同理）。

4）市场占有率不低于××（市场占有率＝当月到技术服务中心维修的客户数量/当地该品牌汽车的保有量）。

5）客户回头率不低于××（客户回头率＝当月到技术服务中心维修的老客户数量/当月到技术服务中心维修的客户数量）。

6）客户感动率不低于××（客户感动率＝当月回访为"非常满意"的客户数量/当月到技术服务中心维修的客户数量）。

7）维修回访必须使用统一表格维护。

8）维修回访数据每周、每月都要进行统计分析，编制维修客户回访记录统计表（表6-14）。

表6-14 维修客户回访记录统计表

单位：

序号	客户姓名	车型	VIN	里程	电话号码	回访日期	回访明细						总体评价	反映问题及建议	备注	预计保养时间
							1	2	3	4	5	6				
1																
2																
3																
4																
5																
6																
7																
8																
9																

(续)

序号	客户姓名	车型	VIN	里程	电话号码	回访日期	回访明细						总体评价	反映问题及建议	备注	预计保养时间
							1	2	3	4	5	6				
10																
合计																

最满意的项目：

最不满意的项目：

抱怨事项：

备注：1. 填报内容必须准确。

2. 不允许缺项。

3. 未能联系到客户，在"备注"栏填写"联系不上"或"电话有误"。

回访明细内填写回访结果：3 为满意，2 为一般，1 为不满意。

制表：

三、客户关怀

1. 客户关怀的目的

客户关怀是零售业 VIP 客户营销的一种重要服务策略，也是客户关系管理的一种思想。它包含在购买前、购买期间、购买后客户对产品体验（使用）的全部过程中。购买前的客户关怀会加速企业与客户之间关系的建立，能达到鼓励和促进客户购买产品或服务的目的。购买期间的客户关怀则与企业提供的产品和服务紧紧地联系在一起，各种关怀都要与客户的期望相吻合，满足客户的需求。购买后的客户关怀，则集中于高效地提供产品维护、修理为主的各种服务。

此处提到的客户关怀，主要是指购买后的客户关怀。其目的是维护和经营客户关系，提升客户价值，并实现持续销售或再销售。制订客户关怀计划，与客户进行深入沟通，倾听客户的意见，随时关注客户的新需求，解决客户的难题，关注企业客户资源的动态变化，挖掘客户更多更深层的应用，为客户提供更多更新的应用，保持长久关系，争取实现客户资源最大化。

2. 客户关怀的方式

客户关怀的方式通常有服务过程中的正面接触和沟通、电话、呼叫中心、网站互动、直邮、电子邮件。

3. 客户关怀的原则

提高客户忠诚度，保留优质客户，是一项非常富有挑战性的工作，有效的客户关怀策略有助于达到这一目标。企业应遵循以下原则来实施客户关怀：

1）用心关怀客户，感知客户所需，帮助客户实现期望。服务人员良好的态度就是最好的客户关怀。当客户焦躁不安时，服务顾问的一个微笑、一声问候或一杯茶水就能大大提升现场客户的感知。

2）客户关怀追求的是给客户惊喜。真挚的关心和客户得到的惊喜同样重要；客户在习惯常态的关怀后，更需要的是增值的享受和惊喜。这种增值的享受和惊喜能够更好地证明除去产品本身以外的价值。这种惊喜的来源如下：

① 能够为客户传递个人所需的信息，能够满足客户预期的人员、产品和服务。

② 客户能够产生独一无二的、富有荣誉感的和强烈的心理满足感。

③ 销售和服务过程中体现出创意、创造性、独特性、高技术含量、高精确性、高品质。

④ 具备专业的、思路清晰的、具有吸引力的销售和服务人员，能够高效地进行解答和回应，满足客户需求。

4. 客户关怀的内容

（1）常态关怀的内容　节假日问候、家人及本人的生日祝福（信函、短信息）；首保和定期养护的提醒；常见的维修项目提醒；保险有限期、年检提醒；驾驶证有效期提醒；重要交通法规与路况信息的传递与查询（短信息）；公司促销活动、服务活动的信息传递；企业品牌定期刊物的信息传递；拜访客户进行现场访问调研。

（2）不定期的情感关怀（增值服务）内容　年内主要服务推广活动；夏季空调健康检查；年终安全检查等。

（3）车主互动交流活动　安全驾驶讲堂、DIY 维修检测讲堂；车主自驾游、节油竞赛、旅游活动；重要节庆车主联欢活动、新车发表会、周年庆活动、年终车主 VIP 联欢活动；巡回访问活动；自愿公益活动；汽车俱乐部的其他活动；跨界生活类优惠增值享受（如 VIP 会员可享受指定同盟商家的优惠活动）。

第四节　客户投诉处理

一、对客户投诉的认知

1. 客户投诉的含义

客户抱怨是指客户由于对企业产品质量或服务不满意，而向他人诉说企业过错的行为。

客户投诉是指客户由于对企业产品质量或服务不满意，而提出的书面或口头上的异议、抗议、索赔和要求解决问题等行为。

美国对消费者研究的数据显示，客户对产品或服务不满意时，只有 4% 的不满意客户会提出抱怨或投诉，其他 96% 的不满意客户会不再到使他曾感到不满意的地方去购买产品或服务，而到其竞争对手处购买。

图 6-16 可以说明：

1）96% 的不满意客户从来不抱怨。

2）对于提出投诉的客户来说，如果他们的问题能够得到及时妥善的解决，他们会比没有问题的客户更加感到满意。

3）多数不满意的客户不抱怨，他们只是保持沉默，当他们感到产品或服务有什么使他们不满意了，他们就直接离开去惠顾其他企业。

4）客服人员应该具备的一个重要的技巧就是对客户投诉的有效处理，有些时候投诉处理不好，不仅仅给企业的形象、品牌带来影响，甚至会给企业的利润带来很大的影响。例如，说一些大的投诉可能会导致打官司，会拖很长时间，有些企业甚至因为某一个投诉而垮掉。

第六章　客户关系经营与管理

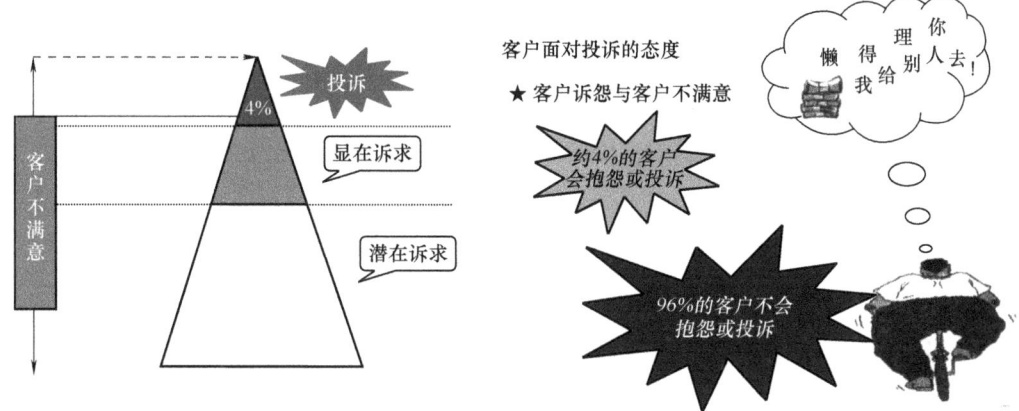

图 6-16　客户面对投诉的态度

2. 客户投诉的危害及原因

客户投诉的危害见表 6-15。产生客户投诉的原因如图 6-17 所示。

表 6-15　客户投诉的危害

对　　象	说　　明
对生产厂造成的危害	产生负面影响，影响品牌形象
对经销商的危害	影响企业的正常工作 降低经销商的利润
对客户的影响	增加客户的心理负担和经济负担

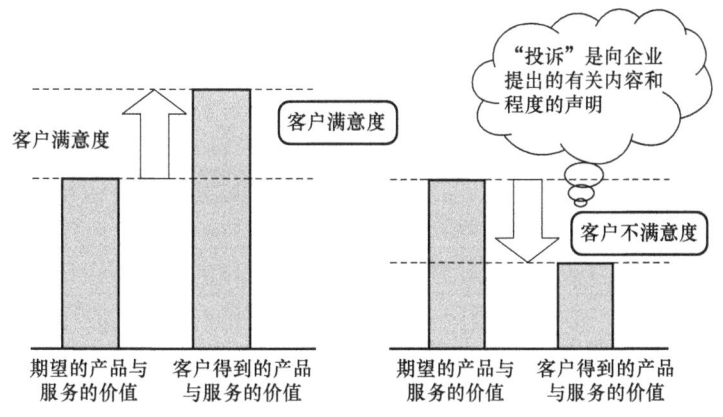

图 6-17　产生客户投诉的原因

3. 客户投诉对企业的好处

有效处理投诉可以将投诉所带来的不良影响降至最低点，从而有效地维护企业的自身形象。有效处理投诉可以挽回客户对企业的信任，使企业的良好口碑得到维护和巩固。表 6-16 的研究数据分析可以很好地说明这个问题。

表 6-16　客户投诉对企业的好处

即便不满意，但仍然回头购买商品的客户比例		
	会回来	不会回来
不投诉的客户	9%	91%
投诉后没有得到解决的客户	19%	81%
投诉过的问题得到解决的客户	54%	46%
投诉被迅速解决的客户	82%	18%

客户投诉是每一个企业皆遇到的问题，它是客户对企业管理和服务不满的表达方式，也是企业有价值的信息来源，它为企业创造了许多机会。因此，如何利用处理客户投诉的时机赢得客户的信任，把客户的不满转化客户满意，提升他们对企业和产品的信任，获得竞争优势，已成为企业营销实践的重要内容之一。

4. 客户投诉的目的

1）求宣泄。

2）求补偿。

3）求尊重。

4）得到更好的服务。

5）享受正当的权益。

6）得到一个解释。

7）得到一个道歉。

8）防止同类事情的再次发生。

5. 客户投诉的内容分类

客户投诉的内容分类见表 6-17。

表 6-17　客户投诉的内容分类

序　号	分　类	说　明
1	服务质量	服务客户时，服务人员的服务态度不良或与客户沟通不够等
2	维修技术	故障一次或多次未能修好等
3	维修价格	客户认为维修价格与其期望的价格相差太大等
4	维修不及时	在维修过程中，未能及时供应备件或维修不熟练，或者对维修工作量估计不足，没有同客户沟通交车时间等
5	备件质量	备件质量差，使用寿命短等
6	产品质量	由于设计、制造或装配不良而产生质量缺陷

二、投诉处理指南

1. 树立正确的观念

（1）正确认识投诉　投诉基于客户对被投诉单位仍然抱有希望与依赖的感情，尽管这

第六章 客户关系经营与管理

感情的深浅不一,但是值得每一个经营者珍惜。

如果企业诚心诚意地解决问题,抱怨的客户很可能成为一个忠诚的客户,这是经营者留住客户的一个机会。人都是有感情的,如果企业真诚地为客户着想,即使问题解决得不好,也会让客户感动。

部分投诉起因于客户对被投诉方内情的不了解,觉得受到不公正的待遇,因而有抱怨并要投诉。企业应予以充分的理解和同情。因企业的服务而引起客户误会而不愉快,说明企业的工作有待改善,应该通过耐心而有效的解释消除误解,这是最有效的补救措施。

客户投诉时十分生气且激动,企业应予以理解。当有不礼貌或令人难堪的情景发生时,企业应予以宽容。要记住,这种令人难堪的情景发生在服务过程中,说明企业的工作还需改进。礼貌、耐心地倾听客户的投诉,是处理投诉的有效技巧。如在专门的办公室听取客户投诉,避免干扰,效果更好。诚恳的态度是平息客户消极心理的有效方法,也是处理投诉应采取的基本态度。

(2) 正确的观念

1) 只有自己的错,没有客户的错。

2) 即使是客户一时误会,也是企业解释得不够充分。

2. 做好五个方面的工作

1) 热情接待,虚心听取客户的陈述。凡是投诉的客户,肯定都带有不满的情绪,为此,热情对待投诉的客户尤为重要。例如,冬天倒上一杯热茶,夏天送上一杯冷饮等,这些举措能化解客户的不满情绪,是防止不满情绪恶化的有效办法。然后,虚心听取客户对不满情绪的诉说,让其发泄,眼睛正视对方,频频点头。一般情况下,客户通过语言的发泄会大大减少不满情绪,为下阶段解决实质问题奠定好基础。

2) 无论对与错,主动表示歉意。客户投诉不能完全证明他一定是对的,但作为接受投诉的一方,主动表示歉意是十分必要的。如果客户是对的,表示歉意是应该的;如果客户投诉是错的,一份歉意就能体现企业有着博大的胸怀,通过这一点也会使客户感受到"服务无边"的真正内涵所在,也为企业发展带来潜在的商机。

3) 耐心解释,及时解决。当客户投诉的问题与事实不符时,一定要做好耐心细致的解释工作,让客户从内心感觉到自己的过失而心服口服,这样就不会失去这个客户。反之,如果客户投诉的是对的,那就必须在第一时间给予快速解决,在最短的时间内化解客户的不满情绪,要真正使客户感到他对投诉价值的实现,使其满意,这样的客户将来必定是企业的"回头客"。

4) 要有勇气,敢于承担错误和责任。好多投诉事件得不到及时有效解决,究其原因就是企业没有勇气承担错误和责任,这是症结所在。只要客户投诉,无论客户采用何种方式,无论投诉的内容是否合理,无论投诉的是维修质量还是服务态度,都应该接受、承担及妥善处理,这不是单一的服务问题,同时涉及法律和道德,是每个企业必须遵循的原则,也是避免矛盾激化的有效方式。

5) 事后回访,增进沟通和了解。处理完客户投诉的事宜后,最好在一周内给予回访,可以采取电话、上门等形式,了解客户对处理结果的满意度,这样做,一方面可以了解客户对处理投诉的认可程度,另一方面又可以掌握客户的动向。实际上这也是感情投资,增进感情是十分必要的，会使客户增强对企业的信心和信任感，对企业提高品牌、稳固客户及发展业务有着意想不到的效果。

3. 注意七个方面的事项

1）不要推诿。当客户投诉时，千万不要推诿。假如一个客户找到服务顾问抱怨，而服务顾问让其找总经理，总经理又推到前台或让其找部门经理，这样一来会使客户的不满情绪快速激化，为解决实质性问题留下后患。

2）不能对待投诉客户不冷不热。客户找到服务顾问投诉，从某种程度上来讲是对其的信任，如果此服务顾问对客户不冷不热，马上会使客户对其失去信心，认为其没有诚意，从而产生怀疑和反感，将不利于问题的解决。

3）不要轻易打断客户的陈述。投诉客户向服务顾问陈述，使不满情绪得到发泄，中途突然被打断是十分不利的，同样也是对投诉人的不礼貌。

4）不要强调主观理由。首先服务顾问要了解投诉客户的心态，一般情况下，投诉者都认为自己是对的，通过投诉达到自己期待的目的，如果服务顾问一味强调自己的主观理由，极容易挫伤客户的自尊心，致使不满情绪升级，激化矛盾。

5）不要错失最佳的处理时机。一旦发生客户投诉，等、拖最容易使小病成大患、矛盾扩大化。一起很小的投诉事件往往由于处理不及时，导致投诉方向转移，影响面扩大，如向报社、电视台、消协等部门投诉，原本极容易处理的事变得被动和棘手。

6）不要贪小便宜。贪小便宜往往发生在投诉客户的返修上，由于返修的价值超过原报修收费价，企业往往会收取返修超价部分的费用。客户本来就对维修质量不满，若企业再另收差价，这无疑会加大客户的投诉，重新点燃客户的不满情绪，会因小失大。

7）不要回避投诉。如果企业接到客户投诉，采取避而不见的办法是极为不利的，这不仅无助于问题的解决，而且会把客户引向其他机构投诉，一旦第三方介入，处理起来会更加困难。

4. 必须坚持三个原则

1）掌握政策，正确判别投诉的性质。作为企业，在接受客户投诉时，必须正确判断投诉的实质，分析其因果关系，然后得出投诉是否正确合理的结论。要做到这一点，首先要掌握和了解国家的有关法律、行业管理部门的有关规章制度，只有这样才能正确无误地对客户投诉的合理性做出定性，这一点至关重要。对于不合理、不合法、不合情的无理投诉要求不能迁就，必须坚持原则，坚决否定。

2）以理服人，礼貌待客。当发生不合理投诉时，企业在坚持原则的前提下不能违背服务宗旨，仍要礼貌待人，绝对不能据理而失礼，更不能用极端方式处理，这是服务原则所不允许的。

3）调查分析，实事求是。接到客户投诉后必须调查分析，既要尊重投诉人的意见，又要尊重被投诉人的意见，要向有关人员了解维修的全过程，听取被投诉人的表述，以期得出合理的判断，实事求是地解决问题。

5. 掌握好一个尺寸

对企业而言，只要客户投诉是正确的，就要对被投诉人做出相应处理。只处理投诉事件的本身，而不处理投诉起因的责任人是不对的。属于责任心不强引起的投诉，必须从严处理，因为这是人人都能做到的事而没有做好。这样才能举一反三，教育员工，同时也是避免同类投诉事件再次发生的有效举措。

第六章　客户关系经营与管理

三、客户投诉的处理

1. 首问负责制

第一个受理客户投诉的销售服务商必须全权解答客户投诉并确保客户满意；导致客户投诉的销售服务商必须全责处理客户投诉并确保客户满意；销售给客户车辆的销售服务商在必要时必须全责协助或组织处理客户投诉。

客户服务专员负责受理客户投诉，准备解决方案并与客户沟通。服务顾问负责协助客户服务专员处理投诉。服务经理负责参与处理重大客户投诉。

2. 工作内容

（1）受理　客户以书面信件、电子信件、网络言论、电话等方式直接或通过国家或地方有关机构反映问题，应及时进行初步处理，并对问题进行分类。

客户来电或来站投诉，接待人员应当场采取安抚措施，在"客户投诉信息登记表"中记录并将记录转给客户服务专员。

（2）核实　对"服务派工单"和"客户投诉信息登记表"所反映的信息，客户服务专员根据反映问题的类别开具"客户投诉内部派工单"。

属于技术问题或维修质量问题，将"客户投诉内部派工单"交技术总监。属于备件缺货问题，将"客户投诉内部派工单"交备件经理。属于其他问题，将"客户投诉内部派工单"交服务经理。

（3）分析问题及准备　技术总监、备件经理、服务经理查实客户问题所在，进行相关的技术方案、备件及解决方案的准备，并告知相应的服务顾问。

（4）沟通及解决问题　24小时内，服务顾问打电话或上门访问客户，必要时服务经理参与，就投诉问题与客户进行沟通，并让客户满意。

1) 简述投诉过程。
2) 表示歉意。
3) 说明未让客户满意的原因。
4) 说明为解决客户反映的问题而采取的措施。
5) 邀请客户配合确保问题解决。
6) 根据《服务预约》等相关规定，约定解决问题的时间并进行准备。
7) 根据《服务准确性指标监控管理办法》处理费用事宜。

（5）反馈　在收到服务派工单24小时内，服务顾问将处理过程及结果通知客户服务专员。客户服务专员进行回复。服务顾问根据所掌握的资料更新客户档案。

（6）跟踪　客户表示满意后的7天内，客户服务专员根据《客户关系管理》等相关规定对客户进行跟踪访问并记录。

3. 人员职责

（1）客户服务专员（如无专职人员，则由服务接待主管兼任）

1) 礼貌、诚恳、得体地接待客户，认真听取客户的投诉，并立刻检查投诉的原因，准确判定问题系不良（材料或制造的缺陷所造成的问题）、不满（符合国家标准或企业标准，但客户不满意）或客户的过失造成。

2) 对于不良问题表示歉意，并立即派工。从解决问题的行动和态度中，客户就可以判断出企业是否有诚意。如果要花很多时间，应请客户将车暂时留下，必要时，协助提供代步工具或合理的交通费补偿。

3）对于不满问题，提供相关的数据或依据，耐心细致地解释说明，尽量使用简单易懂的话，小心别伤了客户的感情。

4）对于客户存在使用不当的问题，要明确指出，但态度要委婉。在权限范围内立即出具处理方案或意见，并在规定时间内组织实施。

（2）服务经理（由总经理授权）

1）接到报告后，出面安抚好客户的情绪，在权限范围内立即出具处理方案或意见，并在规定的时间内组织实施。

2）不能及时处理的问题，分级上报处理，同时对于事态的发展要有准确的分析，并提出合理化的建议。

（3）总经理　接到报告后，出面安抚好客户的情绪，同时以整体利益为原则，尽快、灵活地解决问题，出具意见及建议，同时稳定客户情绪，争取宽裕的时间。

（4）投诉处理人的心理调节

1）合理地进行自我宣泄。

2）转移注意力。

3）排除"前功尽弃"心理。

4）学会倾诉。

5）多从事有益于身心健康的活动。

6）处理人之间多沟通。

7）提高成就感。

4. 客户投诉的流程

客户投诉的流程如图6-18所示。

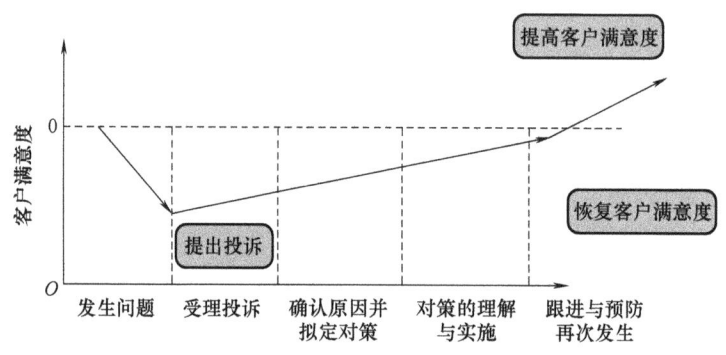

图6-18　客户投诉的流程

5. 处理客户投诉的基本步骤

处理客户投诉的基本步骤见表6-18。

表6-18　处理客户投诉的基本步骤

步　　骤	执行方法	工作技巧
步骤1 （接待客户）	受理投诉	接电话（如果有）| 记录必要的信息 为给客户带来的不便表示歉意 确认客户电话的内容

第六章 客户关系经营与管理

(续)

步骤	执行方法		工作技巧
步骤1 (接待客户)	受理投诉	确认并欢迎客户	向客户致意 确认客户的姓名 引导客户入座
		听取投诉	确认电话中的投诉内容(如果有) 听取问题的详细情况 诚心听取投诉,态度真诚、自信,不要畏缩
		安慰客户	为给客户带来的不便而道歉 对客户的不安表示同情、理解 听取投诉,直至客户平静下来
		确认投诉内容	将投诉内容与先前已记录的内容进行确认 确认客户的要求
		说明特约店的态度立场	说明特约店处理投诉的态度 取得客户对特约店处理态度的认同
步骤2 (企业的行动)	确认原因,拟订对策	将真相与情绪分开	整理投诉内容 将真相(现实)与客户情绪(主观感受)分开
		确认真相	客观地掌握问题并将因素分类 分析因素的相互关系并进行分类
		确认真实原因	明确人员、组织、技术中的关键问题 明确产生问题的原因 确认可否在特约店内部解决
		拟订对策	为客户制订对策方案 在许诺的期限内确定对策方案的实施计划 明确对策中要立即开展的措施与所需的时间等
步骤3 (客户接待、内部行为)	对策的说明、实施	确认真相及客户要求	核对记录,确认受理投诉时的谈话内容 若有不同的内容,为明确真相,应向客户了解更新信息
		说明对策纲要	先只清楚地说明纲要,不涉及细节 告诉对策的效力、客户能得到的效果
		获得客户对对策纲要的认同	听取客户对对策纲要有什么想法 取得客户对对策纲要的认同
		解释并确认详细的对策	说明对策的进度、拟定的日期、预算和其他细节 避免单方面谈话,确认客户已经理解 确认所有投诉事项是否能得到解决
		妥善安顿客户	再次为带来的不便向客户道歉(必要时);对客户的到来及认可对策表示感谢;妥善安顿客户
		实施对策	实施客户已经认可的对策

(续)

步骤		执行方法	工作技巧
步骤4 （客户接待）	跟进	确认问题的解决情况	为给客户带来的不便再次道歉 了解并把握相关问题的状况 记录必要的信息
		建立未来关系	询问是否还有要求特约店和接待人员处理的其他需求 介绍今后可向客户提供何种服务
		防止问题再次发生	每天及时整理当前的问题和对策的相关信息 拟订特约店防止同类问题再次发生的预防计划
		跟踪服务	在实施对策之后，继续通知定期保养等事宜 开展维持信任度和提高客户满意度的活动 向客户表示出尊敬的态度。这要花费一定的时间

6. 接待投诉客户的流程

接待投诉客户的流程见表6-19。

表6-19 接待投诉客户的流程

步骤	说明
1. 让客户发泄	当客户不满时，他一定是心烦意乱的，这时他只想做两件事：第一，想表达他的感情；第二，想使他的问题得以解决 一些公司只想马上解决客户的问题，而把客户的这种发泄看作浪费时间。但是，不先了解客户感觉就试图解决问题是难以奏效的。只有在客户发泄完后，他们才会听你要说的话。从心理学上讲，这是所谓"心理净化"的一种现象。只要把自己心中的不满或委屈全盘地吐露出来，通常当事人才会有松了一口气或得到满意感的心理出现 （1）闭口不言 当带有问题的客户在发泄时，没有什么比告诉客户"平静下来"更容易激怒他们了。最好的办法是保持沉默 下列的句型应避免使用： "你可能不明白……" "你肯定弄混了……" "你应该……" "我们不会……我们从没……我们不可能……" "这不可能的……" "你别激动……" "你不要叫……" "你平静一点……" 提示：即使你不想在客户发泄的时候打断他们，但是，你也得让客户知道你正在听他们说。当他们发泄时，你应该做到以下三点：不断地点头；不时地说"嗯""啊"；保持眼神交流

第六章 客户关系经营与管理

(续)

步　骤	说　明
1. 让客户发泄	(2) 仔细聆听 仔细聆听是接待客户的最基本的态度。任何解决冲突的关键都在于你能否倾听客户的讲话。你听客户说话与真正去倾听他的话是有明显区别的，因为这在解决冲突中很重要。听到客户的讲话，只是耳朵接受，而倾听客户的讲话则是一种情感活动，一种真正理解客户在说什么的活动 如果你没有花时间去真正倾听客户的讲话，你怎么能够对他的问题做出正确的反应呢？如果你对客户的观点及所用的概念都没有澄清，又怎么能知道你的解决办法是正确的、可行的呢？通常可能由于客户的不满意态度，使你的情绪受到感染。当你被激怒时，自然就不会用心听他在讲什么。因此，你有必要超越情感的束缚，把注意力转移到事实上。你越把注意力转移到事实上，你就越不会卷入情感的漩涡，问题才可能得到解决，而你自己的工作就不会那么痛苦了 客户是聪明的、有直觉的。他们知道你是在敷衍他，还是在真正地为他解决问题。因此，一定要倾听他们的抱怨 不专心听客户讲话还会犯另一个错误：漠视他们的痛苦。漠视客户的痛苦是没有认真倾听客户讲话的明显标志
2. 充分地道歉，让客户知道你已经了解他的问题	(1) 说声对不起 当你面对一位心情不佳的客户时，一句道歉就可能平息他心中的怒火。即使错误不是你造成的，你也应该道歉，因为这个客户与你有关，而你所代表的就是公司的形象。实际上你的道歉表明了你的公司对待客户的诚意，如果你一再推卸责任的话，会使客户更反感、更生气 (2) 让客户知道你已经了解他的问题 这一点是要求你用自己的话重复客户所遇到的问题 要使客户获得满意，你对问题的理解就一定要和客户相符。但是心烦意乱的客户很少能在一个平静的氛围内讲述完他所经历的事情，因此，你必须确保已经正确地理解了他们所讲的一切，根据你自己的理解对客户的话做一个总结，然后反馈给他们 例如，假使有客户这样说："上星期一我订了一个左前照灯，承诺上星期五到货，但到今天还没收到你们的到货通知，而且似乎也没人知道什么时候才到货。"为确保你已经明白了情况，你必须反问："您是说上星期一订的左前照灯应在上星期五到货通知您，到现在仍没收到到货通知，并且一直没有找到能帮您的人，对不对？" 若有可能，你可以拿出笔和纸，边问边写。"让我再确认一下，上星期一您订了一个左前照灯，本来应该在上星期五到货，您到现在还没有收到到货通知，对吗？而且您不知道谁能帮您，对吗？我把它记下来了。" 提示：让客户知道你已将问题写下来。这样的反馈可以使客户知道你在听他说，并且明白了他的问题
3. 收集信息	你已经倾听了客户的抱怨，体谅了他们的痛苦，但只体谅痛苦而不采取任何行动，也是你没有真正倾听他们意见的明显标志 有些人把道歉与采取解决办法混为一谈。道歉不是采取行动，它只是体谅某人的感情。可能听到道歉后，客户会感觉很好，但仅道歉而没有解决办法只是空谈 你可能抱歉地说："对不起，我们上次维修没能把您车的故障彻底解决。" 但你可以这样说："我很抱歉上次维修给您带来了不便。现在看看我们能为您做些什么呢？"

(续)

步 骤	说 明
3. 收集信息	要知道投诉的客户不仅需要你理解他,更需要听到你在着手解决问题。这时你可以通过提问的方式,收集足够的信息,以便帮助对方解决问题 客户有时会省略一些重要的信息,因为他们以为这不重要,或者恰恰忘了告诉你。当你需要从客户那里得到一些特别的信息时,可运用提问的技巧,在客户与你之间建立一座桥梁。当你注意到话题转变时,可向客户提一些问题,使跳跃式的谈话回到原来的轨道上 很多时候我们所理解的和客户所表达的未必是一回事,因此你需要提一些问题来确认"到底是什么"。应该向客户询问以下问题来获取信息: (1) 了解身份的问题 这些问题一般是在对话的开头问,目的是获得你解决问题所需的信息。例如:"请问您的姓名?电话号码是多少?会员卡号是多少?" (2) 描述性问题 这样的问题是要求客户全面描述他们的经历,这有利于你了解他们的兴趣、问题所在,以及他们所关心的事情。如果不了解这方面的情况,解决问题也就无从谈起。例如:"请描述一下,当您开车时发生了什么情况?" (3) 澄清性问题 这种问题很少有人问,但确实是非常重要的问题。能否在适当的时候问这样的问题,决定了你的解决方法是否正确。例如:"先生,您说您想让您的车开得更快,请问一下什么样的速度是您认为的快速呢?" (4) 有答案可选的问题 这种问题要求客户回答"是"或"否",目的是确认某种事实,澄清客户的观点、希望或反应。正确地使用有答案可选的问句有助于你发现问题,这样你就能在最短的时间内找出问题的症结。例如:"先生,当车出现这个异响时,您的车速是低速还是高速?" (5) 结果问题 问这些问题的目的是告知客户你对他的问题的初步解决办法。例如:"先生,您把车留在我们这里一段时间,怎么样?"这很重要,因为你的责任不仅要为客户解决问题,而且要使他们满意。这关系到你提供的是满意的服务,还是一般的服务 (6) 询问其他要求的问题 这种问题是在与客户交流时最后问的问题,它能使客户感到你真的很在意他。例如:"先生,今天还有没有其他我们能为您做的?" 这样你不仅解决了他的问题,而且在他离开之前还询问他是否还有其他要求,以便能够最大限度地帮助他,比对你只帮客户解决他提的问题更加感激 其实询问信息的句子并不一定都是问句,有时你只需要对客户刚说过的话做一个重复。例如,客户说:"发动机漏油。"你接着重复一遍:"发动机漏油?"客户听后马上会给你提供其他信息,这对你获取更多信息很有帮助 提问题时要注意以下两点: (1) 问足够的问题 提问题是帮助你获得为客户服务所需的重要信息。就客户而言,他们可能认为提问题给他们带来了不便,而有些问题没必要问,甚至认为提问题是对他们的刁难。所以一定要使你的问题表达出一种友好的意图,同时告诉你的客户你为什么要提问题。所以,你应该学会使用"因为……",在你提问题时,给你的客户一个原因 要想收集到的信息充分且正确,问题的数量就必须足够多。象征性地问几个问题并不能保证你掌握事实的真相,如此就动手去解决问题的话,结果是难以令客户满意的。你必须问与整个事件有关的所有问题,倾听客户的回答,避免自己去的结论或猜测

第六章 客户关系经营与管理

(续)

步　骤	说　　明
3. 收集信息	(2) 倾听客户的回答 提问题的同时要认真地去倾听客户的回答，如果你只是听而没有真正地去倾听客户的话，客户是会感觉到的，这会使客户更加恼火。事实上，如果你没有真正地去倾听他讲话就去解决他的问题，其结果客户也会不满意的 在信息收集这一步中，你应该花80%以上的时间去听，给你的客户80%以上的时间去讲，这样有助于你为客户提供正确的解决办法
4. 给出一个解决方法	在明确了客户的问题之后，需要拿出一个双方均可接受的解决问题的方案。当错误无法弥补时，可以给客户进行补偿性关照 补偿性关照是你采取的一种具体行动，目的是让客户知道，你认为所犯的错误，不管是什么原因造成的，都是不能原谅的，也要让客户知道这种事情不会再发生了，并且你很在意与他们保持业务联系 补偿性关照的方法很多。例如，打折；免费赠品，包括礼物、商品或服务；公司吸纳额外成本，如答应客户免工时费更换左前照灯 提示：补偿性关照服务是在感情上给予客户一种弥补和安抚，它并不能代替整个服务。它只能用在：对客户的伤害或给客户造成的损失是无法改正和补偿的时候，为了不让客户气愤地离开且永远不再回来，你得马上在感情上来温暖他，使客户内心好受些。一句话，补偿性关照服务是不得已而为之的，只有在你的基本服务正常运行的情况下才会有效。如果客户发觉你在用补偿性关照替代预期服务，他们不但不会满意，还会觉得这是不能接受的
5. 如果客户仍不满意，问问他的意见	投诉的客户不是要你处理问题，而是要你解决问题，因此对于你的处理方案，他不一定觉得是最好的解决办法。这时你一定要问客户他希望问题如何解决。例如："您希望我们怎么做？"这样的问题很重要，因为能令客户满意的做法往往和你想象的相差较大。如果客户的要求可以接受，那就迅速完成 提示：寻找一位新客户所花费的成本要比保持住现有的客户多好几倍，所以当有投诉发生时，解决问题的关键就是要干净彻底，令客户满意。如果你有权处理，应尽快解决；如果没有，赶紧找到可以处理的人。倘若客户不高兴地离开了，将来想要赢回这名客户的机会就非常渺茫了
6. 跟踪服务	通过电话、电子邮件或信函，向客户了解解决方案是否有用，是否还有其他问题，如果你与客户联系后发现他对解决方案不满意，则要继续寻求一个更可行的解决方案。后续跟踪是非常重要的，它能使处理结果取得更高分。它可以：强调你对客户的诚意；深深地打动客户；让客户印象加深；加强客户的忠诚度

7. 投诉处理的流程

客户投诉处理的流程如图6-19所示。内部投诉处理的流程如图6-20所示。重大投诉处理的流程如图6-21所示。

8. 客户投诉内部派工单

客户投诉内部派工单见表6-20。

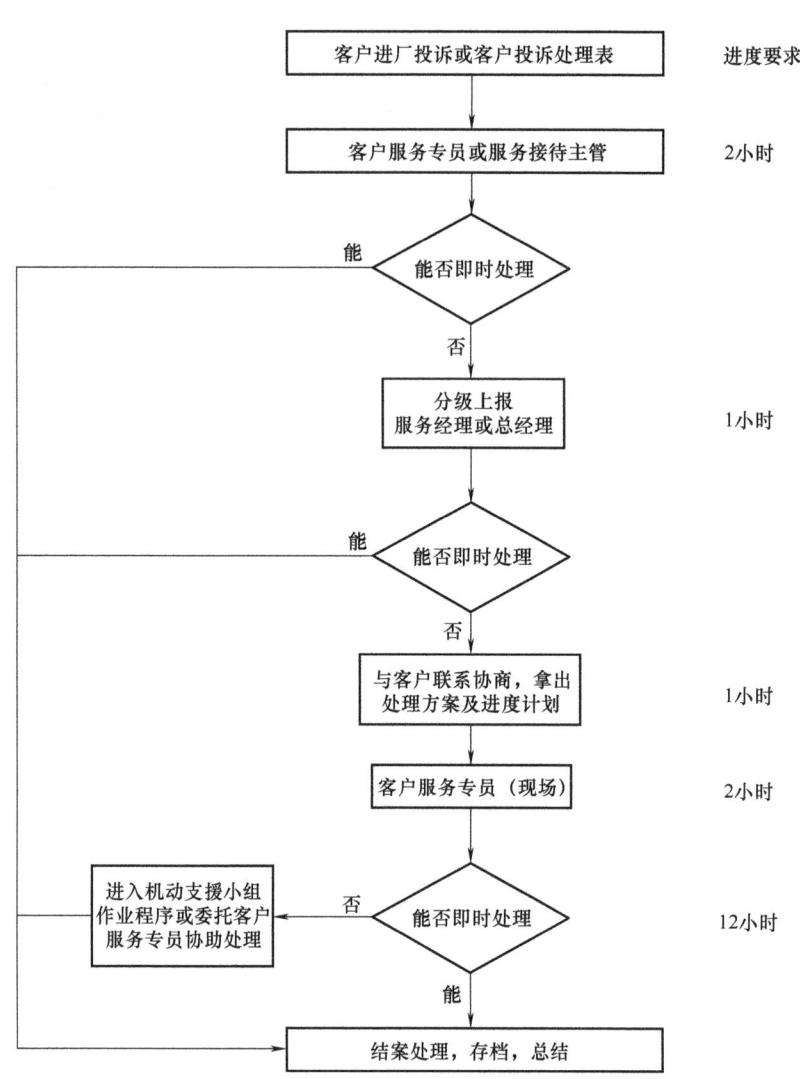

图 6-19　客户投诉处理的流程

第六章　客户关系经营与管理

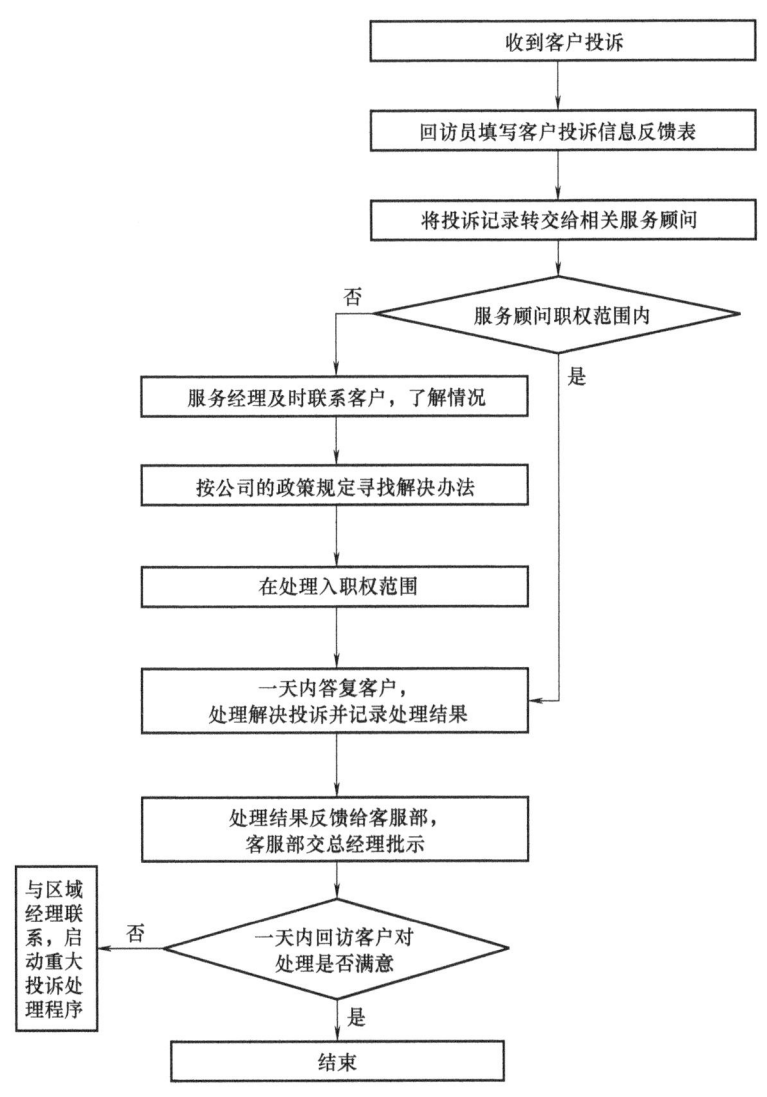

图 6-20　内部投诉处理的流程

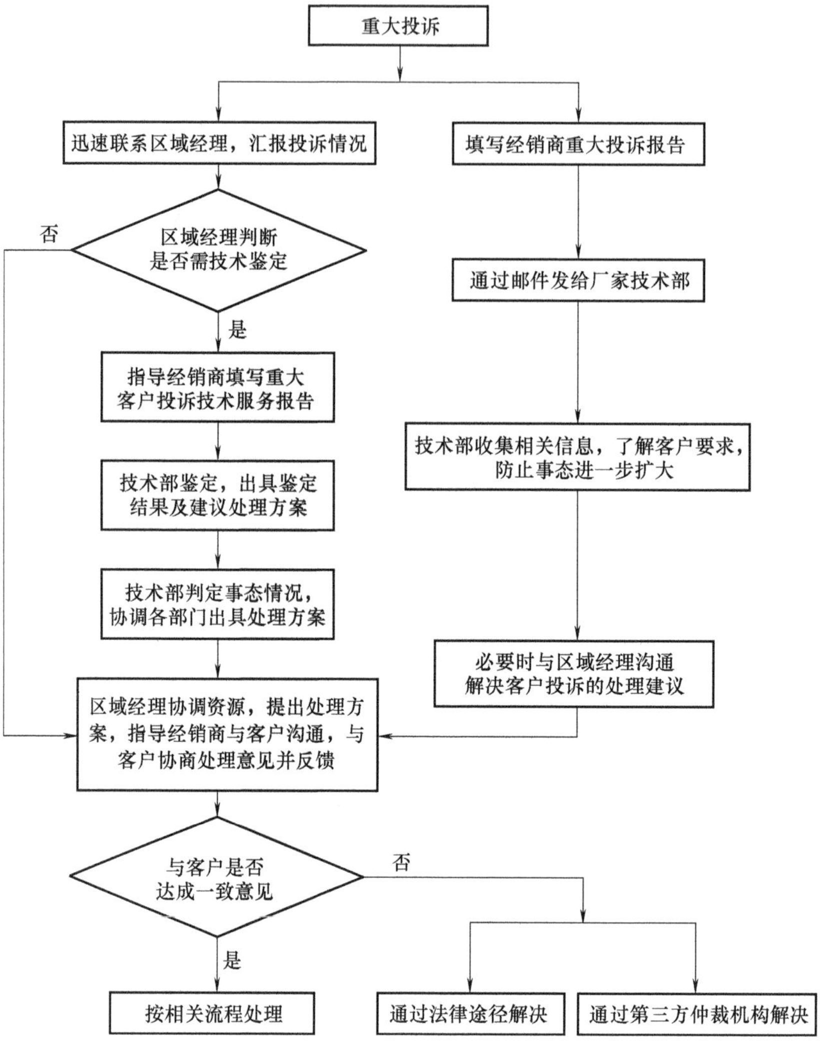

汽车售后服务与管理

```
                              重大投诉
                    ┌─────────────┴─────────────┐
                    ↓                             ↓
        迅速联系区域经理，汇报投诉情况      填写经销商重大投诉报告
                    ↓                             ↓
      否    ┌───────────────┐                 通过邮件发给厂家技术部
    ┌───── 区域经理判断                            ↓
    │      是否需技术鉴定                   技术部收集相关信息，了解客户要求，
    │      └───────┬───────┘                防止事态进一步扩大
    │           是 ↓                              ↓
    │      指导经销商填写重大
    │      客户投诉技术服务报告
    │              ↓
    │      技术部鉴定，出具鉴定
    │      结果及建议处理方案                必要时与区域经理沟通
    │              ↓                       解决客户投诉的处理建议
    │      技术部判定事态情况，
    │      协调各部门出具处理方案
    │              ↓
    └───→ 区域经理协调资源，提出处理方
          案，指导经销商与客户沟通，与 ←───┘
          客户协商处理意见并反馈
                   ↓
          ┌─────────────┐    否
          与客户是否  ─────────────┐
          达成一致意见                │
          └──────┬──────┘             │
              是 ↓               ┌────┴────┐
        按相关流程处理      通过法律途径解决  通过第三方仲裁机构解决
```

图 6-21 重大投诉处理的流程

表 6-20 客户投诉内部派工单

	客户投诉内部派工单				时间： 月 日 时 分	
					编号：	
信息分类		投诉类别		底盘号	车牌号	
客户姓名		联系电话		地址		
车型		购车日期		行驶里程		
客户反映的问题	1. 2. 3. 4.				客户服务专员	
					日期	

第六章　客户关系经营与管理

(续)

回复	投诉是否属实	□属实		□不属实		接收人	
	产生投诉的原因					回复人	
	处理过程及结果					日期	
投诉关闭确认	时间：　月　日　时　分		客户反应	□非常满意	□满意		□不满意
关闭审批	信息关闭	□是　□否		关闭及时	□是		□否
经办人				审批人			

四、客户投诉处理的技巧

1. 几类特殊群体的投诉处理

几类特殊群体的投诉处理见表 6-21。

表 6-21　几类特殊群体的投诉处理

特殊群体	应对策略
律师	谈具体处理经过和结果，不谈法律 如果要谈法律，请律师和律师谈
记者	正面肯定关注，表示特约店、生产企业一直在积极处理等侧面解释原因 尽量少说
消协或质量技术监督局	正面肯定极度重视，特约店、生产企业一直在积极处理并表示感谢 就事论事，积极配合 热情接待，适度处理

2. 几种难以应付的投诉客户

几种难以应付的投诉客户见表 6-22。

表 6-22　几种难以应付的投诉客户

	特征	建议
感情用事者	情绪激动，或哭或闹	保持镇定，适当让客户发泄 表示理解，尽力安抚，告诉客户一定会有解决方案 注意语气，谦和但有原则
滥用正义感者	语调激昂，认为自己在为民族产业尽力	肯定客户，并对反映问题表示感谢 告知公司的发展离不开广大客户的爱护与支持

（续）

特 征		建 议
固执己见者	坚持自己的意见，不听劝	先表示理解客户，力劝客户站在相互理解的角度解决问题 耐心劝说，根据产品的特性解释所提供的处理方案
有备而来者	一定要达到目的，了解《消费者权益保护法》，甚至会记录处理人谈话内容或录音	处理人一定要清楚企业的服务政策及《消费者权益保护法》有关规定 充分运用政策及技巧，语调充满自信 明确企业希望解决客户问题的诚意
有社会影响力，宣传能力强者	通常是某重要行业的领导，或电视台的相关人员、报社记者、律师等，不满足要求会实施曝光	谨言慎行，尽量避免使用敏感性文字 要求无法满足时，及时上报有关部门研究 要迅速、高效地解决此类问题

3. 常见投诉的处理

常见投诉的处理见表6-23。

表6-23　常见投诉的处理

投诉内容	举 例	处理方法（讨论）
超保修期索赔	如CD机超保修期	息事宁人+引导解释
要求过高	如发动机异响，更换发动机总成	闪转腾挪+引导解释
服务投诉	如接待态度差，维修处理不当	息事宁人+慎重道歉
非保修件索赔	如制动盘	息事宁人+耐心解释
多次处理未解决	如车门异响	息事宁人+耐心解释
零部件供货周期太长	如CD机	耐心解释+迅速解决

4. 投诉处理的禁忌

投诉处理的禁忌见表6-24。

表6-24　投诉处理的禁忌

禁 忌	正 确 方 法
立刻与客户摆道理	先听，后讲
急于得出结论	先解释，不要直接得出结论
一味地道歉	道歉不是办法，解决问题是关键
言行不一，缺乏诚意	说到做到
这是常有的事	不要让客户认为这是普遍性
你要知道：一分价钱，一分货物	无论什么车的客户，我们都提供同样优质的服务
绝对不可能	不要用如此武断的口气
这个我们不清楚，你去问别人吧	为了您能够得到更准确的答复，您最好和×××联系
这个不是我们负责的，你问别的部门吧	

(续)

禁　忌	正 确 方 法
公司的规定就是这样的	为了您的车辆的良好使用，公司制定了这样的规则
信息沟通不及时	及时沟通信息
自以为是，不懂装懂	确认了准确信息再回复客户

第五节　交际技巧

服务其实就是与人打交道，所以它仍然遵循交际之道，但是你掌握多少交际的技巧呢？人们为什么会喜欢玩游戏？其实是因为玩游戏的过程很有趣，至于结果反而是其次的。同样，讲话时对他人所产生的影响是来自这个过程给人造成的一种感觉，而不是具体的事件。

一、影响交际的因素

假如你给一家公司打电话，还没来得及报上姓名，就被粗鲁地告知让你拿着电话等着；再如，你在一家公司新车旁边看，而销售员却视若无睹，只是在旁边与同事聊天；还有，你的新车出现故障，被售后服务人员用不太友善的语气告知是你驾驶操作不当引起的。

当你遇到这些情况时一定很反感，这些服务人员都是因为身体、语言、语调等细节问题造成你的不满。

研究表明，在人与人的交际中，影响成功的因素有三个：语言、语调和手势（或身体语言）。图6-22显示了售后服务人员与客户交际时，语言、语调和手势所占的比例。

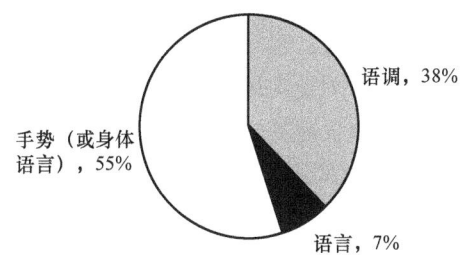

图 6-22　售后服务人员与客户交际时，语言、语调和手势所占的比例

1. 语言和语调

人讲话的声音就像乐器弹奏出的音乐。从音乐的调子中我们可以感觉出其中蕴含的感情：快乐、忧郁、悲伤、愤怒、不满、低落、兴奋、关爱……

而语调就像是声音的调子，听你讲话时的语调，客户就可以知道他的心情，以及其要表达的感情。像音乐家练习曲子一样，你也必须练习对客户讲话的语调。如果音乐家把一样的调子表现错了，听众就不会欣赏这台音乐会，同样，作为服务人员，如果语调不对，客户也就不会感到满意。语调由下列因素组成：语速、音量、音调、音强、态度。

（1）语速　凭讲话的速度，客户就会在大脑中形成一个对你的印象。如果说得太快，客户的印象就会是：你急于放下电话或急于把他打发走，你并不在意他是否能听懂你在说什么。当然，不同地区不同国家的人说话的语速不一样，你认为讲得很慢，有些地方或国家的人会认为你讲得太快，虽然你已经不断地调整自己的语速，但可能事实上你讲话的语速还是比别人讲话的语速快。交际的成功不取决于你在说什么。因此，服务人员必须针对不同的客户调整讲话的速度，如果服务人员和客户讲话的语速不一样，这样的交际就有可能失败。

（2）音量　音乐家演奏音乐时，要确保音量与所选的曲子表达的感情一致。同样，与客户讲话时，音量对于创造一个优美的交际环境也起到至关重要的作用。你讲话的音量应该适中，不要太高，否则就会产生一种错误的交际情景，因为喊叫是愤怒、不满的表现。

（3）音调　听音乐家演奏时，如果他用同一个调子演奏所有的乐曲，你会感到厌倦，而如果他在表现这首乐曲时抑扬顿挫、快慢有致、高低错落，你就会觉得很美妙、很享受。跟作曲家不用同样的音调演奏乐曲一样，你与客户讲话时也不能只用一个语调，否则给人的感觉是冷漠、毫无生机、毫无诚意。相反，你可以通过音调的高低变化传达给客户这样的信息：你理解他们，乐于帮助他们，而且使他们具有信心。

（4）音强　不同的场合要求讲话者表现出不同的感情。如果你接到一个客户的电话，他刚刚因为本企业的产品有了一次灾难性的经历，如果你回答时音强较弱，那么客户就会认为你对他漠不关心。讲话的声音强度要随场合而改变，讲话中的感情表露也要随场合而变，否则你的音强就与对方的音强不一致。

（5）态度　最令人可怕的灾难是恶劣的态度。
如果你在电话里讲话的态度表现出对客户很理解，并且愿意为他服务的话，那么就应该表现出在那一场合下应有的正确的语速、音量、音调和音强。

无论你心情好不好，当见到客户时，一定要微笑着问候对方；当电话铃响时，一定要热情地说："您好！"

如果问候太简单，那种感觉就好像：客户来敲你家的门，而你只把门开了一条缝，如果他想进来，就必须钻进来。这是一种不受欢迎的感觉。如果你笑着问候对方，就好像是在敞开大门邀请客户。这是一种受到热烈欢迎的感觉。

要明白，你的问候可以为整个对话定调子，调子的高低决定了整个交往的成功或失败。

2. 手势（身体语言）
表现比语言更具有说服力。

身体语言是一种持久不变的、不用口头语言来表达的交流手段。不必说一个字，你的身体语言就能表露出你的感觉和你的想法。同语调一样，手势（身体语言）决定了服务人员是否合格，也起着重要的作用。你通过阅读别人的身体语言而获知他的情绪，同样你自己的身体语言也在向别人传递信息，而且这种身体语言传递的信息比说出的话更令人相信。因此，作为服务人员，如果能够学会成功地使用身体语言，则可以达到事半功倍的效果。

运用身体语言的技巧有三点：

（1）目光　对视是最有效的身体语言技巧之一，它可以让客户了解到你对他很在意、很重视，也十分愿意接受他的想法。如果客户走近你，不管你在做什么，你要立即起身迎接并看着他的脸，同他进行目光接触。这一举动传达给他的信息是你很愿意接待他，很愿意为他服务。

第六章 客户关系经营与管理

 注意：

当谈话继续时，应该不时地移开目光，避免给人一种印象，认为你正在盯着他。

（2）面部表情　你的面部表情就像一块告示牌，它毫不掩饰地向你周围的人表明你的情绪。不管你有没有理由不高兴，你都不要让这一切聚在眉宇之间。客户不会关心你这天是否过得非常糟糕，对他们来说，这次同你的交往是这一天中的第一次，他们希望看到的是一张热情、友善的脸。所以在你开始说话之前，你的面部表情就要表现出一种积极的精神状态。

 注意：

当客户担心或烦恼时，你需要调整你的面部表情来配合他们的心理状态。

（3）身体动作　当你正在和一个人说话时，看到他做出以下的动作，你觉得他传达的意思是什么？

1）双手交叉抱在胸前。
2）关上公文包。
3）背靠或斜靠在物体上。

类似以上列举的身体动作，分别传达出的信息是：封闭、怀疑和不接受；缺乏解决问题的信心；不感兴趣；否定，没有在听对方讲话，不想接触；听得不耐烦或想结束谈话；负面信息等。

当你面对这样的人时，心里会是什么感受？你会觉得温暖吗？会觉得愉快吗？会觉得受重视吗？你一定会很难过、不满、委屈。

因此，你在服务当中就要避免这些负面的身体动作，而应该做出一些积极的动作，如点头、正面对着客户、向前倾身。

1）点头。点头是表明你在注意倾听别人说话的最好的方式，当别人在对你喋喋不休地说着，而你又想让他知道你很关注他时，点头就特别有效。

误区：为了表达在很专注地倾听客户讲话，频频点头。

 注意：

如果你持续不断地点头，则表达出的是不耐烦的情绪。在谈话间歇阶段点头，表明你根本没有留意周围发生的一切。

2）正面对着客户。不要以为只要看着客户就表示你已经在关注他了，如果你仅仅是把头转向他，而身子却在另一边，这种姿势传递出的信息仍然是敷衍的、随意的。而通过把整个身子（不仅仅是头）转向客户，就向他传递了这样一个信息，即他得到了你全部的、毫无分散的注意力。

3）向前倾身。在与客户谈话的过程中，如果你不想结束谈话，那么就要轻轻向前倾身，从而让客户了解你对他所说的话很感兴趣。当客户正在表达强烈的感情时，你一定要向

前倾身，这表明你确实非常乐意听他说，对他非常理解。

二、说"不"的技巧

无论用哪种语言去表达，客户都不喜欢听到"不"这个字。无论客户什么时候想得到自己想要的东西，他们都希望能够得到。如果他们得不到他们想要的东西，可能会很失望，有挫折感或不安，甚至不满。你和其他服务人员一样，有时必须要对客户说"不"（不管你想说还是不想说），但是许多公司都给自己的员工灌输一种思想，即不要对客户说"没有""不行""不能"，服务就是满足客户所需。因此，当服务人员在不能满足客户所需时，他们会感到无助，不知道采取什么办法对这种困难予以圆满解决。

1. 谨记三点

1）有时是形势迫使你说"不"的。

2）说"是"也不一定就能保证客户满意。

3）说"不"并不意味着你就一定与客户闹得不欢而散。

2. 不得不说"不"的情况

在违背下列情况的时候，你必须说"不"：

1）公司必须遵守法律。例如，如果你是出租车代理人，一个客户如没有驾驶证，你就不能租车给他，即使你了解他的为人。

2）公司的政策和章程，这是一类强制性约束，不是作为法律要求，而是作为公司有关指导业务的规章制度的一部分。例如，你是一个零售店的售货员，当客户找不到发票时，你不可能让他退掉带来的东西。

3）缺货情况。当客户想要的货物短缺，你不能满足他时。例如，客户到你公司想购买空调开关，而仓库正好缺货，需要下星期才到货。

4）不可能做到的事，客户提出根本不可能满足的需求。例如，客户开车来你公司，要大修发动机，今天下午要用车，要你在半天时间把发动机修好。

3. 说"不"不一定是坏事

作为客户，他虽然最终没有得到想要的东西，但却可以从你这里得到最优质的客户服务。

4. 案例分析

陈先生开着他的车到某售后服务中心，想买昨天他的朋友在这里买的绒布坐垫，他觉得这种坐垫很漂亮。可是服务人员却向他道歉，并且告诉他很不巧，这种绒布坐垫已经卖完了。陈先生觉得很失望。但是，这位服务人员并没有到此为止，相反，他邀请陈先生试用竹制坐垫，这时正值夏天，陈先生坐上去很凉快、弹性很好，做工很精致，陈先生也很喜欢。于是陈先生决定买竹制坐垫。而后这位服务人员还送给陈先生一个靠枕。最后，陈先生虽然没有买到最初想要的，但还是很高兴地离开了。

在这个案例中，服务人员为什么能使陈先生满意地离开？

5. 学会满足其他的需求

很多时候提供服务者都不得不对客户说"不"，那么，如何缓解气氛、使自己走出困境，同时又让客户满意呢？

在上面的例子里，为什么服务人员能让陈先生满意而归？因为他知道，当他不能提供客

户想要买的东西时,他的工作是尽可能地去满足客户的其他要求。他把握了三个关键点:

1)通过道歉,他显示了对客户的失望心情的理解。

2)当他给客户提供另一种坐垫时,他对客户的第一种需求提供了另一种选择。

3)通过赠送靠枕,他向客户提供了一种补救性服务。

6. 说"不"的两种方法

假如,说"不"是生活中的一个事实,而且你早晚要把坏消息告诉给客户,你的选择不是逃避,而是如何说。

有两种说"不"的方法:生硬地拒绝和服务性拒绝。

(1)生硬地拒绝　只有那些认为自己的工作与客户之间有一道墙的服务人员,才会把"拒绝"的情形转变为激烈的争吵。类似这种说"不"的方式的共同特点是:没有移情作用或愿意帮忙的表示,从而激怒了客户。这种拒绝性的"不"的基本态度是:"没门""没有任何办法"。

(2)服务性拒绝　虽然强硬性地拒绝客户显然行不通,但并不是要把"不"字说得听起来像"是"。我们看到也有许多服务提供者不愿诚实地面对现实,想通过歪曲事实使客户高兴,这是更不可取的,因为这样做使客户不现实地期待他们将得到想要的东西。迟早有一天,当他们发现被误导时,将会更加气愤。你的本意是"不",而客户却以为你在说"是",这不是问题的解决办法。让客户愉快地、理解性地接受不,这才是解决问题的办法。

服务性拒绝应该怎样做?

三明治式的"不"。当我们不得不说"不"的时候,"三明治技巧"对绝大多数客户都管用。"三明治"——两片面包夹火腿;"三明治技巧"——用两片"面包"把拒绝夹在中间。这两片"面包"是:

对客户说:"我要做的是……"

告诉客户:"你能做的是……"

第一片"面包"——"我要做的是……"

这句短语是告诉客户:你会想尽一切能使问题得到解决的办法来帮助他。你提供一些可选择的行动给客户,虽然这不是客户想要的,但是它会产生可行性的解决办法,有助于减少客户沮丧的感觉。

第二片"面包"——"你能做的是……"

这句短语告诉客户:已经控制了一些情况,向客户提出一些可行的建议,这些做法可能会暂时解决一些问题,或者防止将来会再出现这种情况。

参 考 文 献

[1] 吴卫,苏科. 汽车售后服务管理 [M]. 北京:中国财富管理出版社,2013.
[2] 吴敬静. 汽车售后服务与管理 [M]. 北京:机械工业出版社,2015.
[3] 赵计平,金明. 汽车售后服务企业经营与管理 [M]. 北京:机械工业出版社,2016.
[4] 林月明,郑志中. 汽车售后服务实务一体化项目教程 [M]. 2版. 上海:上海交通大学出版社,2015.
[5] 赵晓宛,马骊歌,夏英慧. 汽车售后服务管理 [M]. 2版. 北京:北京理工大学出版社,2015.
[6] 徐东. 汽车售后服务管理 [M]. 2版. 北京:国防工业出版社,2016.
[7] 栾琪文. 现代汽车维修企业管理实务 [M]. 2版. 北京:机械工业出版社,2011.
[8] 姚美红,栾琪文. 汽车售后服务与管理 [M]. 2版. 北京:机械工业出版社,2015.
[9] 彭国平,陈跃. 汽车售后服务工程 [M]. 武汉:华中科技大学出版社,2015.
[10] 张彤,朱雅丽. 汽车售后备件管理 [M]. 2版. 北京:机械工业出版社,2016.
[11] 刘军. 汽车销售与售后服务全案 [M]. 北京:化学工业出版社,2016.
[12] 黄为均,李盛成,李文博. 汽车售后服务管理 [M]. 南京:东南大学出版社,2015.
[13] 何本琼,周松兵. 汽车售后服务技术 [M]. 北京:人民交通出版社,2012.